経済学の起源

フランス　欲望の経済思想

米田昇平
Shohei Yoneda

目次

序章　経済学の起源――フランスのコンテキストとの関連で

第一節　経済学の条件――世俗的倫理と世俗化の論理

ボワギルベールは、絶対王政下の一七世紀末に、ケネーやスミスに半世紀以上も先んじて、「レセ・フェール」の秩序原理を発見し、これに基づく自由主義経済学の創生に向けて画期的な一歩を踏み出した。ここに始まる一八世紀フランス経済学の展開に、経済学の多元的な成立・形成の一翼を担いうる独自の特徴的な傾向を見出すことができることは、前著（米田 2005）でおよそ明らかにしたところである。

独自の特徴の一つは、「富裕の科学」としてのあり方に関して、旧体制下のフランス社会に固有の諸事情を反映して、独自の富の理論ないし生産力の理論とそれに立脚した社会構想が生みだされることである。この点では、ボワギルベール→カンティロン→ケネーの重農主義へと至る理論的系譜がよく知られているが、他方で、ときにそれと対抗的に、フランス産業の振興にとって時代遅れとなったコルベルティスムに代わる新たな政策原理が探究され、ムロン→カンティロンの一側面→グルネやフォルボネへと至るインダストリーの理論ないし生産力主義の系譜が形成されていく。とくにイギリスに対抗しうる生産力体系の樹立を目指したグルネとフォルボネの「自由と保護の経済学」は、革命後のフランス産業主義の淵源ともなったから、この意味で、そこにこれまでケネーのまばゆい光の影にほとんど隠されてきた一九世紀へと連続する豊かな鉱脈を見出すことができた。

今一つの注目すべき特徴は、欲求や効用の視点から人間の経済活動のあり方や経済社会のダイナミズムに迫ろうとする姿勢が際立っていることである。経済社会を功利的人間の織りなす「欲求の体系」と捉える社会観、功利・効用を価値判断の基準とする功利主義、功利・効用に富や価値の源泉を見出す効用理論・効用価値説、生産に対する消費や消費欲求の規定性に注目する消費主導論、経済行為の心理的誘因に着目する心理主義、さらには感覚論哲学における快苦原理をも含めて、これらの相互に親和的な理論や観念が、この時代のフランスの多くの経済論説の構成を彩っており、全体として一つの特徴的な傾向を形作っていた。

それらの相互関係は多様でありうるから、その親和性の具体的なあり様については、別に慎重な検討を要するが、いずれにせよ、そうした特徴的傾向を生み出したものが、一七世紀以降、超越的な宗教的価値の規制力を相対化しつつ進捗する世俗化のトレンドであったことはおよそ間違いない。このトレンドは商業社会への社会の変容と軌を一にすると言ってよいが、こうした商業社会の到来は、一方でその陰画としての消費社会の出現を告げるものであり、多くの人々が、世俗的幸福の証しとして、あるいは世俗の生活における自己実現の証しとして、欲求のおもむくままに常により高次の多様な消費物資を求めてうごめく新たな時代が出現しつつあることを意味していた。フランス経済学は、このような潮流のなかで鍛えられ、みずからを形成していく。「吝嗇を旨とする国民か、もしくは規則の厳格さによって、骨の折れる、しかも実りの少ない労苦に献身的に励む修道僧の国民」とは異なって、「強靱な精神に恵まれているというよりは、むしろ情熱的な国民のもとでは」(Forbonnais 1767, I, p. 252)、境遇の改善のためであれ他者との差別化・差異化のためであれ、人々の求める自己実現の手段はおもに消費であり、したがって満足（幸福感）のおもな原因もまた消費欲求の充足である。しかもこのような人々の強烈な欲求こそが、商業社会を進展させる原動力であると考えられた。このように、勤労意欲や営利欲の根源にある、社会を動かす人間のエトスとしての消費欲求の本源性に目が向けられ、その視点から、ときとしてそのことがはらむ問題性の自覚を伴いつつ、独自の経済学の認識が導かれていったのである。

世俗化のトレンドによって伝統的、神学的な価値規範・世界像からの切断が生じたからと言って、現実世界は「空虚」ではありえない。むしろ価値規範の空白を衝いて、欲望の自己増殖が生の充満をもたらし、これを容認する新たな世俗的倫理が生まれる。ジャン・スタロビンスキーは、われわれが生得観念を信じることをやめたとき、われわれは「空虚感の不安から逃れるため」束の間の充実と緊張を果てしなく追い求め、「快楽追求であれ、商業の拡大であれ、自然開発であれ」、どこまでも世界を拡大していこうとする、と述べている（Starobinsky 1964, 一四一-一五頁）。ピエール・ベールは、「われわれを動かすのは頭の中の一般的な意見ではなく、心の中に今ある情念である」とし（Bayle 1683, p. 410/221）[1]、マンデヴィルは、宗教心とは無縁の、世俗の生活で味わう心中深くから生じる精神の高揚や満足こそは人間にとって「最大の喜び」であり、このような満足への希求こそは、人間を内部から突き動かす根源的な動因であると考えた（Mandeville 1729, pp. 18-19/18-19）。新たな世俗的倫理は、世俗の生活を生きる人々の集合的精神に見られる一定の傾向性を反映したものであるが、それは、こうしたいわば無限の拡大軌道を求める心中の情念に即したものであったと言えよう。欲望の満足や「安

（1）本書では、引用または言及した文献のフルタイトルなどの書誌情報は巻末の「文献目録」にまとめて記載し、本文中では著者名と（原則として）初版の出版年によって文献を表示している。漢数字は翻訳を含めて日本語文献のページ数を表わしている。なおスラッシュのあとのアラビア数字も当該文献の翻訳の該当ページを表わしている。

楽な暮らし」によって世俗の幸福を実現しようと求めるのは決して罪ではない、しかも、私欲に従うことは欲望の満足や快楽を求める人間の抗いがたい普遍的本性（心中の情念）の発露にほかならない。このような世俗的倫理と世俗化の論理こそは、商業社会・消費社会へと社会を大きく変容させていく基本原理であった。

このような大きな変容が生じたのは一七世紀後半から一八世紀初頭にかけてであったが、それはポール・アザールが、「しかし、神的次元の道徳をぶちこわした上で、それを人間の次元で再建するにはどうしたらいいか。これからが面倒だった」（Hazard 1935, 三五二頁）と述べた「ヨーロッパ精神の危機（一六八〇〜一七一五年）」の時代、あるいはピーター・ゲイの言う「近代性への前奏曲」をなし、一八世紀啓蒙を特徴づける「神経の回復」（Gay, 1969, 四頁）を準備した時代であった。そして、このような舞台のダイナミックな変転とともに経済学の生成が促されていったと考えることができる。ルイ・デュモンはスミスの『国富論』に経済学の誕生をみる通説に従いつつ、経済学の成立要件として、経済認識の体系性、政治の領域からの自立、道徳の領域からの自立の三つを挙げ、ケネー、ロック、マンデヴィルをそれぞれの要件にかかわるスミスの先蹤者として論じた（Dumont 1977, pp. 43–49）。しかし『国富論』がそうであるように、経済学は富裕の科学であるとするならば、その成立・形成のためには、世俗の幸福を求める人間の功利的情念が抑圧されるのではなく、広く解放されていなければならない。「貧者は救いの道にいる」（Groethuysen 1927, 二二六頁）というような倫理観が支配的な状況では、富裕の科学など無用であることは言うまでもない。したがって、世俗化の新たな地平上で世俗的倫理に押し出される形で、世俗の幸福の条件を探求する富裕の科学としての経済学が生成していったと言ってよい。そしてそうした経済学は、スミスの登場を待つまでもなく、世俗化のトレンドが推し進める舞台の変転のただなかにあって、政治や道徳からの経済世界の規範的な独立の自覚の上に、レセ・フェールと消費主導を特徴とする独自の経済学を構想したボワギルベールの経済論説によって、いち早く、一つの成立をみたと言うことができよう。しかもボワギルベール以降の展開は、上述のように、あるいは前著で詳細に論じたように、『国富論』を収束点とするイギリス経済学の流れとは異なる独自の特徴を有していた。前著で「フランスの事情にそくして、もう一つの経済学の形成を語りうる可能性」(四一六頁)を述べたゆえんである。

では、ボワギルベールの、また彼以降の特徴的な展開を生み出すことになる思想的源泉はどのようなものであっただろうか。研究動向にも触れつつ、[2]功利主義や「利益」説の視点からその概略を示そう。

第二節　一七世紀フランスの新思潮 ── アウグスティヌス主義

ボワギルベールおよび彼に始まる一八世紀フランス経済学のおもな思想的源泉となったのは、人間と社会についての新たな見方、すなわち功利主義的な人間観・社会観や、利益説として知られる新思考を生み出した一七世紀後半以降のフランスの新思潮であった。この思潮を担ったのは、ジャンセニストのパスカル、ピエール・ニコル、ジャン・ドマ、モラリストのラ・フォンテーヌ、ラ・ブリュイエール、ラ・ロシュフコー、そしてリベルタンのピエール・ベールなど、思想的立場もまちまちと言ってよい多彩な人物群である。彼らは、程度の差はあれ、アウグスティヌス主義の影響下にあって、一様に、原罪説に由来するペシミスティックな人間理解に基づいて、人間を自己愛・利己心に駆り立てられる欲求の主体とみなし、「利益」を求める人間の功利的情

(2)　経済学の起源と一七世紀フランスの思想的コンテキストとの関係を探ろうとする試みがなされるようになったのは、比較的最近のことである。研究動向について、詳しくは、筆者のサーベイ論文(米田 2010)を参照されたい。

念をクローズアップした。

アウグスティヌス主義は教父アウグスティヌスの思想に集約される神学上の伝統主義のことであるが、一七世紀において宗教、哲学、文芸などの知の領域全般にわたって絶大な影響を及ぼした。この影響が最初に指摘されたのは一九五〇年代であったが、広く知られるようになるのは、一九七〇年代のフィリップ・セリエやジャン・ラフォンの研究を受けて、一七世紀研究の専門誌（『一七世紀』*XVIIᵉ siècle*）が一九八二年に「聖アウグスティヌスの世紀」と題する特集号を編纂して以降のことである[3]。「一七世紀はアウグスティヌスの世紀である」（Sellier 1970, p. 11）と言われるほどに、多くの思想家・宗教家・文芸家に多大な影響を与えたが、次章で詳論するように、経済学の起源との関係で注目されるべきは、フランスのカソリックの一派で、ジェズイットに対抗するためポール・ロワイヤル修道院に結集したジャンセニトたちの「最も峻厳な」（*ibid.*, p. VI）アウグスティヌス主義、すなわちジャンセニスムである。対抗宗教改革運動のなかで、ジェズイットがルネサンス以来のユマニスムの流れに棹さして、人間的活動の相対的自律性、言い換えれば自由意志の可能性を承認する方向へキリスト教をいわば世俗化していくのと対照的に、ジャンセニストはそのような時代の傾向を真っ向から批判し、むしろアウグスティヌスの原点（恩寵主義）への回帰を唱え、「個人の内面的革新を通じて、始原のキリスト教的理念の再生を志向する」（飯塚 1984, 六頁）。すなわち人祖アダムの堕罪によって原罪を背負うことになった人間の根本的堕落と無力を強調し、救いに至る道としての人間の自由意志や功績の意義を否定し、人間の救いはもっぱら恩寵によるほかはありえないと説く。こうして、人間は神の恩寵にすがるしかない堕落した無力な存在となる。そして人間の理性の力を拠り所にするストア的美徳、栄光の希求・英雄の賛美などのあらゆる理想主義を、人間の邪悪さや無力さへの無自覚による虚飾・虚栄とみなして徹底的に批判した。

英雄的な徳の幻想性が暴き立てられ、栄光は自己愛の情念に還元されて、「英雄の解体」（Bénichou 1948）がもたらされる。ラ・ロシュフコーは言う、「偉大な人たちが、悲運が長く続いたことによりうちひしがれているとき、彼らはただ野心の力に支えられていただけで彼らの魂の力によってではないこと、そして大きな虚栄心を別にすれば、英雄もほかの人間と同じようにできていることがわかる」（La Rochefoucauld 1678, p. 12/17）。モリエールやピエール・ニコルなど多くの著作家が、英雄像の破壊にとどまらず、辛辣な皮肉を投じて人間の仮面を剥ぎ取り、そこに隠されていた偽善・欺瞞を告発する。ラ・ロシュフコーの『箴言』冒頭の「われわれの美徳は、ほとんどの場合、偽装した悪徳に過ぎない」（*ibid.*, p. 7/11）という一文は有名であるが、ラ・ブリュイエールもまた、「情念は人間に抗いがたい力を振るう、そして野心はその人に他の諸情念の動きを停止させ、しばらくの間、彼にあらゆる徳の外観を与える」（La Bruyère 1688, p. 776/ 上 241）と述べている。このようなラディカルな批判とアウグスティヌス主義との結びつきは、ラ・ロシュフコーが『箴言』の読者に向けた「まえがき」で、著者（私）は「もっぱら罪によって堕落した本性の嘆かわしい状態において人間を考察した」（*ibid.*, p. 5/9）と述べるとき、明らかである。一七世紀の宗教、文芸、哲学などの諸領域に及ぶアウグスティヌスの多様かつ

（3） セリエは二〇〇一年の講演で、アウグスティヌス主義の発見を「巨大な大陸の発見」あるいは「アマゾンの秘境の発見」にたとえているが、その存在がこれほど長く見失われていた理由を次のように述べている。「フランスでは、非宗教を宗とする大学は、長らく教父学や中世思想の研究に傾くことを拒絶してきた。大学は一二世紀末からルネサンスまでを一足飛びにしてきたのである。その結果、西欧宗教の最も偉大な天才、ヒッポのアウグスティヌスがヨーロッパ文化に果たしためざましい役割について、まったく知られていないという事態が生じた」（セリエ 2001, 七六頁）。一六世紀、一七世紀にアウグスティヌスが各種の知の領域にどのような影響を与えたか、研究史を含めて、Sellier（1970）をも参照されたい（とくに同書の一九九四年版の「序文」で手際よく整理されている）。またセリエによれば、アウグスティヌス主義のペシミズムにとくに影響を与えたのは、「古代ローマの美徳の幻想を破壊し、古代ローマの血塗られた舞台裏を明らかにした」『神の国』第五巻であった（2001, 七四頁）。

広範な影響について、ファッカレロは次のように述べている。「アウグスティヌスの融通無碍な主著はさまざまな解釈を許した。ヤンセン、サン・シラン、パスカル、アルノー、ニコルだけでなくベルールやボシュエやフェヌロンまでもがそれを引き合いに出している。しかし、人々の注目を集めたのは、なかでも聖アウグスティヌスが神を持たざる人間や地上の園を過酷で悲観的な姿で描いた叙述である。この一七世紀が浮き彫りにし、また聖職者でない多くの著者たち —— 例えばラ・ブリュイエール、ラ・ロシュフコー、ボワロー —— に深く影響を与えているのも結局こうした観点である」(Faccarello 1986, p. 89)。

アダムの堕罪後、人間は無力で堕落した存在、言い換えれば、自分自身に囚われた罪深い存在となり、神を愛する代わりに自己を愛し、みずからの排他的利益をひたすら追い求めるようになる。自己愛・利己心が人間のほとんど唯一の行動原理となるのである。ラ・ロシュフコーの次の言説は、アウグスティヌス主義の自己愛がどのようなものかをよく表している。

> 神は人間の原罪を罰するために、人間が自己愛を己の神とすることを許して、生涯のあらゆる行為においてそれに苦しめられるようにした (La Rochefoucauld 1678, p. 165/179)。
>
> 自己愛の欲望ほど抗いがたいものはなく、自己愛の意図ほど秘められたものはなく、自己愛の行動ほど巧妙なものはない。その柔軟さは筆舌に尽くしがたく、その変貌ぶりは変身の玄妙を凌ぎ、その精緻は化学を凌ぐ。……自己愛は体質の相違に従ってさまざまな傾向を持ち、それらの傾向が自己愛を時には名誉、時には富、時には快楽へと駆り立て、奉仕させる。……以上が自己愛の肖像であり、全人生はその大きな長い動揺にほかならない (pp. 134–36/147–51)。

このような悲観的な人間理解に立って人間と社会との関係を考えるとき、排他的な自己愛に支配された人間の功利的行動はいかにして社会の秩序を、すなわちその維持存続を可能にするか、という逆説的状況の解明を迫られることになる。堕罪後の世界において、人間だれもが自己愛・利己心のおもむくままに振舞うが、しかしこの世界は必ずしも混沌に陥ることなく何かしら秩序が成立しているように見える。それはなぜだろうか。パスカルは「すべての人間は生来たがいに憎みあうものである。人は快楽への欲望（concupiscence）を公共の福祉に役立てようとして、できるだけそれを利用した。しかしそれは見せかけにすぎず、愛徳の偽りのイメージにすぎない、なぜなら、実のところ、それは憎しみにほかならないのだから」（Pascal 1670, pp. 178–179/I, 323）とし、さらに「人は貪欲から政治や道徳や裁判についての素晴らしい規則を作り、引き出した。しかし実際のところ、人間のこの醜い本質、この「悪しきさま」は覆われているだけで、除かれてはいない」（*ibid.*, p. 179 /I, 324）と述べた。パスカルは世俗社会におけるこのような欺瞞的な「欲望の秩序」の存在を指摘する一方で、世俗からの隠棲を勧めたが、この問題は、同じジャンセニストでもパスカルとは違って、世俗社会の維持存続の条件に積極的な関心を示したニコルやドマによって、自己愛に発する功利的情念はいかにして社会的効用を発揮して社会秩序の形成に寄与しうるか、という「情念と秩序」の関係として論じられることになる。セリエは「長らく断罪の対象にすぎなかった自己愛は、パスカル、ラ・ロシュフコー、ピエール・ニコルがすでに表明していた見方に応じて、最終的には、きわめて高く評価される社会の原動力となった」（Sellier 1970, p. V）と述べているが、経済学の起源との関係において問題とすべきは、まさしくこの論点である。「自己愛」はどのような秩序をもたらし、どのように社会のダイナミズムの原動力となりうるのであろうか。

一九九四年に、フランスのモラリストをめぐって、フランスとアメリカの研究者によって「道徳から経済学へ」と題するシンポジウムが行われたが、このときのジャン・ラフォンの報告（Lafond 1996a）は、経済学の生成に関する新たな研究アプローチがどのようなものか、その要点をよく示している。ラフォンは、道徳的領域からの経済学の自立を可能にしたものは、利己心の自由は結果として最大の善あるいは社会的効用をもたらすという調和の観念であるとし、この点で、「パスカル、ニコル、ラ・ロシュフコーといったジャンセニストのアウグスティヌス主義からベールやマンデヴィルといったカルヴィニストのアウグスティヌス主義を経て、スミスの経済学にまで至る連続性」が存在するとしている。そしてこの調和の観念をもたらしたものは、「罪それ自体を普遍的善に転換するアウグスティヌス主義の不可思議な錬金術」であると述べている（p. 187）。では自己愛・利己心の自由な振る舞いを善に転換する錬金術とは何か。ラフォンによれば、この転換は、基本的に人間には不可知の神慮の働きによるものと考えられた。排他的な自己愛は、他方でニコルの言う「礼節」のように、共同体の維持存続に寄与する社会道徳の源泉となりうるが、そのような可能性をも含めて、自己愛・利己心に由来する悪を善に転換するのは神慮の働きのほかにはない。そして、このとき「個人的エゴイズム」は正当化され、この正当化の上に経済学が成立するとされる（p. 194）。

ラフォンは他方で、一九八二年の論文で、フランスの特徴的な新思潮をもたらした要因として、アウグスティヌス主義とエピクロス主義との「邂逅」に注目している（Lafond 1996b）[4]。この二つの思潮の邂逅によって、功利主義や利益説とも親和的な「新たな倫理」が生まれたというのである（p. 359）。そうだとすれば、いわばこの邂逅が道徳的な調和の観念を生み出す「錬金術」として作用したことになる。確かに一七世紀に本格的に蘇り、ヨーロッパの思想界に多大な影響を及ぼしたのはアウグスティヌスばかりでなく、ヘレニズム期の哲学者、エピクロスもまた同様であった。

エピクロスは、周知のように、感覚と感情（快楽と苦痛）を真理の標識とし、快楽主義的倫理学を提示してストア派などに対抗した。快楽を求め、苦痛を避ける行動は人間の本性に適合的であり、それゆえ、快楽と苦痛は善と悪の判断基準となる。われわれにとって「快楽とは祝福ある生の始め〔動機〕であり終わり〔目的〕である、……というのは、われわれは、快楽を、第一の生まれながらの善と認めるのであり、快楽を出発点として、われわれは、すべての選好と忌避を始め、また、この感情［快楽］を基準としてすべての善を判断することによって、快楽へと立ち帰るからである」（「メノイケウス宛の手紙」、Epicurus 1926, p. 87/70）。こうしてエピクロスによれば、快楽で満たされた生にこそ幸福がある。ただしここでいう快楽は、よく知られているように、基本的には精神が平静で苦痛が除去された状態のことであり、いったん苦痛から解放されれば肉体の快楽が増大することはない。このような快楽主義の倫理学や彼の自然学（原子論）は、キケロの哲学的批判の的であり、かつ初期教会の教父たちの非難の的であったが、千年以上の忘却を経て、エピクロス派の共和政ローマ期の詩人、ルクレティウスの『物の本質について』の写本が、一四一七年に人文主義者ポッジョ・ブラッチョリーニによってドイツの修道院で発見されて以降、徐々にその影響力を及ぼしていく（Greenblatt 2011）。そして一七世紀の科学革命の時代に、エピクロス哲学の復興に力を尽くしたガッサンディによって本格的にイギリスやフランスの知的世界に浸透し、スコラ的アリストテレス主義に取って代わることになる。（5）

（4）この論文の初出は、一九八二年の『一七世紀』のアウグスティヌス特集号（*XVIIe siècle*, Le Siècle de saint-Augstin, 135, pp. 149–168）である。

（5）エピクロス哲学についておもに Long（1974）を参考にした。ガッサンディについては数少ない邦語の研究文献の一つとして中金（2011）を挙げておく。ピエール・ベールなどのリベルタンへのガッサンディの影響については Spink（1960）が詳しい。イギリスではおもにガッサンディの著作を通じてエピクロスの学説が盛んに紹介され、一六五〇年から一七〇〇年までの間にエピクロスやルクレティウスおよび他の古代のエピクロス主義者を論じた著書が少なくとも一三冊出版されたという。またホッブズやロックの功利的・快楽主義的な人間像の形成に関してガッサンディの影響が注目されてきた。この点と、功利主義の源流としてのエピクロス主義の歴史的意義に関して、Rosen（2003）を参照されたい。またウイルソンは、エピクロス主義の自然像や社会像が、明示的であれ暗示的であれ、デカルト、ガッサンディ、ホッブズ、ボイル、ロック、ライプニッツ、バークリの著作においてどのように組み込まれているかを論じている（Wilson 2008）。エピクロスの復活の延長

原罪思想に基づいて教父アウグスティヌスの原点への回帰を唱えるアウグスティヌス主義と、神の摂理や霊魂の不滅を否定するエピクロス主義とでは、それぞれの立脚点はまったく正反対であるが、ラフォンによれば、人間の行動の動機を何より享楽や快楽への願望に求め、それを自己愛の発露とみる点で両者は共通しており（この点では「アウグスティヌス主義とエピクロス主義とを区別するラインを設けることはかなり難しい」Lafond 1996b, p. 358）、それゆえストア主義やセネカへの批判でも共通している。そして、英雄的な夢と現実とを混同してその知的誠実さを疑わせるストア主義とは違って、エピクロス主義の真実は、それがもっぱら自己愛に支配される現実の人間の弱さに適合的な人間理解に基づいているところにある（Lafond 1996b, p. 361）。したがって、ラ・ロシュフコーやベールが眼前の事実、すなわち「あるがままの事物」に忠実であろうとしたとき、エピクロス主義との邂逅が生じ、愛徳か絶望かの危険な選択を迫られることなく、愛徳がなくても存続しうる、自己愛に基づく人間同士の絆の認識（「新たな倫理」）が生まれたとラフォンは考えるのである。

ラフォンが言う「新たな倫理」とは、二つの思潮でそれぞれ対立的な自己愛の評価を和解させうる「利益の道徳」（p. 359）のことであるが、次章で述べるように、このことを道徳論のレベルで明確に論じたのは、むしろジャンセニストのニコルやドマである。彼らは「礼節」などの倫理を、利益を求める自己愛の偽装によって成立する欺瞞的な道徳的秩序に属するものと見なしたが、このような見方それ自体はエピクロス主義とは無関係であり、二つの思潮の邂逅がなければ成立しないというものではない。したがって、ラフォンの指摘に全面的に同意することは難しいが、ただし、ラフォンが言うように、確かに人間本性への理解に関して、二つの思潮は外面的に大いに類似している。すなわち、アウグスティヌス主義が描き出す自己愛・利己心に駆り立てられる悲観的な人間の姿は、「われわれの眼に映るがままの人間およびその自然＝本性」（Bénichou 1948, 一〇〇頁）を表したもので、「確かに悲観的で厳しいが、根拠があり、経験によって確認される人間像」（メナール 1989, 一三七頁）であるが、この人間の姿は、外見的には、エピクロス主義の快楽主義的な人間像と重なっている。ラフォンに続いてピエール・フォースもまた、この二つの思潮は、世俗に生きる人間を快楽に従属する存在として捉え、利己心の学説に立つ点では同じであるとして、「人間は各々自分自身の快楽によって導かれる」というヴェルギリウスの言葉は、ガッサンディやパスカルからベールやマンデヴィルに至るエピクロス主義者とアウグスティヌス主義者の共通のモットーであったし（Force 2003, p. 57）、さらには美徳批判の点で、言い換えれば、ストア主義という共通の敵を持っていた点で、両者は同じ地平に立っていたと述べている（*ibid*., p. 59）。人間を堕落した存在と捉えるアウグスティヌス主義者の目からみれば、ストア的美徳は「偽装された悪徳」にほかならないし、そもそも人間が神の恩寵なくしてみずからの自由意志によって徳に至ることなどありえない、一方、貪欲・快楽の追求こそが人間行動の唯一のエンジンと考えるエピクロス主義者にとっても、栄光の情念に基づくストア的美徳は偽善・欺瞞にほかならない、という次第である(6)。

要するに、アウグスティヌス主義者もエピクロス主義者も、同じく、自己愛に突き動かされる「ありのまま」上に経済学の生成のためのフィールドが拓かれていくように思えるが、いずれにおいても、この点への関心は示されていない。

（6）　ロバートソンもまたこの二つの思潮に注目し、その「収束」を通じて人間本性や社会形成の可能性に関する新たな思考が生まれたと述べている（Robertson 2005, p. 9）。あとでも触れるが、ロバートソンはさらに一七世紀フランスで生まれたこの新思考がナポリ啓蒙とスコットランド啓蒙の共通の思想的源泉であったと考えている（p. 46）。なおフォースは、このように利己心の学説であり利益説の源泉である点でエピクロス主義とアウグスティヌス主義は共通しているとした上で、これらを新ストア主義と対置させる。そして「経済の近代的概念」および「自立した科学としての経済学の出現」をもたらしたのは新ストア主義の方であるとして、この観点からスミスにおける経済学の成立を論じている。これに対するファッカレロの批判など、詳しくは米田（2010）を参照されたい。

の人間の真実の姿を、すなわち、生活の便宜や安楽や感覚的享楽に世俗の幸福を見出す生身の人間の姿を捉え、そうしたリアリズムの視点からストア的理想主義の欺瞞性を批判したのである。アウグスティヌス主義から見れば、そのような人間の姿は原罪を背負った人間の罪深さを示すものであるが、エピクロス主義から見れば、それは人間の本性に適合的であって、心中の情念の赴くままに自己実現を目指すまっとうな姿を表している。こうして罪深いかまっとうかは別にして、このとき人間の行為の動機あるいは個々人の価値判断の基準は自己利益や功利・効用であり、公共善が意味するものも社会の存続や繁栄にかかわる公共的利益であった。ラ・ロシュフコーは「利益は自己愛の魂である」(La Rochefoucauld 1678, p. 166/180)と述べたが、その「自己愛は体質の相違に従ってさまざまな傾向を持ち、それらの傾向が自己愛を時には名誉、時には富、時には快楽へと駆り立て、奉仕させる」(p. 135/149)としているように、自己愛の求める「利益」は多様であり、必ずしも経済的利益とイコールではなかった。しかしいずれにせよ、アウグスティヌス主義であれエピクロス主義であれ、一七世紀の新思潮が浮き彫りにしたものは、何より、自己愛に導かれた「利益」志向の功利的人間像であった。この人間像は「利益」説の核心をなすとともに一八世紀の功利主義の源泉と見なされることになる。

第三節　功利主義と利益説

一八世紀のフランス功利主義の源流がジャンセニスムの道徳論にあることは、早くからマルセルが指摘していたし(Marcel 1957)、ロスクラッグもいち早くニコルの論説に功利主義の源泉を見出していた(Rothkrug 1965)。ジャンセニスムあるいは広くアウグスティヌス主義に功利主義の源流をみる見方は、今日ではかなり普及している。確かに、アウグスティヌス主義者と言ってよい論者の描く功利的人間像は、利己心の哲学を快苦原理によって徹底化した功利主義の人間像と基本的には異なるものではないし、ニコルやドマなどの論説はそのような功利的人間と公共善・公共的利益との関係に触れている点でも、またそのかぎりで、一八世紀のフランス功利主義の先蹤をなしていると言うことはできよう。しかし、パスカルやニコルは言うまでもなく、モラリストのラ・ロシュフコーを功利主義者と呼ぶのは無理があることから明らかなように、[7] 功利主義の源流としてのアウグスティヌス主義の歴史的意義は限定的に捉える必要があろう。彼らは人間の行為の動機を功利・効用に見出したとしても、それを社会的価値や制度の判断基準に適用したわけではないし、そもそも彼らにとっては自己愛の発露は罪であり悪であって、そこに人間の幸福はありえない。この意味では、アウグスティヌス主義それ自体は本質的にはアンチ功利主義である。

本章が論じる一七世紀の新思潮に関して言えば、功利主義の源流としていっそう注目に値するのは、快楽を求める私欲の振る舞いを人間本性に根差すまっとうな願望の表れとみなすエピクロス主義であろう。功利主義の一源流をエピクロス主義に見出すこのような見方もまた従来から見られたところであり、例えば、ローゼンは「ガッサンディによるエピクロス主義の正義に関する説明において、効用は苦痛と快楽の性質と区分を指示し、法や慣行の正当さを評価する基準を提供するテクニカル・タームとなった」(Rosen 2003, p. 22) と述べている。とくにベールやマンデヴィルの論説にエピクロス主義の顕著な影響を見ることができる。第二章で見るよ

(7) セルジュ・ラトゥーシュも、「ジャン・クロード・ペローのようにこれらのモラリストを先駆的な功利主義者とするのは早計である。そのように見なせば、明らかに反功利主義的な彼らの考えを誤解することになるであろう」(Latouche 2005, p. 118) と述べている。

うに、マンデヴィルは人間理解についてアウグスティヌス主義のペシミズムを、道徳的判断についてそのリゴリズムを受け継いだから、彼にとっては、心中の情念とはいえ自己愛に従って欲望の満足や快楽を求めることは悪徳にほかならない。しかし同時に、彼が言うには、現世の幸福をもたらすものは快楽の享受にほかならない。「誰でもできることなら幸福であろうとし、快楽を味わい苦痛を避けようとする」(Mandeville 1714, p. 139/128)、「われわれを喜ばすものはその点において善である、そしてこの基準に基づいて、あらゆる人間は、隣人のことなどほとんど考慮せずに、できるかぎり自分のためによかれと願うのである」(1714, p. 367/338)。マンデヴィルにとって、世俗の幸福は快楽を味わい苦痛を避けるところにあり、この人間本性の中心から発する根源的欲求あるいは欲望を満たすものは善であった。ここに、諸欲望の満足や快楽の享受に世俗の幸福をみる功利主義的な幸福観がよく示されている。

欲望を自己抑制するのではなく、その満足によって世俗の幸福を実現しようと求めるのは決して罪ではないとする世俗的倫理や世俗的価値が広まっていくが、それとともに経済活動への評価の転換、言い換えれば、富や奢侈に対する軽蔑からその容認・称賛へという価値規範の大きな転換が生じる。しかし、いうまでもなく、そのような幸福観や倫理の形成、さらには富や奢侈に対する評価の転換がエピクロスの名においてはじめて可能となるわけではない。世俗的価値を追い求める人々の集合的精神の渾然たる歩みが、この「危機の時代」(アザール)にこれらの観念や倫理を生み出し、いわばエピクロスを蘇らせたと言うほかないであろう。[8] ピューリタニズムやカルヴィニズムの教理それ自体に反して、救済の不安に由来するところのその勤勉と禁欲の倫理が、やがて世俗化の潮流に揉まれて資本主義の精神に転化したと言われるのと同じように、アウグスティヌス主義のペシミズムは、エピクロスを蘇らせた世俗化・世俗的価値の拡がりという時流に促されて、経済的なオプティミズムに転換したということであろうか。いずれにせよ、ここに功利主義哲学の思想史的形成にかかわる重要な一場面を見出すことができよう。(9) ボワギルベールやマンデヴィルの、功利的人間の織りなす欲求の体系の構想はこのようなコンテキストの所産であり、ボワギルベール以降の一八世紀のフランス経済学もまた、同じコ

(8) ポッジョによるルクレティウス『物の本質について』の写本の発見をドラマチックに描き出したスティーヴン・グリーンブラットは、エピクロスの思想を求め受け入れた一六、一七世紀における精神史上の大きな転換のあり様を次のように活写している。「天使や悪魔や非物質的な原因に心を奪われていた状態から、しだいにこの世の万物に注意を集中することが可能になっていったのである。そして、人間は他の万物と同じ物質でできており、自然界の秩序の一部である、という理解がなされ、厳重に守られた神の秘密を侵害しているという恐れを抱くことなく、さまざまな実験ができるようになり、権威者に疑問を抱き、世の定説に異議を唱えることができるようになり、快楽の希求と苦痛の回避が正当と認められるようになり、……死後の賞罰に関係なく、倫理的生活を送れるようになり、震えることなく魂の死を考えられるようになった」(Greenblatt 2011, 一九頁)。

(9) ベンサムの古典的功利主義の特徴は、一、人間本性論における自己愛・利己心の哲学を快苦原理によって徹底し、二、人間本性に適合的な快楽の享受は善であり幸福の条件であると考え(幸福主義)、三、幸福の社会的増大(最大多数の最大幸福)を行為や制度を評価する価値判断の基準に据えて(帰結主義)、四、この判断基準を立法論の領域に適用しようとしたところにあると考えられる。そのようなベンサム功利主義を基準とするならば、アウグスティヌス主義とエピクロス主義はそれぞれ功利主義の要素を備えているとしても、後者の方が古典的功利主義により近いことは明らかである。ちなみにベンサム功利主義の特徴としてあげた四点のうち、最初の点は、功利主義をベンサムに始まるイギリスの思想的伝統に属すると見る大方の研究においては、必ずしも十分に取り上げられていないように思える。しかしこの点は、功利主義の歴史的形成を踏まえたその本質的理解にとって重要であろう。フランスの功利主義は、ベンサム功利主義の先蹤者として知られるエルヴェシウスのみが注目されてきたが、しかし、一八世紀のフランス経済思想には、ほかにも、一七世紀の新思潮を直接の源流とするアベ・ド・サン＝ピエール、ムロン、フォルボネ、さらにはビュテル・デュモンなどへと続く功利主義的と言ってよい特徴的な系譜が存在する。このフランス功利主義の系譜は、功利主義哲学が人間本性論の思想史的展開の上に成立した事情をよく示しており、注目に値する。

ンテキストにおいて欲求や効用の視点に基づく独自の経済学の系譜を紡ぐことになる。言い換えれば、そのような歴史的文脈から、社会を「欲求の体系」と見立てて、生産に対する消費・消費欲求の規定性に着目するボワギルベールやマンデヴィルの功利主義的な経済学が生まれ、ムロンやフォルボネなどへと引き継がれていくのである。そして、サン＝ピエールやヴォルテールのパスカル批判や原罪思想批判が端的に示すように、やがてアウグスティヌス主義やそれに立脚したリゴリズムは影をひそめていき、それに代わって、エピクロス主義が、そしてそれとストア主義との対抗関係が前面に出ることになる。

こうして利益志向の功利的人間像がクローズアップされることになったが、ではこのとき自己利益を求める人間の功利的な行動は結果としてどのような秩序をもたらすだろうか。情念と秩序の関係は何か、あるいは自己愛・利己心の自由な振る舞いを公共善に転換するもの（「錬金術」）とは何か、という先述の問題である。ラフォンはアウグスティヌス主義とエピクロス主義の二つの思潮の「邂逅」が秩序形成に寄与しうる新たな倫理をもたらしたと考えたが、しかしそのような見方は、すでに述べたように、エピクロスの名において現世の幸福を語り、公益を経済的な繁栄のイメージに重ね合わせた（ベール→）マンデヴィルに連なるラインにはある程度当てはまるとしても、ニコルやドマの秩序論や、その延長上にあるボワギルベールの秩序論にはおそらく当てはまらない。

一方、ハーシュマンは、秩序のために情念をいかに制御するかという大問題に関して、情念によって情念を相殺するという見方に、とくに「利益」を求める貪欲の情念が秩序形成に果たす役割を強調する見方に注目する。すなわち、経済的利益を追い求める貪欲は比較的無害だがしかし強い情念であり、野心や権力欲といったもっと危険な他の諸情念に対抗し、これを相殺する、そしてそればかりか、「商業の時代」においては、おのずから経済秩序・経済法則が政治的秩序のあり方を規定するようになり、いわば「利益」への顧慮が愚かな専制政治の可能性を小さくする、という見方のことである（Hirschman 1977, 93/93）[10]。確かに情念による情念の相殺が秩序をもたらすという観念はこの時代の秩序論に特徴的であり、例えばニコルは自己愛を自己抑制させる要因の一つに「利益への配慮」をあげているし、またサン＝ピエールは、端的に「不正な情念の働きに駆り立てられる人を誰が押しとどめ、引き留めることができるだろうか。唯一のやり方は、欲望であれ、恐怖であれ、もっと強い情念によって引き起こされる反対の動き［を喚起すること］である。……大きな恐れが最も活発で激しい情念を沈黙させ、社会のこの成員を彼の意に反して平和の方向へと、すなわち彼自身の利益へと導くのである」（abbé de Saint-Pierre 1713, t. 1, pp. 20–21）、と述べている。人間の行動原理や社会の秩序原理として「利益」を重視する、このような見方を利益説と呼ぶとすれば、これもまた功利主義的な人間像や社会像を生み出したのと同じ歴史的文脈の所産であると言ってよい。こうした利益説への注目はその後の思想史研究に大きな影響を与えたが、ハーシュマンはその淵源を含めて利益説の歴史的展開の詳細を論じたわけではなかったから、これ以降、この利益説はさまざまな視点から吟味されることになる[11]。ハーシュマンはさらにこの利益説とスミスとの関係

（10） ハーシュマンはこのような考え方をモンテスキュー＝スチュアート説と名づけているが、アベ・ド・サン＝ピエールやムロンにも見られる考え方である。

（11） ヘイルブロンは、フランスのモラリストの思想的・文学的営為に即してこの利益説の淵源を明らかにしている（Heilbron 1996）。彼によれば、利益概念は、一五〇〇年から一七〇〇年の間に政治理論、自然法学、道徳哲学の三つの知的伝統のなかで磨かれてきたが、道徳哲学の領域でこれを最初に生み出したのはモンテーニュに始まるフランスのモラリストの伝統であり、具体的には、それはペシミスティックなジャンセニスムの心理学と世俗の貴族モラリストとの交わり、あるいは両者の緊張関係のなかで生まれたとされる。そして利益説の普及に関しても、ジャンセニスムの主題を世俗化したラ・ロシュフコーなどのモラリストの役割を重視する。もともとフランスでは多彩な礼節のマナーを操る宮廷人の行為を理解するために、人間行動の心理学への特別の関心が見られたが、とくに、裏切りや背反に満ちていたフロンドの乱の後に、幻滅した貴族の

について、スミスの考えるところでは「人類の大部分を占める民衆」にとって「生活状態の改善」のために経済的利益を追求することがほとんど唯一の行動原理であるから、そこでは利益をもって他の諸情念に対抗させることは意味をなさなくなり、こうしてスミス以降は、個人的利益の自由な追求が一般的利益を増大するというスミスの命題が議論の焦点となっていく、と述べている（p. 112/113）。

ハーシュマンはラフォンと同じくスミスを基準点として経済学の生成の問題を論じており、利益志向の功利的人間像やそうした人間が織りなす「利益による秩序」の観念において、スミスに及ぼしたマンデヴィルの影響を重視し、さらにマンデヴィルの思想的源泉としてのフランスの新思潮に注目している。こうして、ニコルやラ・ロシュフコーなどからマンデヴィルを経てスミスへと至るラインが強調されることになるが、ハーシュマンやラフォンの視野にボワギルベールの存在はまったく捉えられていない。しかし、スミスについてのハーシュマンの指摘は、マンデヴィルと思想的源泉を共有するボワギルベールにもそのまま当てはまることに注目しなければならない。次章でみるように、ニコルは自己愛の偽装という欺瞞のメカニズムによる道徳的秩序の可能性に目を向けたが、しかし彼は、罪深い人間の心底に刻まれた自己愛という悪が公共善に転化するのを最終的に保証しうるものは、為政者が神慮に基づいて案出し維持する力ずくの「政治的秩序」のほかにはないと考える。それゆえ、ニコルの場合、便宜を求めてやまない人間の功利的行動は、宗教・政治の規範にしっかりと繋ぎとめられていた。これに対し、ボワギルベールは情念による情念の相殺や新ストア主義の調和の観念を用いることもなく、利己心に基づく自由な競争は「神慮の働き」に導かれて経済均衡に至りうることを論証した。そしてこの「神慮の働き」は「奇跡」という名のブラックボックスに隠されているわけではない。それは市場の強制力という利己的情念（自己愛）の対立を調整しうる安定化装置のことであり、ラフォンが言うような不可知ではなく、十分に分析可能な対象であった。その分析は必ずしも十分なものではなかったが、ボワギルベールはこのような市場機構という自己愛の抑制装置の発見によって、いち早く経済学の創生へ向けて画期的な一歩を印したのである。

第四節　経済学のフランス的起源

利益志向の功利的人間像を浮き彫りにした一七世紀フランスの新思潮は功利主義や「利益」説の源泉であり、ボワギルベールやマンデヴィルの経済学の直接の母胎であったが、そのバックグラウンドをなした世俗的倫理の拡がりは、いわば啓蒙の共通因子として一八世紀ヨーロッパ啓蒙の大きなうねりを引き起こす一要因でもあった。啓蒙の含意は多岐にわたるが、啓蒙の一本質が世俗化への決定的段階にあって超越的な宗教的価値の規制力を相対化することにあったとすれば、「安楽な暮らし」による世俗の幸福への希求を是認する世俗的倫理や世俗的価値の拡がりこそは、ヨーロッパにおいて啓蒙の大きなうねりを引き起こした動因の一つであったと考えられるからである。ポール・アザールは、一八世紀啓蒙に向かう時代精神のドラスティックな転換を準備した一七世紀のフランスの新思潮に早くから注目していた。最近になって、新たな視点から統一的な啓蒙の像を結ぼうとしたジョン・ロバートソンは、啓蒙の本質は生活状態の改善への関心にあるとして啓蒙と経済学の密接な関係を浮き彫りにしつつ、この新思潮とその延長上に位置するムロンの経済論説の意義を強調してモラリストによって「利益」を唯一の行動原理とする人間理解が普及することになったとしている（pp. 79–90）。

いる（Robertson 2005）[12]。

このように、一七世紀の新思潮とそれが生み出した功利的人間像は一八世紀啓蒙と経済学の共通の母胎であったから、したがって、フランス起源の経済学は、利益や快楽を増大し、世俗の幸福を増大するという啓蒙の課題に応じる啓蒙の経済学としての性格を帯びることになる。サン＝ピエール、ムロン、モンテスキューが三者三様の仕方でこの課題に向き合うであろう。とりわけムロンは、生産（供給）と消費（需要）、そしてそれら両局面の規定要因としての貨幣・信用システムからなる近代経済のマクロ的構造の全体像を初めて捉えた点で、ボワギルベールと並んで、経済学の生成史において重要な結節点の位置を占めることになる。また、ムロンが消費の局面をおもに奢侈の視点から論じたように、世俗的幸福の実現という啓蒙の課題を背負ったフランス経済学は、一面では、ムロンからヴォルテール、フォルボネ、ビュテル・デュモンなどへと続く、快楽を求める心中の情念の本源性をその一つの根拠とする奢侈容認論の系譜と重なっている。しかし他方では、商業社会の現況を批判し田園への回帰を唱えるストア的理想主義の影をまとった奢侈批判が繰り広げられ、功利主義的な啓蒙の経済学への批判が展開されることになる。前述したように、原罪説に拠って立つペシミスティックなアウグスティヌス主義の退潮に伴って、エピクロス主義あるいは功利主義のリアリズムとストア的理想主義との対抗が前面に登場するが、この対抗もまた典型的には奢侈の是非をめぐる対立として現れる。

ところで、すでに触れたように、また次章で詳論するように、ボワギルベールはスミスよりも八〇年以上も先んじて「レセ・フェール」の秩序原理を捉えるとともに、マンデヴィルと同じく欲求や効用の視点に立って社会を「欲求の体系」と見立てて消費欲求の本源性とその経済的機能に目を向け、生産に対する消費・消費欲求の規定性に着目する功利主義的な経済学を展開した。この点で、ボワギルベールの経済学はスミスの経済学とはかなり異なっていることに改めて注目しておこう。スミス経済学は、大陸の自然法学やスコットランド啓蒙の文脈上で、同感の原理や「公平な観察者」の観念に基づいて「市民社会の自律性」(利己心の自由→秩序)を論じた道徳哲学の認識の上に、市場機構に関するミクロ的分析と資本蓄積に関するマクロ的分析に基づいて、利己心の自由の経済的な効果(利己心の自由→経済的繁栄)を強調した自由主義の経済学であったと言うことができる。近年の研究が示すように、それは多面的な特徴を有しており、全体として利己心の哲学に貫かれていたわけではないし、また決して功利主義とイコールなわけではない。例えば、スミスは一方ではボワギルベールと同じく経済社会の構成原理を利益に見出し、利益を求める功利的人間の織りなす秩序の形成(「利益による秩序」)を論じたが、他方ではこの社会の本質を、ボワギルベールのような欲求と欲求の交換の体系としてではなく、生産過程に立脚しつつ、分業生産に基づく交換の体系あるいは労働と労働の交換の体系と捉えた。社会を動かす人間のエトスについても、この文脈において、消費欲求ではなく節約や蓄積の情念を強調している。(13)すなわち、スミスは人間の境遇改善欲求を所与として、この欲求に応えうる富の増大や一般的富裕の条件をおもに生産の部面から探求し、価値の源泉を生産過程に求めるとともに、節約・節欲の視点に基づく資本蓄積論

(12) ロバートソンは、スコットランドとナポリという二つの「国民的」コンテキストのなかに単一の啓蒙事例をみいだし、その特徴をおもに、一七世紀後半のフランスの新思潮を共通の源泉とし、自国が置かれた立ち後れた状態からの脱却という啓蒙の課題に対して、ともに経済学の知見によって立ち向かおうとしたところに求めた。ジェノヴェージやヒュームなどへのムロンの影響に注目し、フランスのムロンをキーパーソンとして重視している。人間の生活状態の改善という啓蒙の共通課題に応じるために経済学に向かうこと自体は、スコットランドとナポリに限られたことではないが、ヨーロッパ啓蒙の大きな視点からフランスの新思潮の歴史的意義を捉えうることを示した点で、ロバートソンの指摘は興味深い内容を含んでいる。

(13) ただしこれによって禁欲倫理に従って質素・倹約に精励する伝統的な人間像が蘇ったということではない。

に立脚して生産力の自己増殖という資本主義社会の自律的発展の論理を導き出した[14]。

ミクロ分析とマクロ分析の両面で生産視点からスミスが放ったこの強烈な光によって、経済における消費・消費欲求の意義が見えにくくなり、スミスを基準点にして経済学の生成を論じるとき、この側面が視野から遠ざけられがちとなったことは確かであろう。しかしながら、本章で述べてきたように、富裕の科学としての経済学の生成の条件は、何より世俗の幸福を求める人間の功利的情念の解放であるとすれば、経済学という新興科学の成り立ちを論じようとするとき、まずもって注目すべきなのは、むしろ、このような人間の功利的行動が織りなす「欲求の社会」の動態に目を向けた経済論説であろう。

いわゆる産業資本が主導する資本主義社会の経済システムなどほとんど無縁の旧体制下にあって、しかしフランス社会は、世俗化の進捗や商工業の発展とともに商業社会・消費社会へと大きく変貌しつつあった。ポーコックは、イングランドは「『啓蒙』を必要としないほど近代的であり、近代性そのものとの争いにすでに携わっている」(Pocock, 1975, 四一三頁)と述べたが、社会の経済的現実の側面について言えば、フランスの事情がイングランドのそれと大きく異なっていたわけではない。それゆえ、なお絶対権力と不寛容が支配する旧体制下のフランスにおいては、政治制度等の近代化が焦眉の問題となる一方では、奢侈論争に顕著に現れているように、「近代性そのものとの争い」がトピックとなりうる。上述の課題を背負った啓蒙の経済学は「近代性」の側にあって生活改善欲求としての奢侈の欲求を容認するが、このような容認論に対して、宗教的愛徳やシビック的な徳の観念に基づく奢侈批判が対峙するという構図である。フランス啓蒙の多様性は、このような錯綜したコンテキストに由来するが、いずれにせよ、この「近代性」への変貌を映し取ったボワギルベールやムロンなどの経済論説は、近代経済の重要な構成諸要素を見事に照らし出した。ボワギルベールの消費不況の分析や、マンデヴィルが消費社会の誕生を眼前にして三〇〇年前に論じた消費者行動論が、現代の消費社会のあり様を先駆的に示しているのは、その一例にすぎない。こうして、フランス起源の「もう一つの経済学の形成」を明らかにすることにより、単に経済学の多元的形成の一つのあり様を照らし出すという以上に、ヨーロッパ出自のこの新興科学の起源と成り立ちについて、これまでとは異なるその像を浮き彫りにすることができよう(15)。

以下、第一章で、ピエール・ニコルの道徳論の特徴を明らかにし、ボワギルベールがそこからどのような飛躍を遂げて秩序原理としての構成を備えた自由主義の経済学へと至ったか、また一方で、彼が一七世紀の新思潮の延長上にどのような特徴的な経済学を構築したかを述べる。第二章では、「私悪は公益」というマンデヴィ

(14) フランスの新思潮とスミス経済学との関係について、『貿易の嫉妬』(Hont 2005)の序文で、ホントは次のように述べている。プーフェンドルフの商業的社交性(商業がもたらす効用や利益に基づく社会的な結合)の観念はスミスに影響を与えたが、その観念については「もう一つの道筋があった。商業的社交性は、ただアリストテレス主義者だけではなく、ストア派の人々やキケロ、またとくにアウグスティヌスといったキリスト教の教父たちにとっても最大の関心事であった。プーフェンドルフの新アリストテレス主義に替わる選択肢は、自然法学のなかからではなく、フランスのアウグスティヌス的政治神学から出てきた。世界商業を通しての人類の絆の最も明確な表現は、フランスのアウグスティヌス神学者にして道徳批評家であったピエール・ニコルの著作に見られる。ニコルとプーフェンドルフの見解の類似性を説明することは比較的容易である……」(三五頁)、「スミスは、プーフェンドルフやニコル、そしてフランスの他のモラリストたちによって最初にその輪郭が描かれた見通しを、結び合わせ再加工したのである」(三七頁)。ホントは、プーフェンドルフとニコルは異なる立場から同じ商業的社交性の認識に達し、この面で同じくスミスに影響を与えたと理解している。ホントは「「必要がすべてを結びつける」というアリストテレスの考え方は、誰にでもどこでも適用可能であった」(三四頁)と述べているが、実際、ニコルも「人間同士の間で平和を維持する手段について」の論説で、アリストテレスの『政治学』のなかのこの一節を踏まえて人間同士の相互依存の関係を論じている(Nicole 1671b, p. 110)。

(15) このことにより、逆に、このような特徴的な経済学を生み出したヨーロッパ近代の一本質があぶり出されることにもなる。

ルの逆説の含意をその新思潮との関連で読み解き、その歴史的意義をとくに英仏の思想的展開との関連において明らかにする。第三章では、利益追求を悪徳とみなすリゴリズムの呪縛を逃れて、経済的繁栄を求める啓蒙の課題に応えるべく商業社会の構成原理やその発展の論理を探求した、アベ・ド・サン゠ピエール、ムロン、モンテスキューの三者三様の啓蒙の経済学のあり方を論じる。そして第四章では、フェヌロンやマンデヴィル以降の奢侈の是非をめぐる論争の成り行きを一九世紀初頭までたどり、奢侈論争の歴史的意義、とくに経済学の理論的形成に及ぼしたその影響を明らかにする。終章では、フランス起源の経済学の「欲望の経済思想」とも言うべきその特徴について概括を試みる。

第一章　経済学の起源とアウグスティヌス主義

――ニコルからボワギルベールへ

はじめに

一七世紀のフランスの新思潮は、自己愛に駆り立てられる利益志向の功利的人間像を浮き彫りにしたが、この思潮の延長上に独自の経済学を構築したのがボワギルベール（Pierre le Pesant de Boisguilbert, 1646–1714）であった。すなわち、ボワギルベールは、消費欲求や効用の視点から、腐敗・堕落した人間の功利的行動が織りなす「欲求の体系」としての経済社会のダイナミズムを明らかにする一方、ジャンセニストのニコル（Pierre Nicole, 1625–1695）などの道徳論からの独自の飛躍を一つの契機として、自由主義経済学の創生への道を開いたのである。本章ではまずピエール・ニコルの道徳論を取り上げ、ニコルの「情念と秩序」の関係の論理を明らかにする。その上で、ボワギルベールが、どのような飛躍によってレセ・フェールの経済学への道を開いたのか、そしてその一方で、利益説や功利主義の源流であった一七世紀の思想的コンテキストをどのように継承して、消費主導の特徴的な経済学の展開へと至ったのかを明らかにする。

年少の頃にポール・ロワイヤルの学院で学んだボワギルベールの論説にはアウグスティヌス主義・ジャンセ

ニスムが深く影を落としている。アダム・スミスもまたその功利的な人間の捉え方や「利益による秩序」の構想において、マンデヴィルや、マンデヴィルに影響を与えたニコルやラ・ロシュフコーなどの延長上に位置していると言うことができる。しかし他方でスコットランド啓蒙の道徳哲学の思想的土壌によって培われたスミスの経済学と、一七世紀フランスの新思潮の直系に位置するボワギルベールの経済学とでは、そこに開けている景色は異なって見える。(1) ニコルからボワギルベールへ、その継承と飛躍の関係に光をあて、経済学のフランス的起源のあり様を照らし出そう。

第一節　ニコル――開明的自己愛と政治的秩序

(1) ジャンセニスムとニコル

ジャンセニスムは、遺著『アウグスティヌス』(一六四〇年)によってこの教父の思想を集大成したとみなされたフランドルの神学者、コルネリウス・ヤンセン(フランス名ジャンセニウス)の名に由来する。ジャンセニウスの友人であったサン・シラン(通称)、その弟子のアントワーヌ・アルノー(通称、大アルノー)などがポール・ロワイヤル修道院に結集し、やがてパスカルやピエール・ニコルなど当代一流の人物も加わって、ジャンセニストと呼ばれる人々からなる一つのセクトが形成される。彼らが奉じたのは「最も峻厳な」(Sellier 1970, p. VI) アウグスティヌス主義であり、「それ[ジャンセニスム]は端的に言って、価値基準の多様化とヒューマニズムの潮流に対する神学的、思想的次元でのアンチ・テーゼ」(飯塚 1984, 三二頁)であったと見なされている。(2) このような思想・運動は、対抗宗教改革運動の思想風土にあって宮廷を含む当時のフランスの知的世界に深く影響を及ぼす一方、当然ながらカソリック内部で、とくにジェズイット（モリニスム）との間で激しい論争を引き起こした。ジャンセニウスの『アウグスティヌス』はローマ教皇によって二度にわたって異端宣告を受けることになる。終始、ジャンセニストの先頭に立ってこの論争に挑んだのがアルノーであり、さらに、ジェズイッ

（1）序章で見たように、比較的最近になって、一七世紀後半のフランスの新思潮、あるいはそこに通底するアウグスティヌス主義やエピクロス主義との関連で、啓蒙の功利主義や経済学の生成の問題を論じようとする研究がいくつか見られるようになった。このような文脈において、Keohane (1980)、Faccarello (1986)、Meyssonnier (1989) が、ジャンセニストのニコルやドマとボワギルベールとの関係を論じている。このうち Faccarello (1986) は、デカルト、ジャン・ボダン、そしてニコルなどのジャンセニストの思想的影響を浮き彫りにしつつ、ボワギルベールがそうした一七世紀以来の知的伝統からいかにして画期的な飛躍を遂げたかを明らかにした注目すべき研究であり、この論点に関して本章も多くを負っている。ただ、ファッカレロの関心はおもに自由主義の理論的根拠としての均衡概念の析出に向けられており、ボワギルベールの動態論の側面すなわち消費主導論には十分な関心が払われていない。ボワギルベール経済学の特徴の一つは、人間と社会に関する功利主義的な見方とそこに由来する消費・消費欲求の意義に着目した点にあり、ニコルなどとの連続性やマンデヴィルとの類似性を見出すことができるのもまさしくこの点においてである。それゆえ、この論点は、経済学の生成とアウグスティヌス主義との関係を理解する上で、またボワギルベールがその生成に向けて大きな一歩を踏み出した経済学という新興科学がもともとどのような性格を帯びていたかを理解する上でも、本質的な重要性を持っている。

（2）ただし、コニェは「ジャンセニスムという語に明確な知的内容を与えることはほとんど不可能」であり、「分析しつくせる精密な思想体系としてジャンセニスムを定義づけたいと思うのは、無駄のようである」として、その多様性を強調した上で、「厳格と絶対の宗教、同時に拒絶の宗教であるジャンセニスムは、おのれの現存だけで、国家理由と権威の論拠を相手どって自己の権利要求を掲げる」と述べている（Cognet 1961, 一三七―一三九頁）。この Cognet（1961）によってジャンセニスムをめぐる錯綜した論争史の概略を知ることができる。ジャンセニスムに関する包括的研究としては、Taveneaux（1965）（1992）がある。本章では、これらのほか Miel（1969）を参考にした。

ト批判のための論争書簡『プロヴァンシアル（田舎の友への手紙）』（一六五六—五七年）を発して、窮地に陥ったアルノーとポール・ロワイヤルの弁護に立ち上がったのがパスカルであった。

ニコルは一六五四年から一六六八年にかけてアルノーの最も近い協力者の一人であった。論争書を共同執筆したほか、二人の共著で、いわゆるポール・ロワイヤル『論理学』（一六六七年）を出版している。また、パスカルの『プロヴァンシアル』キャンペーンにも関与し、そのラテン語版を出版してヨーロッパの学問世界への その普及に貢献した。一六六八年に、プロテスタンティスムと戦うためにカソリック教会内のあらゆる論争に終止符を打つことを望んだクレメンス九世によって、「教会の講和」（クレメンス九世の和約）が成立し、これ以降、一八世紀初めまでの約三〇年にわたって論争自体は表面的には沈静化する。ニコルはこの論争の中断期に道徳の研究に打ち込み、『道徳論』（Nicole 1671-1678）を順次世に出す。しかし一六七九年四月一五日、ポール・ロワイヤルの最大の保護者であったロングヴィル侯夫人が死去すると修道院への迫害が再開され、この機にニコルはアルノーと袂を分かった。フランドルをめぐり歩いたのち、一六八三年に、ニコルは旧友たちの厳しい批判にもかかわらずパリの大司教と和解し、パリに戻った。それ以降はもはやジャンセニストの論争に加わることはなく、一六九五年にパリで死去した。パスカルの『パンセ』の初版は一六七〇年であったが、ニコル自身が認めているように、『道徳論』には『パンセ』の影響が色濃く表れている。『道徳論』は大きな成功を収め（ニコルが死んだときシリーズの第一巻はすでに七版を数えていた）、一八世紀の終わりに至るまで道徳的な考察のモデルになったといわれる[3]。

ジャンセニストは決して一枚岩であったわけではない。パスカルやサン・シランは世間からの隠棲を説いたが、ニコルやドマはむしろ世俗の暮らしに眼差しを向けた。ニコルは言う、

われわれが普通の生活を送り、必要から世の中の人々とのさまざまな結びつきを維持し、完全な隠棲はわれわれにはふ

さわしくなく、みずから若干の人間的な慰めを必要とし、付き合いをやめるのは適当ではない人々と神の命においてさまざまな協力を約したのであれば、［隠棲した場合とは］異なる人付き合いの仕方をする方がずっと有効であるように思える、すなわち彼らに愛情を示し、彼らから愛される機会を作ることである（1670a, p. 194）。

ニコルはこのような「普通の生活」を送る世俗の人々を念頭に、この世俗社会の維持存続の条件に関心を向ける。「結合（union）とはまったく正反対の情念に満ち、お互いに身を滅ぼし合ってばかりいるこれほど大勢の人々からなる社会や国家や王国が一体どのようにして形成されえたものか、なかなか理解できるものではない」とした上で、「自己愛は同じ社会のなかでどのようにして人間を結び合わせることができたのであろうか」（1675, p. 383）と自問して見せる。アウグスティヌス主義の峻厳かつペシミスティックな人間理解に立って、世俗社会の構成原理や秩序原理を探求するという困難な課題をみずからに課すのである。ヘイルブロンは、ニコルの著作は利益説の歴史において「ターニングポイント」となったとし（Heilbron 1996, p. 91）、「フランスの神学者ピエール・ニコルが、事実上、はじめて商業社会の整合的で理論的な正当化をもたらしたのはなぜか――さらに言えば、そのような商業社会の正当化こそは、ドマ、ボワギルベール、ベール、マンデヴィルなどの著作を通じて自由主義と社会科学の中核的要素となったものである」（*ibid.*, pp. 78–79）と問題提起した。この問題を解く鍵もまた、排他的な自己愛が結果として秩序形成に寄与するというパラドックスを、ニコルがどのようにして解明しようとしたかを明らかにすることにある。

（3）ニコルの生涯については、Thirouin (1999) を参照されたい。

（2）ニコルにおける人間と社会

ニコルにとって、アダムの堕罪ゆえに原罪を背負うことになった人間は罪深い存在であり、その行動は無意識の欲望の発露である自己愛（l'amour-propre）に規定されている[4]。そしてこの忌まわしい自己愛こそは「あらゆる犯罪と乱脈の種」であった。

堕落した人間はただ自分を愛するだけでなく、限度も節度もなく自分を愛する……。彼はあらゆる種類の富（biens）、名誉、享楽を欲し、自分のためにしか、あるいは自分とのかかわりでしかそれらを望まない。彼がすべての中心である、彼はすべてを支配しようとし、あらゆる人間が彼を満足させ、称賛し、誉めたたえることにひたすら専心することを望むであろう。このような暴君的な性質があらゆる人間の心の奥深くに刻み込まれおり、それが彼らを暴力的で、不正で、残酷で、野心的で、追従的で、嫉妬深く、不遜で、喧嘩好きにする。一言で言えば、そこに最も軽い場合から最もひどい場合まで、人間のあらゆる犯罪と乱脈の種が宿っている。それこそわれわれが胸の内に宿す怪物（le monstre）なのである。その怪物は、神がわれわれの心に別の愛を注いでその影響力を損なわないかぎり、いつまでも生き続け、絶対的にわれわれを支配する。それが堕落した性質以外の何ものも持たないあらゆる活動の原因である（1675, p. 382）。

自己愛は排他的であって、おのずから他人の自己愛を憎むから、自己愛と自己愛の対立・衝突は必然である。この点でニコルは、「人間は戦争状態で生まれ、各人はおのずからあらゆる他人の敵であると述べた」ホッブズの言説は、それ自体「真理や経験に合致している」と述べている。ただし、ニコルはこのような無制限の自己愛の発露は理性や正義に反するとし、ホッブズのようにそれを自然権の行使とは捉えていない（1675, pp. 382–83）。この違いは注目に値するが、いずれにせよ、堕落した人間はその自己愛ゆえにお互いに対立し合う。

しかし一方では、人間は無数の必要によってお互いに結ばれており、それゆえ必然的に社会のなかで生きていかざるをえない（1671b, p. 148）。ニコルは人間同士の相互依存、あるいは相互依存の関係に立脚した人間の社会性を、次のように論じている。

世界全体はわれわれの都市である、なぜなら、この世界の住民としてわれわれはあらゆる人間と関係を結び、そこからあるときは効用（l'utilité）を受け取り、またあるときは損失を被るからである。……［世界中の人々は］お互いに有する相互的な諸必要（les besoins réciproques）を通じてすべての人々をお互いに結びつける連鎖の一部となる（1671b, p. 110）。

ここでいう「必要」とは自己愛が求める事物、とりわけ生活の便宜や安楽をもたらす欲求の対象物であると考えてよい。なぜならニコルの自己愛は「他人を支配すること以上に生活の便宜や生活の安楽を愛する」（1675, 383）からである。この意味で、必要の相互依存は、効用ないし欲求充足の相互依存を表していると言ってよい。こうして世俗社会は生活の便宜と安楽とを求める人々の必要・欲求充足の相互依存によって成り立っているのである。このような人間と社会の見方を功利主義的であると評することができるが、[5] ニコルの峻厳なアウグスティヌス主義はそれと対極的な功利主義のイメージとどのように重なり合うか、後で再度、検討しよう。ところで、生活の便宜や安楽にかかわるさまざまな必要を満たすのは、堕罪以後に神が人間に課した「苦役」

（4）ヘイルブロンは「ジャンセニストの利己心や自己愛の概念は、無意識の欲望に関する精神分析学的な概念、特殊な言い方をすれば、ナルシシズムに非常に近い」（Heilbron 1996, p. 89）ことに注目している。

（5）おそらく最初にニコルの論説に功利主義の性格を見出したのはロスクラッグである。彼は、ニコルにとって自己愛は人間の行動の第一原理であり市民法の基礎であり、社会の秩序を形成するのも自己愛であり、こうして「効用こそは、人間の行動規範が導きだされる唯一の基準であり唯一の源泉である」（Rothkrug 1965, p. 51）、と述べている。ただしニコルにとって効用が唯一の規範的な基準というのは言い過ぎである。

としての労働である（「神がすべての人間に課した労働の一般的苦役……」1670b, p. 253）。この労働や「あらゆる技芸は鎖で結びつけられており、お互いに必要とし合っている」（1671c, p. 215）から、この意味で、必要・欲求の相互依存は他方で労働・技芸の相互依存によって支えられている。

人間はお互いに欠乏を満たし合おうとするが、しかし誰でも同じことであるが、首尾よくそれを満たすことにはならない。なぜなら、彼らはひたすらみずからの欲求（besoins）や必要（nécessités）を増大させ、その結果、みずからの無力さを募らせるにすぎないからである。……多くの事物を必要とする者は多くの事物の奴隷となり、彼自身が彼の下僕たちの下僕となり、彼らが彼に依存する以上に彼らに依存することになる。したがって世の中の富や名誉の増大は隷属や依存を強めるだけであるから、われわれはそれだけいっそう実質的な窮乏に追いやられるのである（1671a, p. 62）。

結果的に「実質的な窮乏」に追いやられるにすぎないにしても、人間は常に欠乏を満たそうとしてみずからの欲求や必要を増大させるから、社会的結合の必要性はますます高まり、それとともに労働や技芸に基づく人間同士の相互依存の関係が拡大していく。ジャン・ドマも端的に次のように述べている。「人間の失墜はさまざまな必要（欲求）から人間を解放するどころか反対にその数を増やしたから、そのため労働や取引（commerce）の必要性が、そして同時にさまざまな関与（engagements）や結びつきの必要性が高められた。なぜなら誰も自分一人で生きていくことはできないから、必要（欲求）の多様性が、それがなければ生きていけない無数の結びつきへと人々を誘うからである」（Domat 1689, pp. 25–26）。ニコルやドマが述べているのは、苦役としての労働が堕落した人間の自己愛が求める必要・欲求の相互依存ないし生活の便宜と安楽の相互的システムを支えるという構図であるが、それはいわば安楽や快楽を求めて苦痛に耐える（苦役に励む）という逆説的な人間のあり方を原型的に示すものである。この点でニコルの論説は、効用理論に立脚した経済学に特徴的な人間観や労働観の源流に位置しているということができる。この意味で、例えば、ニコルは遙かに二〇〇年を隔てたW・S・ジェヴォンズに繫がっている。

ところで、世俗の「普通の生活」に眼差しを向けるニコルにとって、無数の必要によってお互いに結ばれた「このような社会は［人間同士の相互依存を求める］神の命令に合致している、……したがって、社会を維持するために必要なものはすべて神の命令に適っている。神はいわば各部分に全体の維持を義務づけるこのような自然法に基づいて、そのことをお命じになっているのである」(1671b, p. 148)。こうして世俗社会の維持は神の意志にほかならない。このように、ニコルは常に拡張に向かう必要・欲求の相互依存ないし生活の便宜と安楽の相互的システムを是認し、この上で、このシステムを維持しうる条件は何かを自問する。すなわち、人々は一方で対立し合いながら他方で相互依存を深めていくのであるが、そのような結合のあり方が一体どのようにして可能なのか、という問題である。前述のように、この問題の解明こそはニコルの重大な関心事であった。

人間はみな罪びとであり「罪の乱調のせいで愛徳(la charité)に欠けている」(1671c, p. 213)から、愛徳によってお互いに結びあうことはもともと期待できない。しかしニコルは「この争いの原因である自己愛は人々を平和に生存させる方法を十分に知っている」(1675, p. 383)とし、人々の平和共存を可能にする秘密を自己愛に発する貪欲に見出す。つまり貪欲こそが「あまり誉められない仕方で」(1671c, p. 213)見事に愛徳の代わりを果たすのである。この意味で貪欲は「大きな用役」をもたらす(「人間の貪欲(la cupidité)それ自体からほど大きな用役(les services)が引き出せるものはほかにない」1671c, p. 214)。ここでいう「大きな用役」とは、貪欲が、生活の便宜や安楽を求めて人々が結ぶ相互依存の関係の維持に役立つことであり、ニコルは、愛徳とは正反対の貪欲の情念は、しかし世俗社会の維持存続の上で有用な役割を果たしうると考えるのである。序章で見たラフォンの言い方に倣って言えば、ここに愛徳か絶望かの危険な選択を迫られることなく、愛徳がなくても存続しうる、自己愛に基づく人間同士の絆の認識が生まれたと言うことができよう(6)。

このような「誉められない仕方」で結ばれた絆は、ニコルの宗教的立場からすれば欺瞞以外のなにものでもない。次節で詳しくみるように、それは自己愛が愛徳を偽装することにほかならないからである。しかしこの偽装が神の命に従うべく世俗社会を維持するのであるから、この意味でこの欺瞞性はいわば神の意志に適っている。あるいは神慮が社会の維持という目的を遂げるためにこのような欺瞞を行わせるとも言えるが、いずれにせよ、自己愛に発する貪欲の悪は、偽装・欺瞞のメカニズムを通じて社会の維持というメリットをもたらし、善に転化するのである。

悪の善への転化というこの逆説的テーゼは、自己愛という悪から秩序原理を紡ぎ出さざるをえないアウグスティヌス主義にとっては、必然の帰結である。ラ・ロシュフコーは端的に「悪徳は、薬の調合に毒が使われるように、美徳の調合に使われる」(La Rochefoucauld 1678, pp. 46–47/58) と述べたが、ドマもまた次のように述べている。

> 神が悪を生じさせたのは、悪から善を引き出すことが神の力であり叡知であったからにほかならない……。社会に対する神の導きから明らかなように、われわれの自己愛と同じように邪悪な原因から、また社会の基礎であるべき相互愛に同じように反する毒から、神は社会を存続させる救済策の一つを生み出した。なぜなら神が人間を無数のやり方で結びつけ、大部分のさまざまな関与を維持する絆を設けたのは、この対立の原理からだからである。……神がすべての人間に与えたこうした理性の光や、神が人間の自己愛から引き出すこうした良い結果が、人間の社会を人間自身によって維持するのに貢献する原因なのである (Domat 1689, p. 25)。

そして、ニコル自身はときに『道徳感情論』のスミスを想起させるような心理学的分析を通じて、このパラドックスを解き明かしていく。

(3) 自己愛の自己抑制と礼節

自己愛に発する貪欲はいかにして愛徳を偽装し社会の秩序を維持しうるか、言い換えれば、排他的な自己愛を秩序へと向かわせるその抑制要因とは何か。ニコルは人間心理の奥深くにまで入り込み、自己愛の偽装という欺瞞のメカニズムを明らかにしていく。

抑制要因の一つは「利益への配慮」である。「相互的な諸必要を通じて」人々が相互依存の関係を結ぶこの世界において、利益を求める自己愛を満たすためには他人の自己愛を抑圧するのではなく、それを満足させてやるのが最良の方法であるとニコルは言う。

人は得るために与える。それが人間同士で行われる、かぎりなく多様なあらゆる取引(commerce)の源泉であり、基礎である。かぎりなく多様なというわけは、人は他の商品や貨幣と交換に与える商品の取引を行うだけでなく、同じく労働、用役、勤勉さ、礼儀を取引するからである。……この取引の手段によって、愛徳がそこに関与しなくても、あらゆる生活必要品がいわば満たされる。したがって、真の宗教が放逐されたため愛徳が入り込む余地のない国でも、聖人君子の国に住んでいるのと同じように平和で安全で快適に暮らすことができるのである(1675, pp. 384–385)。

(6) ラフォンは、「ニコルやマルブランシュにとって、自己愛は原罪の結果であり原罪に由来するというだけでなく、同様にそれは愛徳か絶望かの危険な選択を人間に委ねないように配慮した神慮が設けたからくり(mécanisme)である」(Lafond 1996b, p. 359)と述べている。

このように自己利益への顧慮が自己愛に歯止めをかけ、人間同士の取引（commerce）を維持する。

例えば、田舎に行けばほとんどどこでも喜んで旅人の面倒をみる者や、また旅人を迎えるための宿舎を準備万端整えている者たちをみかけることができる。旅人は思いのままにそれを使うことができるし、彼らは注文通りに従う、……彼らは求められる援助を与えるわけを決して述べたりはしない。もし彼らが愛徳の精神に動かされているのだとすれば、これほど素晴らしい人々がほかにいるだろうか。彼らを動かしているのは貪欲（la cupidité）なのである。他人のためにまるごと家一軒を建てて、その家に家具を据えつけ、壁をつづれ織りで飾り、家の鍵をその他人に渡すなどということが、一体どのような愛徳のなしうるところだろうか。貪欲が喜々としてそれを成し遂げるであろう。インドまで薬を探しに行き、最も卑しい仕事にまで身を落とし、最も低俗でかつ骨の折れる用役を他人に供するのは、一体どのような愛徳のなしうるところだろうか。貪欲こそが不満も言わずに万事やり遂げるのだ（1671c, pp. 213–14）。

人間が他人の利益に貢献するのは自分の利益のためである。ニコルは、このような利益の相互性こそが秩序形成の重要な要因であると考えた。さらにニコルは、貪欲によって維持されるこの commerce の社会は市場経済の社会であることを事実上、認識していたように思える。彼は言う、利益あるいは効用をやり取りするこの commerce の社会において、人々は決められた報酬を支払うことで世界中の物産を手に入れ、国王のそれにも匹敵する生活を手に入れることさえできる、人々は他人が提供する財や用役がもたらす効用（utilité）を有償で手に入れるが、そのことで、とくに自分が誰かに恩義を被っているなどとは感じない、「なぜなら、同じ財を分かち持ち、彼らとこの恩義を分かち合う無数の人々がいるからである」（1671c, pp. 216–17）。このようにニコルの利益概念は、ラ・ロシュフコーなどのモラリストのそれが貴族的な栄光や栄誉を含んでいたのとは違って、生活の便宜や安楽という経済的利益にかかわっており、commerce の社会すなわち「商業社会」のリアリティを反映したものであった。次節でも述べるが、ボワギルベールとスミスにもこのような「商業社会」における利益の相互性の観念、言い換えれば「利益による秩序」の観念を見ることができるが、その源泉を、以上のニコルの言説に見出すことができよう(7)。

ニコルは一方で「貪欲の作るこの精神世界」における自己拡張の情念の作用に関して、デカルトの渦動説を応用し、自然的諸力がその相互の圧力によって安定状態に達するように、諸情念はその競合関係ないし相互牽制を通じて一定の秩序を維持しうると考えている。

---

(7) ヘイルブロンは、前述のように、ニコルに「商業社会の初めての整合的で理論的な正当化」を見出したが、ウートンは、ニコルのエッセイ(Nicole 1675)の英訳(*The Grounds of Sovereignty and Greatness*, 1675)に注目し、この英訳によっておそらく初めてスミスに繋がっていく商業社会の精緻な認識がイギリスにもたらされたとして、「われわれが商業社会についての新たな哲学の最初の明確な説明を手に入れたのは、ジャンセニストのニコルからである」(Wootton 1986, p. 75)と述べている。なお、一六七五年から一六七九年までフランスに滞在したジョン・ロックは、その間にニコルの『道徳論』に接してこれを蔵書に加えるとともに、そのうちの三編を選んで英訳し、シャフツベリー公爵夫人に献呈している(Yolton ed. 2000を参照)。一方、知られているように、同じフランス滞在中にロックはフランソワ・ベルニエなどのガッサンディストと接触し、これを一つの機縁として、『人間知性論』に繋がっていく快楽主義的倫理学に本格的に目を開かれたとされる(八木橋 1981を参照)。ヨルトンによればニコルもまたロックの思想形成に影響を与えたようであるが、ニコルのアウグスティヌス主義とガッサンディのエピクロス主義という両極に位置する思潮との邂逅がロックにどのような思想的転回をもたらしたか、前者の影響に注目されることが少ないだけに興味深いところである。ちなみに、ニコルがホッブズ政治学の影響を受けていることは明らかであり、一方で、次章で述べるように、イングランドのマンデヴィルの思想的源泉はニコル、ラ・ロシュフコー、ピエール・ベールなどであった。このような「ヨーロッパ精神の危機」の時代に華開いたインターナショナルな「学問共和国」の思想的カオスのなかから近代の人間と社会についての新たな認識が生まれ、この延長上に経済学というヨーロッパ出自の新興科学が形成されていく。

貪欲の作るこの精神世界を表現するのに、自然の作る物質世界、すなわち宇宙を構成するさまざまな物体のこの集合体ほどふさわしいものはほかにない。なぜなら、物質の各部分は動き回り、活動を拡大し、みずからの空間を飛び出ようとする自然的な傾向をもつが、しかしそれはほかの物体によって圧力を加えられており、一種の牢獄に閉じこめられている、そしてそれを取り囲む物質が持つ以上の力を持てばただちにその牢獄から逃れられる、これと同じような状況が精神世界にも見られるからである。それは、各個人の自己愛が、彼の望み放題に彼が裕福になることを許さないほかの人々の自己愛によって抑制されている、といったイメージである。……一国の高位の人々（les Grands）もまたみずからの個人的利益を持つからにはその運動［より大きな渦］に従う、そして彼らは、彼らの財産に結びついた大勢の人々の中心のごとき存在である。最後に、渦に巻き込まれるこれらのあらゆる小さな物体ができるかぎりそれらの中心の周囲を回るのと同じように、高位の人々の財産や国家の財産につき従う下位の人々は、彼らが他人に行うあらゆる義務や用役において、彼ら自身向かい合い、常にどこまでも自分自身の利益を心がける（1675, pp. 385–386）。

この世界は、それを構成する諸要素の絶えざる衝突によって、すなわちこの場合、利益を求める利己的情念の自然的運動の結果として秩序立てられる。このように、「利益による秩序」の構想は、一方で機械論的世界観によって支えられていた。ここに見られる、世俗世界は利益を求める重層的な情念の渦によって形作られるというイメージは、後述するように、ボワギルベールにおいて経済的な諸要素の「混ざり合い」という動態のイメージに引き継がれている。

ニコルは続いて、人々の愛や称賛や敬意を得たいという自己愛に発する一般的な情念が、他人の反感や憎悪を引き起こしかねない自己愛の強い発露を抑制しうることに注目する。われわれは他人から憎悪や軽蔑の念をもって見られることに耐えられない、「ぞっとするような恐れや心痛や落胆なくしてこのような視線に誰が耐えることができようか」(1670a, p. 181)。そして人は「自己愛ほど嫌悪を招くものはない」ことを知っているから、「他人の憎悪に敏感で憎悪に身をさらしたくない人々は、できるかぎり自分の自己愛を他人の視線から逃れさせるため、それを偽装し、自然の形でそれを表に出さないようにし、そして完全にそれを逃れている人々、つまり愛徳の精神に動かされ、愛徳によってしか動かない人々の振る舞いをまねる」(1675, p. 389)。別の言い方をすれば、自己愛の剥きだしの行動が「他人の心に与えるはずの結果を考えるに至ったとき、人はただちにそれらを隠すという結論を下す」(1675, p. 402)。自己愛はみずからに向けられた人々の悪意、悪感情、憎悪によって苦痛を感じるのを避け、むしろ彼らの敬意や友情を獲得しようとして、愛徳を模倣するのである。ここでニコルは、何が他人の愛を引き寄せ、あるいは憎悪を招くかの判断において人はしばしば欺かれることがあるが、しかし「ある程度までは、あらゆる人間に共通の判断さえ存在する、すなわち彼らはみなある程度、憎悪を引き起こす活動もあれば愛をもたらす活動もあることを認識している」(1675, p. 387)として、世俗社会において、是認や否認にかかわる「人間に共通の判断」の基準、すなわち世俗的な道徳的規範が存在することを認めている。この点は厳格なアウグスティヌス主義を奉じるジャンセニストの道徳論として興味深い。

このようにニコルは苦痛を回避しようとする自己愛の心理的抑制作用に着目し、世俗社会の道徳的自律の可能性に論及した。人間は誰もがエゴイスティックで堕落しているが、他者の視線を意識することで自己愛の強い発露を抑制し、結果的に一定の道徳的自律性を発揮しうると考えるのである。「利益への配慮」の場合もそうであるが、排他的で自己拡張的な自己愛は、しかしみずからの意志や利益を実現しようとしてかえって自己抑制的となる。このように自己愛は相反する二重の性格を有しており、自己愛に基づく道徳的自律をもたらすのも、このような自己愛の二重性であった。こうして自己愛は一定の自己成就を遂げるとともに社会の維持に貢献する。いわば自己愛の偽装という欺瞞のメカニズムを通じて利益は自己抑制され、公益(社会の維持)と一致するのである。この意味で、ラフォンが言う、自己愛という悪を公共善へと転換する「アウグスティヌス主義の不可思議な錬金術」とは、ニコルの場合、このような欺瞞のメカニズムあるいは自己愛に組み込まれた自己抑制のメカニズムそれ自体のことにほかならない。

ところで、自己愛を隠蔽し、一定の秩序維持機能を担う世俗的道徳として、ニコルは具体的に「礼節(honnêteté)」や「礼儀(civilité)」に注目している。彼によれば自己愛は「礼節」を通じて愛徳を偽装し、人々の愛や敬意を獲得しようとする。礼節は、他の人々に愛情を示すことによってその人々の愛を引き寄せようとする「自己愛の一種の交流」を表すものであり、それ自体、偽りの愛情であるが、しかしその欺瞞性は礼節の言説によって隠蔽されている(1670a, p. 182)。ニコルは礼節のなかでとくに「謙虚(l'humilité)」を取り上げ、名誉や敬意といった自尊心・虚栄心に発する願望はその片鱗を示しただけで不正だとして非難されることになるから、他人の悪意の対象とならないために、自己愛は愛徳の発露である謙虚を模倣する、としている(1675, p. 390)。すなわち、他者の眼差しへの恐れが人々に愛徳を思わせる謙虚や礼節を余儀なくさせ、剝きだしの自己愛にブレーキをかけるのである。礼節の目的は自己愛の成就であるから、それは「巧妙な野心以外のなにものでもない」(1675, p. 404)が、自己愛はその目的を遂げるために礼節や礼儀を通じて愛徳の振る舞いをまねるのである。このとき自己愛と愛徳は外見上、一致する、あるいは見分けがつかない(「愛徳と自己愛は結果において同じである」1675, p. 381)。実際、人々を動かしているのが愛徳なのか自己愛なのかを判断することは困難であると彼は言う。なぜなら、人はみずからの行動の動機が何に由来するかを反省しないし、単なる習慣によって行動することが多いからであり、さらには愛徳と貪欲はしばしば混ざり合って同じ対象に向かうからである。愛徳と自己愛は混淆していて見分けがつかないのは、他人から見てそうだというだけでなく、自分でも区別がつかないとニコルは言う。「殉教によってさえ自己愛と愛徳とを確実に区別することはできなかったため、聖人たちは、聖パウロに従って愛徳による殉教と同じく虚栄心による殉教が存在することをわれわれに教えている」(1675, 406)。ニコルによれば、愛徳か自己愛かの識別は心の奥底を見抜くことによってのみ可能となるが、それができるのは神のみである(1675, pp. 409–411)。

彼は礼節にこのような道徳的意義ばかりか、宗教的な意味をも与えようとしていることに一言触れておこう。人はお互いに「まったく人間的なこまごまとした無数の紐帯(cordes)によって結びつけられて」おり、人々の結合の堅牢さは、精神的な絆だけでなくその結合を維持するこうした人間的な紐帯に依存している、この人間的な紐帯つまり礼節を欺瞞的であると非難して排除するのではなく、それを純化しようと努めるべきである、礼節は外面的な謙虚であるが、霊的な観点でそれを実践するときには内面的となりうる(1670a, 192)。つまり礼節は、普通の生活を送り、世の中の人々とさまざまな結びつきを維持する人々にとって有効であるばかりか、キリスト者は礼節を純化することによって外面的で欺瞞的な礼節を内面的な真の礼節にすることができる、というのである。こうして、ニコルにとって世俗の現実とキリスト者の義務とは、礼節の純化を通じて折り合うことができる。この点について、ニコルの『道徳論集』を編んだティルアンは、その解説で、ニコルの自己愛は社会道徳の源泉であるばかりか、そこから生まれる「礼節や礼儀」は宗教的な「救済のシステム」において一次的役割を果たしているとし、そこに「この異形のジャンセニストのおそらく決定的な確信がある」と述べている(Thirouin 1999, p. 16)。

以上のように、「利益への配慮」と「愛されたい(あるいは嫌われたくない)という願望」はいずれも自己愛に発する情念であるが、これらが他の暴君的な自己愛の発露を抑止し、世俗社会に一定の秩序をもたらすのである。ただしそうであるためには、その自己愛は、真の利益がどこにあるかを見抜き、さらに他者の怒りを買わないように理性的に振る舞うことができる「開明的な自己愛(amour-propre éclairé)」でなければならない。彼は、このような「開明的な自己愛は世界のあらゆる外面的な欠陥を修正し、きわめて規律正しい社会を形成しうる」(1675, p. 408) と言う。

以上のことから、人々を完全に矯正するためには、すなわち、あらゆる悪徳とあらゆる粗野な乱脈を追放し、人々を生まれ落ちたときから幸福にするためには、愛徳の代わりに、……開明的な自己愛をすべての人に与えさえすればよいと結論づけることができる。この社会はその内部において、また神の目からみてどれほど堕落していようと、外面的には、これ以上に規律正しく、礼儀にかない、正当で、平和で、誠実で、寛大なものはほかにないであろう。もっと素晴らしいことは、自己愛によってのみ活気づけられ動かされるのに、自己愛はそこに姿をあらわさないことであり、また愛徳を完全に欠いているのに、いたるところで愛徳の形態や性格しか見られないことである (*ibid.*)。

こうして「規律正しい社会」を作るためには誰もが開明的な自己愛を身につける必要がある。しかしながら、このことは何ら保証されていない。例えば、他人の眼差しなど一切気にしない人々にはその振る舞いを押しとどめるブレーキが存在しないから、彼らはあらゆる気まぐれや奇行を繰り返すが、これほど危険な人々はいない (1675, pp. 413–414)。それゆえ、結局、上述の二つの歯止めでは十分ではないことになる。そこでニコルは「苦痛の恐れによって貪欲を抑止し、貪欲を社会に有用な事物に向かわせる政治的秩序」の働きに期待する (1671c, p. 214)。すなわち、法を定め、その違反者を「車刑や絞首刑」で罰することのできる政治的秩序である。

人間は支配を愛する、人間はすべての人々をひざまずかせようと欲するが、しかしまた人間は他人を支配する以上に自分の命を愛し、生活の便宜と安楽を愛する。彼の見るところ、明らかにほかの人々は進んで支配されようとは決してせず、むしろ彼の最も好む財を彼からいつでも奪おうとする。したがって、野心がそそのかす目論見を力づくで遂げることは誰にもできないばかりか、まさに自分の持つほかの不可欠の財を暴力によって失うことを誰もが恐れさえする。まずもって自分自身の保全に配慮することに限定せざるをえないのもこのためである。そして命や財産をわれわれから奪おうとする人々を力づくで排除してみずからの保全を計るためには、ほかの人々と結び合うほかに方法はない。こうした結合を強固なものにするために法が制定された。そして法を犯す者には懲罰が命じられる。かくして、全体の意思として設けられた車刑と絞首刑とによって、各人の自己愛の横暴な考えや目論見は抑え込まれる。したがって死の恐怖が市民社会の第一の絆であり、自己愛の第一の歯止めである（1675, pp. 383–384）。

以上のように自己愛は、利益、愛されたいという願望、そして恐怖の三つの情念に導かれて愛徳を偽装する。このうち愛されたい、あるいは人々の敬意を得たいという願望や情念は愛徳に最も近く、他の二つよりもはるかに広範囲に及ぶとされる。なぜなら、恐怖や利益に駆り立てられて行うことを愛徳によって偽装することは難しいが、愛されたい、敬意を得たいという性向はきわめて巧妙にそれが自己愛の発露であることを隠すからである（1675, p. 388）。しかし上述のように、ニコルにとって、自己愛や貪欲を抑制する上で自己愛が開明的であることを前提にした欺瞞のメカニズムには明らかに限界があり、その抑制と秩序の維持を最終的に保証しうるものは恐怖をその一原理とする政治的秩序のほかにはなかった。ニコルは言う、「ライオンや虎やそのほかの野生の動物を飼い慣らして、生活のために役立たせる術を見つけた人間を誰が誉めたたえないであろうか。ところで国家の［政治的］秩序がもたらすものがまさにこれである。[8] なぜなら、欲望に満ちた人間は虎や熊や

（8） この論説（De la grandeur）は最初、『君主教育論』（*De l'Éducation d'un Prince*, 1670）の一部として発表されたが、そこでは、ここまでの箇所は「ライオンや虎やそのほかの野生の動物を飼い慣らして、生活のために役立たせる術を見つけた人間は褒め称えられるであろう。政治的秩序がこのような奇跡（cette merveille）を成し遂げる、なぜ奇跡かと言えば、……」（p.206）となっている。

ライオンよりも始末が悪いからである。ある者はほかの者を食い物にしようと望むであろうが、法や統制の手段によってこれらの獰猛な獣は見事に飼い慣らされる。最も純粋な愛徳から得られる人間のあらゆる用役がそれらの獰猛な獣から得られるほどである」（1671c, p. 214）。彼はこの秩序にどのような内実を与え、秩序形成の上で神にどのような役割を与えているだろうか。ニコルの論説の歴史的意義を見定めるため、次に彼の統治論を見てみよう。

（4）政治的秩序と神慮

政治的秩序の成り立ちとこの秩序を担う高位の人々の存在について、ニコルは次のように述べている。堕罪の状態にある人間は常に他者への優越あるいは高位を望み、互いに不平等を求めるが、このような堕落した人間の意志から秩序が導かれることはありえない。そこで理性は秩序をもたらすべく諸規制や諸統制を設け、さらに人々にそれらを守らせる権力を一部の人々（高位の人々）に与えることが妥当であると判断する。「理性は高貴［あるいは高位 la grandeur］の創設に同意するばかりか、この秩序を人間精神の傑作、そして世界で最も有効なものとみなす」。ただし貪欲が望み、理性が是認したとしても、それだけで高貴（高位）が正当化されるわけではない。なぜなら、なんであれ他人に力を及ぼして意のままにすることができるのは、彼らの至高の主人である神だけであるからである（「あらゆる力は神に由来する」）。神はみずからの権威によってこれらの人間的制度を確かなものとし、これを統治する者を選ぶ力を人間に与え、さらに統治する者にみずからの力を伝えた。こうして「人民を統治する人々は、善に報い悪を罰するための神の大臣」となる。高貴（高位）とは神の権力に与ることであり、国王の権威や権限も人民からではなく神にのみ由来する（1671c, pp. 203–204）。そしてニコルは、統治の任に当たる大臣やその配下にまでこの権限が移行し、「神の権威の一部を分かち持つことによって神の僕」となる一群の人々〔高位の人々〕を生み出すと述べている。それゆえ「高位の人々は尊敬に値する。それは彼らの富によってでも、彼らの享楽によってでも、彼らの華美によってでもない。……彼らが神の王権に一部与っていることによってである」（1671c, p. 206）。ニコルは、高位の人々への外面的服従を説くパスカルとは違って、良心の動機に基づいて権力者に服従するように説いているのである。彼は言う、神から受け取るこれほどの富について「人々は神に感謝すべきであり、その感謝のなかに、彼らにそれらの富をもたらすために神が利用する人々や神の権威の受託者である人々を加えなければならない」（1671c, p. 217）。

このように、恐怖をその一原理とし、諸規則や諸統制を通じて高位の人々が統治するニコルの政治的秩序は「人間精神の傑作」であるとされるものの、その最終的な拠りどころは神慮の導きにほかならない。したがって、そこではホッブズのそれとは違って神が決定的な役割を担っており、神は統治のために選ばれた人々にみずからの力を伝え、そして神自身へのわれわれの義務の一部としてこの地上の主人に従うことを求めるのである。法を定める権限についても、神の信託を受けた国王にのみその権限が存するから、人民の同意によって成立したにせよ君主政がひとたび成立すれば、これを廃絶する権限を人民は持たないとされ、抵抗権は完全に否定されている（1671c, p. 205）。

ニコルは世俗社会の必要の相互依存を維持すべく自己愛の自己抑制の原理を探求し、「利益による秩序」の可能性や、みずからに向けられた他者の眼差しへの意識がもたらす、愛されたいという願望に発する心理的抑制の効果を析出したのであったが、しかし罪深い人間の心底に刻み込まれた自己愛の悪が社会の維持という公共善へ転化するのを最終的に保証しうるものは、統治者が神慮に基づいて案出し維持する力ずくの政治的秩序のほかにはない。こうしてニコルにおいて、生活の便宜や安楽を求めてやまない人間の功利的行動は、宗教・政治の規範にしっかりと繋ぎとめられていたのである。

ところで、神が高位の人々にみずからの力の一部を分け与える目的とは何か。それは人々にあらゆる種類の「世俗の富と霊的な富」をできるだけ手に入れさせるという神の意志を彼らに執行させるためである。言い換えれば、神から託された彼らの任務は「神の栄誉と人間の有利（l'avantage）」を実現することにほかならない（1671c, p. 220）。「世俗の富」を手に入れさせ「人間の有利」を実現するというのは、さまざまな取引（commerce）によって結ばれた世俗社会の維持に努めることであり、これもまた神の意志であることはすでに述べた通りである。しかしながら、高位の人々はその高い身分ゆえにしばしば神によって付託されたみずからの義務を認識することができない、とくに周囲の追従者が、高位の人々が真実を認識するのを妨げるとニコルは言う。パスカルは「われわれの世の中での地位が運よく上がるたびに、それだけわれわれは真実から遠ざかる結果となる」（Pascal 1670, p. 81/I, 83）と述べたが、ニコルも同じように、社会的地位が高まるほど真実に近づくことが難しくなることに注意を促している（1671c, pp. 230–31）。追従者のせいなどで統治者が現場の真実から遠ざけられるとすれば、神から付託を受けて任務の遂行にあたる統治者にとってこれほど由々しきことはない。これは統治者（高位の人々）の政策判断のための情報収集にかかわる問題にほかならないが、「人民の代弁者」を自任したボワギルベールもまたパスカルやニコルに倣って、この問題を重視することになる。

ニコルはまた、統治者（高位の人々）には信仰に基づくキリスト教の卓越した徳が求められると述べている。なぜなら「ほかの人々は外的な強制によってその精神や徳の弱さを支えるのに対して、高位の人々は反対に彼らの精神や徳の力によってあらゆる外的な妨げに打ち勝たねばならない」（1671c, p. 232）からである。ニコルは、そもそも高位に伴う豊富な財産を所有する人々はキリスト教徒に求められる「貧困の精神」（1671c, p. 237）に反するとしながら、他方で、高位の人々を含めて「富や華美や享楽」を求める貪欲を決してみずからに禁じることができない現実の人間の姿を凝視する。それだけに、ニコルは、高慢になりがちな高位の人々を謙虚にするためには、「彼らは、尋常でないやり方で、いわば恩寵の命それ自体において奇跡的なやり方で矯正される必要がある」(1671c, p. 232)と言うが、その尋常でない奇跡的なやり方とは一体どのようなものか、彼は何も述べていない。いずれにせよ、キリスト教徒の義務として質素や「貧困の精神」が求められる一方で、世俗の現実は宗教的な義務や理想から著しく懸け離れている。宗教的価値の規制力を相対化・無力化しようとする世俗化の一般的傾向に真正面から立ち向かうジャンセニストたるニコルにとって、この現実は容認できるものではない。しかし、さりとてこの懸隔を埋めるべく、キリスト者の義務や理想を生きるように人々を教導することがいかに困難なことか、彼は十分に自覚的であり、「人々の評価を引き寄せるにふさわしいあらゆる感覚の対象物に開かれた心を持ち、そして人々の評価を熱望し、世間の人々に好かれ、世間の人々が気に入り、外部的なまた内面的な数限りない誘惑によって悪徳の方へ引き寄せられ、そしてみずから堕落しようとするこの上なく強烈な性向、この上なく心を誘う世間の魅力、この上なく危険な悪魔の企みと同時に闘わねばならない」人々にとって、聖書の教えるキリスト者としての義務を果たすことがどれほど困難であるかを述べ立てている(1671c, p. 234)。

ただし、ニコルは一方では、世俗の現実とキリスト者の義務との折り合いをつけようとした。世俗社会の維持は神の意志であったし、前述のように、世俗の現実とキリスト者の義務とは、礼節の純化を通じて折り合うことができた。ロスクラッグ以来、ニコルの道徳論や社会理論を取り上げた研究の多くは、ニコルと、脱世俗的な他のジャンセニストとの違いに目を向け、ニコルの論説に功利主義の傾向や世俗的価値に寄り添うユマニスムの影響などを読み取ってきた(9)。世俗社会を維持する上で貪欲の欺瞞的効果やその有用性に着目して自己愛

(9) 例えば、ジェームズはニコルのペシミズムはパスカルのそれほどは深くはないとし、ニコルにおいて神と人間との架け橋

の自己抑制による社会の道徳的自律の可能性を認めていること、言い換えれば、「礼節や礼儀」などの人間的な徳の存在を認めていることなど、ニコルの論説には、このような解釈を許す一面があったことは確かであろう。しかし、人間的徳と言っても、そこには「人間の弱さ（la faiblesse）」ゆえの限界があることも明らかである。ニコルはしばしばパスカルに倣って人間の弱さや無力さを強調し、「理性によって生きる者などほとんどいない」（1671a, p. 53）と断じているが、この無力さは原罪ゆえに根源的なものである。それゆえ、良き生をまっとうするためには、導き手としての神とその恩寵にすがるよりほかに術はない。「……われわれは人間本性のなかに弱さと無力さしか見出さない。生きる力を求めるべきは神とその恩寵においてのみである。人間の蒙昧さを照らし、その意志を堅固ならしめ、その束の間の生を維持しうるのは神のみである……」（1671a, p. 62）。ニコルは、このような「人間の弱さ」を、商業社会の出来と進展という新しい現実のなかで感覚的享楽や悪徳に誘われる功利的人間の姿において捉えたのである。メナールは、自己愛をほとんど唯一の行動原理とするアウグスティヌス主義の人間像は「確かに悲観的で厳しいが、根拠があり、経験によって確認される人間像」（メナール 1989, 一三七頁）であると述べているが、この点で言えば、人間の根源的な弱さを暴こうとするそのペシミスティックな姿勢のゆえに、かえってニコルは商業社会に生きる世俗の人間のリアリティを、すなわち生活の便宜や安楽や感覚的享楽によって世俗の幸福を求める生身の人間の姿を的確に捉えることができたと言えよう。

ニコルにとって、自己愛がひたすら功利や利益を求めるのは原罪を背負った人間の弱さゆえであり、それ自体、基本的には罪であり悪である。しかし宗教的価値の規制力が相対化されるとき、世俗の幸福を求めることは少なくとも罪ではない。そしてこのとき、ニコルが悪であるとする「外部的なまた内面的な数限りない誘惑」に駆り立てられて人々が求めるさまざまな事物は、「安楽な暮らし」を実現する欲求の対象物として、いわば富へと転化し、そのような事物を求める人間の情念はむしろ富を生み出す原動力となる。価値基準や評価のこうした転換こそが、経済学という新興科学の生成の条件を整え、その生成を促したと言ってよい。序章で触れたように、世俗化のトレンドが推し進める舞台の変転のただなかで、こうした転換をみずから体現しつつ、市場機構という自己愛の抑制装置の発見によって政治や道徳からの経済世界の規範的な独立の可能性を論証し、「レセ・フェール」の基本原理に基づいてニコルの地平から飛躍したのが、ボワギルベールであった。超越的な神慮に基づくニコルの政治的秩序の構想と比べるとき、それがどれほど画期的なものであったかは明らかである。コーヘンは、「ボワギルベールは、最も慈愛に満ちた全知の権力者でさえも、普通の人間が自分の利益になると思われるものを利己的かつ盲目的に追求することでみずからのためになしうることを、彼らのためになし得ないと主張することで、絶対王政の基礎を掘り崩したのである」(Keohane 1980, pp. 356–357) と述べているし、またファッカレロは「カソリックのなかでも最も禁欲的な解釈の一つから、自由企業経済の有効性に関する基本的観念が生まれ出る」(Faccarello 1986, p. 14) ことの逆説性に注意を喚起している。宗教の羈絆を脱したボワギルベールは、経済学の生成へ向けて、ニコルの地平からどのような飛躍を成し遂げたであろうか。

は堕罪によって完全に破壊されてはおらず、堕罪後も人間の理性が活発に作用して人々を社会形成に向けて促す、と述べている (James 1972, p. 161)。

第二節　ボワギルベール ── 欲求と秩序

（1）ボワギルベールにおける人間と社会

ルアンの新興貴族の家柄に生まれたボワギルベールは、最初、ルアンのジェズイットの学院に入ったが、ポール・ロワイヤルの「小さな学校」の評判の高まりや、同じルアン生まれで彼の縁戚にあたる著名な劇作家のコルネイユの勧めなどによって、兄弟とともにパリ南西部のシェネの「小さな学校」で数年間学んだ。その後、彼はパリに出て法律を学び、弁護士の資格を得た。当初はギリシャ文学の翻訳や歴史小説を発表するなど、文学によって世に出ようとしたが、うまくいかず、一六六七年に郷里に戻った。そして一六七八年にモンティヴィリエ子爵領の判事職を購入し、次いで一六八九年にルアンの初審裁判所司法総監（Lieutenant général）の職を購入した。一時的な中断はあったものの終生この職にとどまり、一七一四年一〇月一〇日に没した。彼はこの間、ルアンでM. de S. という匿名で『フランス詳論』（Boisguilbert 1695）を出版し、著作家としての経歴を始めた。一七〇七年には、この『フランス詳論』と、これを引き継ぐ『フランス弁論』（1707a、一七〇五年ないし一七〇六年に単独で出版されたとも言われているが、この単独版は現存しない）に、さらに「穀物の性質、耕作、取引及び利益に関する試論」（1704、以下「穀物論」と略記）と「富、貨幣及び貢租の性質に関する論考」（1707b、以下「富論」と略記）の注目すべき二論説などを加えて、一七〇七年に『現世治下のフランス詳論』（*Le détail de la France sous le règne présent*, 2vols.）を匿名で出版した。この自選著作集の第二巻の最後に収められた『フランス詳論補遺』（*Supplément du Détail de la France*、直前に単独で秘密出版されたとも言われている）が当局によって問題視され、ヴォーバンの『国王一〇分の一税案』（Vauban 1707）とともに発禁処分となり、彼はルアンから六カ月の追放に処せら

れた。(10)

ポール・ロワイヤルの「小さな学校」で学んだ経験はボワギルベールの心に深く刻み込まれ、それは長じてからの彼の「不服従」の精神に反映しているとされる(Hecht 1966, p. 134)。J・C・ペローは「彼は成人に達してからもジャンセニストであった」とし(Perrot 1984, p. 350)(11)、ボワギルベールの思想的源泉を探求したファッカレロは、ジャン・ボダンの法学やデカルトの機械論的世界観と並んで、ニコルやドマのジャンセニスムの影響を指摘し、宗教や演劇のメタファーが多用されるなど著述の文体の点で、また演劇批判、政治的保守主義、有機体的国家観などの多くの点で、ボワギルベールがどれほど深くニコルやドマの影響下にあったかを明らかにしている(Faccarello 1986, とくに第三章と第四章)。われわれにとって注目すべきは、ボワギルベールの経済学を根底から規定している彼の人間観や社会観に及ぼしたその影響であるが、確かにこの点で、ボワギルベールの論説にはジャンセニスムの影響が滲み出ている。アダムの堕罪後の人間と社会の状況について、彼は言う。

最初の人間において神が全人類に下した宣告は、この人物が罪を犯して後は、将来にわたって労苦と体の汗によってしか生きることも生き続けることもできない、というものであったが、その通りに実行されたのは、世界の未開状態が続いた間、すなわち身分や地位に何の違いもなかったときのことにすぎない。そのとき、臣民はそれぞれ自分の僕であり

(10) ボワギルベールの経歴等について、詳しくはHecht (1966)を参照されたい。なお本章では、INED版のボワギルベール著作集(Boisguilbert 1966)を用いている。ボワギルベールの経済学とくにその理論的内容に関しては、米田(2005)の第一章「ボワギルベールの自由主義経済学―欲求と秩序」を合わせて参照されたい。本章はニコルやジャンセニスム・アウグスティヌス主義との関連に焦点を当てている点で、前著とは異なるが、ボワギルベールの経済学の理論的解説に関しては前著を踏まえている。

(11) この点について、ペローの別の論考(Perrot 1989)をも参照。

かつ主人であった。そして富や土地の財宝を、それらを利用する個々の能力に応じて享受していた。すべての野心、すべての奢侈が食糧と衣服を手に入れることに限られていた。世界の最初の二人の働き手は同時に二人の君主でもあったが、彼らはこの二つの職業を分担した、一人は穀物を手に入れるために土地を耕し、もう一人は身繕いのために羊の群れを養った。そして彼らは相互の交換が可能であったから、これによりお互いの労働をお互いに享受することができた。しかし、時が経つともに犯罪と暴力が現れるようになり、最も強い力をもった者は神の命令に完全に背いて何も作ろうとせず、最も力の弱い者の労働の果実を享有しようとした。このような堕落は行き過ぎたところまできており、今日では、人々は完全に二つの階層に分かれているほどである。すなわち、何も作らず、あらゆる楽しみを享受する者と、朝から晩まで働いて必要なものをようやく手に入れることができるか、しばしばそれさえ完全に奪われている者との二つの階層である（1707b, p. 979）。

堕罪の後で生じた「未開状態」は堕落してはいるが平和な協働の状態であり、そこでは神が人間に命じた「労働のルール」が維持されている。彼はまたこの状態を、貨幣が導入される以前の、「自然法に従って住民同士の関係が単純素朴であった……自然の状態」と呼んでいる（1707b, 974）。しかしやがてこうした未開状態・自然状態から離脱して文明状態へと移行するとともに「犯罪と暴力」が現れ、階層分化が生じる。そして金銀貨幣が導入され、それが「自然的用途から逸脱する」とともに「一般的貧困の度合い」が増していく（*ibid.*）。

以上の見方にはジョン・ロックを思わせるものが含まれているが、基本的にジャンセニスム・アウグスティヌス主義の人間理解がその根底にあることは明らかである。文明化に伴って生じた犯罪と暴力が階層分化や一般的貧困の原因であったし、人間の経済活動を促す動機は、おもに「貪欲に駆り立てられた無分別な魂の堕落」（1707b, p. 1006）にほかならない。また以下で見るように、人間がさまざまな富を求めるのは「魂の堕落」のゆえである。このようなアウグスティヌス主義に特有のペシミスティックな理解は、ニコルの場合と同様に、世俗の幸福を求めて生活の便宜、安楽や感覚的享楽をひたすら追い求める人間の真実の姿を浮き彫りにする。しかしボワギルベールにとっては、そのような人間の姿は堕落してはいても、決して罪ではない。むしろ人間が「豊かさ」を、言い換えれば、生活の便宜や安楽な暮らしを希求するのはその普遍的本性に属し、世俗の生活において人々の諸活動を導く主要な動機もそこにある。「富論」の冒頭で彼は次のように述べている。

誰でも豊かになりたいと思う。大部分の人が昼夜を問わず働くのはひたすら豊かになりたいがためである。……富の獲得については、過度によって罪を犯すことなどありえず、またどのような身分の者であれ、大いに所持あるいは獲得してしすぎることは決してありえないと考えられている。他人の利益への配慮などまったくの妄想であるか、空論の域を出ない宗教の考えることである（1707b, p. 973）。

アウグスティヌス主義は、「ありのまま」の人間の姿を、すなわち心中の情念の求めるままに振舞う利益志向の功利的人間像をクローズアップしたが、ここでボワギルベールは、そのような人間の功利的情念の向かう先はもっぱら富あるいは「豊かさ」を手に入れることであり、それを望むことは決して罪ではないと言明している。このような見方は、さらに功利・効用を基準とする富の観念を導いていく。富とは何か、貨幣を富とみなす俗論を厳しく批判した上で[12]、彼は端的に次のように述べている。

（12）彼は貨幣の「唯一の機能」あるいは「本来の機能」は、商品の交換＝流通手段にあることを力説し（1695, p. 618）、「貨幣それ自体は富ではないし、その量も一般に国の富裕とは何の関係もない。貨幣は生活必要品の価格を支えるのに十分なだけあればそれでよいのである」（1695, p. 617）と述べている。それゆえフランスの衰退の原因を貨幣の欠乏のせいにすることは断じてできない、貨幣はむしろかつてないほど潤沢に存在しているではないか、と彼は貨幣と富とを混同する俗論を厳しく真の富は生活の必要品だけではなく、あらゆる余分品や、魂の堕落が作り出し日々洗練している感覚的嗜好（la sensualité）を満たしうるすべてのものの十分な享受にある。必要品の過剰によってたいして必要ではないものを手に入れることが可能になるにつれて、これらはすべてあらゆる身分に手の届くものとなる（1707b, p. 985）。

人間の欲求を満たし快楽を増大しうるものは何であれ富であり、役者の提供する娯楽でさえも生活を彩る富である。ニコルが嘆いた「あらゆる感覚の対象物」や「外部的なまた内面的な数限りない誘惑」によって悪徳へと人々を引き寄せる事物は、ボワギルベールにとっては「真の富」にほかならない。ここに経済学の創生に通じる、評価のドラスティックな転換を確認することができる。

ところで、さまざまな富を求めることは「魂の堕落」であるとしても、「豊かさ」への願望に導かれて大部分の人々が昼夜を問わず働くように、商業社会において、そのような功利的情念は「[社会という]この機械を動かす……原動力（ces ressorts）」（1705b, 754）にほかならない。そして他方で、そのような情念は文明社会の構成を規定する客観的な要因ともなりうる。なぜなら、「今日、パン屋からはじまって役者にいたるまで二〇〇もの職業が文明の進んだ豊かな国の構成要素となっているが、その大部分の職業が次々と招き寄せられたのはただ快楽（la volupté）のため」（1707b, p. 986）だからである。支払い能力が高まるにつれて順序だって支出が増加していくように、必要品が満たされると、次には便益品、上質品、余分品、華美品、そして最後は「虚栄心」が考え出すあらゆる過度の品々が求められていく（1704, p. 834）。洗練された富や快楽を求める人々の願望が文明社会の構成を高度化していくのである。このように人々の豊かさへの願望は、一方で社会を動かす原動力となり、他方で社会の構成の規定要因となる。これは、マンデヴィルやムロンなどの奢侈の容認論と基本的に同じ論理である。すなわち、奢侈の欲求は一方で人間の労働や勤労のインセンティブとなって人間の活動水準を高め、他方で消費需要に転化して産業活動の水準を高めるが、このような奢侈的な欲求・消費の主体的かつ外部的な二重の機能こそが商業社会を進展させ文明化を進める動因をなす、という見方である。

後に、ヴォルテールは、「私悪は公益」という逆説を副題に掲げるマンデヴィルの『蜂の寓話』(Mandeville 1714)に触発されて、同じように刺激的な詩編をものしたが、そこで彼はアダムとイブの「楽園」を未開社会になぞらえて、これを嘲弄し、古代における質素の美徳は貧困ゆえにすぎないとして質素の美徳の幻想性を暴きつつ、「私のいるこの場所こそが地上の楽園」と、みずからの奢侈的生活を高々とうたいあげた(Voltaire 1736, p. 139)。ヴォルテールにとって人間の世俗的幸福の条件は衣食住の洗練による快楽の増大であり、洗練された奢侈的な生活こそは文明の証しにほかならない。しかし、ボワギルベールはこのような文明の高度化を手放しで称揚するわけにはいかない。彼にとっては、必要品に続いて華美で余分な品々が求められるようになったのは、「腐敗、暴力、逸楽」が出現して以来のことであり(1707a, p. 888)、洗練の度合いを高めていく文明化の過程は、一方では人間の堕落が深まっていく過程でもあったからである。「富の獲得は……罪ではない」とし、「他人の利益への配慮などまったくの妄想であるか、空論の域を出ない宗教の考えることである」としているように、彼は宗教的価値の軛から自由であるが、しかし他方では、アウグスティヌス主義のリゴリズムの道徳観を引きずっていることは明らかであり、それゆえ、彼は「腐敗、暴力、逸楽」といった「魂の堕落」が文明化を進めるという逆説、言い換えれば、人間の悪徳が結果的に公共善をもたらすという逆説を用いざるをえない。私欲に従うことは人間の普遍的本性に属するが、しかしそれ自体、堕落であるから、公共善をもたらす人間の行動や動機は宗教的な罪ではないとしても道徳的な悪には変わりがないのである。ここに、思想的コンテ

批判している(1695, p. 587)。

キストを共有するマンデヴィルの「私悪は公益」という、あのよく知られた逆説との類似性を見ることは容易である。こうして、彼らの論説にはおのずからシニシズムの影がまとわりつくことになる。その後、個人的利益の追求を、世俗の幸福を求めるまっとうな願望に基づくものと見なして「商業の精神」を手放しで称揚したムロン、ヴォルテール、フォルボネなどの晴れやかな展望と比べて、対照的である。

人間と人間の社会的結合を必然化する原因もまた、さまざまな富や快楽を求める功利的情念である。彼はこの次第を、スミスを思わせる言い方で次のように述べている。

世の中のあらゆる取引は、卸売りであれ小売りであれ、また農業でさえも、もっぱら企業家の私欲（l'intérêt）によって支配されている。企業家は奉仕を行おうとか、取引の相手方に恩義を施そうとか考えたのでは決してなかった。旅人にぶどう酒を売る居酒屋の主人（le cabaretier）は、誰であれ旅人の役に立とうとしたのでは決してなかったし、自分の蓄えがなくなりはしないかと心配しながら旅の足をそこにとどめる旅人にしても事情は同じである。世界の調和をもたらし国家を維持するのは、このような相互的効用（cette utilité réciproque）なのである。各人は自己の個人的利益をできるだけ多く、そしてできるだけ容易に手に入れようと考える（1705b, pp. 748–49）。

ここに最少の費用によって最大の利益・効用を手に入れようとする合理的経済人の姿でさえ認めることができよう。文明社会は交換を通じて各人の相互的効用が実現される、いわば「欲求の体系」にほかならない。この「欲求の体系」のダイナミズムを導いているのは、利益・効用を求める人々のさまざまな功利的行動であり[13]、「結局、取引・交流（commerce）は相互の効用によって行われるにすぎない」（1704, p. 876）のである。ただし、このような「欲求の体系」の構想は必ずしも自己貫徹しえないことに注意を要する。彼は、農業労働者を例に「この種の人々は必要に迫られて動くにすぎない」が、小麦が豊富ゆえに屑同然の価値しか持たなくなったため、

「一週間の支出をわずか一日で稼ぐことになれば」、それだけ働く必要が減じて彼らは農業者に対する交渉力を強め、賃金の引き上げさえも要求して農業者を窮地に追い込むと述べている（1704, p. 874）。ここには豊かさを求めて昼夜を問わず働く労働者（合理的経済人）の姿はどこにもない。労働者の振る舞いに関するこのような固定観念は、彼の論述にときおり顔をみせる蔑視的な大衆観と裏腹の関係にあり（1707a, p. 934）、この点に「人民の弁護士」（1707a, p. 947）を自任するボワギルベールの、生産者大衆へのアンビバレントな感情を読み取ることさえできよう。次章で見るように、このような労働者観は、同じく社会を「欲求の体系」と見立てたマンデヴィルの共有するところであった。マンデヴィルは、「一週間のうち四日の労働で食べていけるならば、職人たちに五日働くように説得することはほとんどできない」（Mandeville 1714, p. 192/176）として、労働貧民には境遇の改善は有害であり、低賃金こそが望ましいと考えた。富裕を求めるあらゆる人々の意欲に導かれて進展するはずの彼らの「欲求の体系」は、このような固定観念に妨げられてみずからを貫徹しうる道筋を失ってしまうのである。

ところで、スミスの「われわれが自分たちの食事をとるのは、肉屋や酒屋やパン屋の博愛心によるのではなくて、彼ら自身の利害に対する彼らの関心による。……」[14]という有名なフレーズは、『国富論』の経済世界に

（13）ロスクラッグはボワギルベールの経済学について「世俗のトレンドに影響を受けた改革者たちのなかで、功利主義の哲学が経済理論の発展にいかに影響を与えたかを示すこれ以上の例を考えてみることは困難であろう」（Rothkrug 1965, p. 16）として、その功利主義的な性格を強調している。

（14）「われわれが自分たちの食事をとるのは、肉屋や酒屋やパン屋の博愛心によるのではなくて、かれら自身の利害にたいするかれらの関心による。われわれが呼びかけるのは、かれらの博愛的な感情にたいしてではなく、かれらの自愛心にたいしてであり、われわれがかれらに語るのは、われわれ自身の必要についてではなく、かれらの利益についてである」（Smith

おいてスミスが、一面では、社会の結合原理を「利益」あるいは利益を求める「貪欲」に求めたことを示すものであるが、その思想的源泉はマンデヴィルに求められてきた。これに対し、J・C・ペローは「この二世紀もの間、忘れ去られてきたが」、マンデヴィルの強欲な「飲食店主」のモデルは、ピエール・ニコルの貪欲に駆られて旅人の面倒をみる宿屋の主人であり、しかもこの例は一方でボワギルベールの「居酒屋の主人(le cabaretier)」の例に受け継がれている事実を指摘した(Perrot 1984, pp. 344-345)。ペローは、スミスの有名なフレーズの源泉をニコルに見出すとともに、社会的な結合原理を利益にみる見方に関して、スミスとボワギルベールの想源は同じであると考えたのである。(15) このように自己利益の実現のために他者の利益に寄与するという利益の相互性の観念、言い換えれば「利益による秩序」の観念を彼らは共有していた。序章で見たように、ラフォンは「パスカル、ニコル、ラ・ロシュフコーといったジャンセニストのアウグスティヌス主義からベールやマンデヴィルのカルヴィニストのアウグスティヌス主義を経て、スミスの経済学に至る興味深い連続性が存在する」(Lafond 1996, p. 187)としたが、その連続性は、ここに見られるような功利主義的な人間と社会の見方に関するニコル→ボワギルベール・マンデヴィル→スミスの継承関係において現れていると言うことができよう。ただし、ニコルは自己愛の自己抑制のメカニズムを析出して、利益に基づく道徳的秩序の可能性に着目したが、ボワギルベールにとっては、利益の相互性を保証するのは自己愛の欺瞞的な道徳的自己抑制などではなく、神慮という名の市場の強制力のほかにはない。この点は後で詳述しよう。

(2) 富裕の連鎖と消費

ボワギルベールは、人間の欲求を満たしうる富を「土地の富(les biens en fonds)」と「勤労の富(les biens d'industrie)」とに分類する。このうち土地の富が基本的かつ優越的であって、勤労の富はこれに従属する。文明化が進むためには農業生産力の拡大によって農業者以外を養いうる農産物余剰が増大し、勤労の富やそれを生産する職業の種類が増えていく必要がある。初期未開の時代には三、四種類しかなかった富や職業が今日では二〇〇を数えるまでに至ったのも、農業生産力の拡大の結果にほかならない（1707b, p. 986）。ところですでに見たように、富の種類が増加するとき、そこにおのずからなる順序がある。人間の欲求は必要度の高い財からより低い財へと向かうからである。したがって職業についても、パン屋や仕立屋のような最も必要な職業から、奢侈の最後の産物であり過度の余剰の存在を表す役者（comedien）に至るまで[16]、必要度に応じて、順次、世の中に登場することになる（1707b, p. 988）。こうして、文明社会はより高次の富や快楽の享受に向けて、いわば序列化された「欲求の体系」として形成されていく。

農産物余剰の増大に導かれ、新たな快楽（欲求）を満たすために新たな職業が次々に生まれ、分業と交換の

1776, I, pp. 26–27/I, 26）。

（15） 彼はさらに進んで、ボワギルベールの「富論」を『国富論』のプロトタイプであると評価したロバーツ（Roberts 1935）にならって、ボワギルベールのスミスへの影響の可能性を探っている。ただし十分な検証とはなっていない。

（16） 役者の存在について、彼は次のように述べている。それは「奢侈の最後の産物であり、過度の余剰の存在を最もよく物語るものである。というのは、その仕事は、決して現実には起こりえないことを誰もがよく知っている単純な虚構の物語によって耳を楽しませ心を喜ばせるにすぎず、したがって、このような［文明の進んだ豊かな］場合がそうであるように、必要品の不足する恐れがまったくないからこそ人々は虚偽の芝居に喜んでお金を払うからである」（1717b, p. 988）。このような「役者」という存在への軽視あるいは蔑視は、現実や真実を重んじて、戯曲や小説などのフィクションを軽蔑し拒否したアウグスティヌス主義の特徴の一つである。ニコルは『演劇論』（*Traité de la comedie*, 1667）を著して、当時の最も著名な劇作家のコルネイユに論戦を挑んだが、ボワギルベールの「役者」の論じ方に、「コメディ［戯曲］は浮世の、しばしば偽りである空虚なイメージにすぎない」とするニコルの戯曲批判の投影を見ることができる。Sellier 1970［1992］, p. VI を参照。

システムが拡大して経済社会の構成が高度化していくが、このシステムの特徴としてボワギルベールが繰り返し強調するのが、それを構成する諸要素の相互依存の関係である。ニコルは「あらゆる技芸は鎖で結びつけられており、お互いに必要とし合っている」(1671c, p. 215) と述べたが、ボワギルベールは、このような生産部面における相互依存をとくに「富裕の連鎖」と呼んでいる。

ある職業が姿を消せば、どのようなものであれ、他のあらゆる職業に直接にあるいは間接的にただちにその害悪を及ぼさずにはすまない。あらゆる職業は全体として数々の輪によって構成される富裕の連鎖 (une chaîne d'opulence) をなしており、一つでも輪がはずれてしまえば全体が無効になるか、……あるいは少なくともきわめて不完全なものとなる (1704, p. 830)。

他方で地主などの有閑者と生産者も相互に依存し合っている (1707b, p. 989)。さらには、彼はこのような経済主体間の機能的な相互依存ばかりか、空間的 (地方と地方、王国と王国)、時間的 (不作の年度と豊作の年度) な相互依存にも着目している。要するに、経済社会を構成する諸要素は何であれ相互に依存し合っており、そこでは「過剰に持っているものをお互いに援助し提供し合い、欠乏しているものをその交換に受け取る」(1707a, p. 891) という関係が成立しているのである。したがって、この社会は、交換の連鎖によって人々が結びついた交換社会として特徴づけられることになる。

このような諸要素の相互依存が全体として維持されるためには、相互の過不足を調整し合うあらゆるレベルの取引・交流 (commerce) が円滑に機能しなければならない。彼は言う、

国家は商業と不断の流通 (une circulation) によってはじめて維持されうるのであり、そこでは釣り合いが絶対に必要であるから、その釣り合いが、原因は何であれもはや存在しないときには、一切が途絶してしまうのである。ペルーの人々

が銀に囲まれて餓死していくように、フランスでは人々はあらゆる生活必需品が豊富に揃っているのにきわめて貧しいのもそのためである（1695, p. 615）。

彼が多用する「釣合（la proportion）」や「均衡（l'équilibre）」の概念もまた、過不足を調整するための持続的な交換という不断の運動状態を意味しており、富や「一般的富裕（l'opulence générale）」はこのようなダイナミックな調整過程を通じて実現されていく。こうして、ニコルがいう貪欲によって維持される commerce の社会は、いっそう明確に、相互依存の円滑な機能によって相互的効用が実現される交換社会として捉えられている。ボワギルベールは、「したがって、富は人と人、職業と職業、地方と地方、王国と王国との不断の混ざり合い（ce mélange continuel）のなかからのみ生まれるのである」（1707b, p. 991）と述べているが、運動状態を表す「不断の混ざり合い」という表現に、ニコルの場合と同じくデカルトの「渦巻き」、すなわち利益を求める情念の重層的な渦からなる動態のイメージが投影されていると見ることができよう。

ボワギルベールは、生産者同士の相互依存（「富裕の連鎖」）と、生産者と地主との相互依存の二重の関係を貨幣循環ないし消費の循環（所得の循環）の視点から捉え直し、地主の土地所得からの支出を起点とする経済循環の存在を指摘している。この循環を維持するための条件は何か。彼によれば、それは安定的な需要によって農産物価格が必要な水準を維持することである。「余分品の職人は彼に生活費を提供してくれた人［地主］が所有するみずからの必要品を買い、それによって農業者の物産の価格を支える、このように価格が維持されてはじめて農業者は自分の主人に支払うことができ、主人はこの職人から買うことができるようになる」（1707b, p. 988）。すなわち、職人は地主に余分品（勤労の富）を売って得た収入（勤労所得）で農業者から必要品（土地の富、地主の所有物として扱われている）を購入するが、この必要品への需要によって農産物価格を支えることで土地所得を実現し、地主にふたたび余分品に対する購買力を与えるのである。こうして、農産物価格を介して土地所得と勤労所得の循環的な相互依存の関係が成立し、この関係を通じて地主と勤労大衆もまた相互に依存し合っている。このとき地主はこの循環のいわば「仲介役（les commissionaires）」（1707b, p. 989）にすぎない。

ところで、この消費循環は、動態論の視点がそこに組み込まれるとき、経済の螺旋的な拡大ないし収縮の過程を示すものとなる。小麦価格の低落による土地所得の減少によって惹起される不況の局面について、彼は次のように述べている。

支払われない土地所有者は何も買うことができない。その影響は、最初、余分品に及ぶ。その後も混乱が続けば、人は次第に少しずつ上でみた段階［必要度］に応じて支出を控える。すなわち余分品を生みだしたのは富裕であり、富裕とは本来的に土地の果実にほかならないから、土地の果実に生じた価値の下落はあらゆる余分品を道連れにするのである。そして、こうした変化は余分品にとどまらず便益品や有用品にまで及び、さらに影響はただちに伝播し、あらゆる職業に及ぶから、この変化は、最初から、いくつかの階層や仕事が生みだす最も必要なものにも打撃を与える（1704, pp. 837–38）。

また、耕作費用をカバーできないほど小麦の価格が低下するとき、パンの値段が下がったことを喜ぶのは大衆の浅慮にすぎず、状況は「雪だるま式に（comme une pelote de neige）」（1707b, p. 989）悪化していく。

役者は、他のすべての人々と同様に天の特別の恵みによって――彼はそう信じているのだが――彼の一日の消費分を一ソルで手に入れることができるほど、パンをきわめて安く得られて喜ぶ、二ソルかかればそのような喜びは得られない。しかし彼は不幸にもそうすることでみずから墓穴を掘っていること、そして管理人（le facteur）も土地所有者も借地農から費用や報酬の支払いを得られないから、……支出を切り詰めざるを得ないことを知らない、そして余分な職業である役者は真っ先に、一日働いても一エキュを稼ぐこともできなくなるだろう、なぜなら彼が一ソルでパンを買うことを望み喜んだからである。驚くべきことに、その後は役者であれ芝居を見に行く人であれ、お互いに危機を脱しようと考えて、事態をさらに悪化させ、お互いの破滅を早めるような行動をとる。……富裕なときに毎日芝居を見に行っていた人は収入が減れば、……収入に生じた減少を支出の減少で埋め合わせようとして週三日しか行かなくなってしまう。一方、役者の方も……毎日肉を、鶏肉さえも食べていたとすれば、同じように食費を切り詰め、ご馳走を食べる日を半分にしてしまう。穀物価格の低下のほかにそのような事態によって、芝居を見に行っていた人の借地農や家畜を売る借地農はいっそう主人への支払いが困難となり、役者の存続も危うくなる。……こうした事態は彼らがお互いにそれぞれの職を解雇し合うまで続くが、そうなれば国家および君主は絶対的に破滅する。……ほかのあらゆる職業についても同じことが言える（pp. 989–990）。

こうして経済はデフレスパイラルに陥り、螺旋的な収縮過程をたどって「もときた道を逆行していく」（1704, p. 838）。彼はまた乗数効果さえも示唆しながら、この収縮過程を次のように述べている。

一〇〇〇リーブルの地代を得ていた人々が五〇〇リーブルしか手に入れないとき、かれらはもはやこれまでの半分の職人にしか仕事を与えない。そして、土地がこの運動を始めるのだから、土地が産出する物産を外に出す［販売する］ことで土地が生みだす貨幣は、循環（son circuit）が終わって土地に戻る前に無数の人々の手を経由しなければならないという自然的循環（une circulation naturelle）によって、今度は職人たちが自分たちの必要品を手に入れていた人々に対して同じように振る舞う。……土地に生じた年五〇〇リーブルの純損は国家に年三〇〇〇リーブル以上の減少をもたらすのである（1695, p. 584）。

相互依存の拡大をもたらす動因は「魂の堕落」あるいは「快楽（la volupté）」（1707b, p. 986）であるが、そのプロセスを主導した地主の所得が減少すれば、それを契機に消費循環は波及的に縮小を余儀なくされる。ニコルが述べていた「相互的な諸必要（諸欲求）を通じて」お互いに結びついた連鎖は、ボワギルベールの見るところ、消費・消費欲求の収縮とともに縮小していくのである。[17] なお、このように経済が収縮過程に陥り、商業手形などが信用を失う経済危機の局面では、「貨幣は真っ先に求められるか、あるいは求められる唯一のものとなる」（1707b, p. 987）、と彼は言う。すなわち、不況時には生活の必要から「労働者であれ所有者であれ……、これらのあらゆる臣民は将来の収入の減少が確実であると見れば、その分だけ支出を、したがって貨幣の持ち出しを減らしてしまう」（1704b, p. 969）。不況時には貨幣は紙券の持たない価値保存機能を発揮し、これにより購買力の連鎖あるいは消費循環の収縮に拍車がかかるのである。貨幣は本来「消費の僕」であって、消費が活発であればおのずから流通の「迅速さ（la célérité）」を増して貨幣需要に応えるし、流通速度や貨幣量が不十分であれば、容易にほかの手段によって、すなわち為替や商業手形などの「たんなる紙切れ」によって代用することができる（1707b, p. 1004）。しかし、貨幣は、経済危機の局面において、さらに恒常的には、商品を捨て値で売ってでも貨幣をため込もうとして貨幣と財との間の釣り合いを破壊する有閑者の貨幣愛（「この不幸な貨幣崇拝 cette malheureuse idolâtrie de l'argent」1707b, p. 981）によって、いつでも「自然的な限界内」（1707b, p. 978）から逸脱して実体経済に重大な影響を与えうるのである。

生産に対する消費・消費欲求の規定性に着目する以上のような消費循環の構想あるいは消費主導論が、経済社会を功利的人間の織りなす欲求の体系と捉える彼の功利主義的な人間観や社会観の延長上にあることは言うまでもない。それゆえ、そこにニコルの見方との連続性、あるいはもっと一般的に、一八世紀の功利主義の源流となった一七世紀の新思潮との親和性を見出すことができよう。マンデヴィルとの類似性が浮き彫りにされるのも、この点においてである。マンデヴィルにとっても、文明社会の分業と交換のシステムはもっぱら奢侈的欲求・消費に支えられており、自負心、虚栄心、強欲などの悪徳に由来する消費欲求・需要こそが社会の繁栄の原因であるから（「私悪は公益」）、人々がこの消費を控えて倹約に努めれば、このシステムは立ち行かなくなる。自負心や奢侈が国内から追い払われれば、「トランプ札やさいころの製作者だけでなく……呉服商や家具屋や仕立屋やそのほか多くの者も」半年で餓死するであろう（Mandeville, 1714, p. 85/80）、という次第である。彼らはともに社会を「欲求の体系」と見立て、「私悪」によるのであれ「魂の堕落」によるのであれ、人々の諸欲求が経済社会のダイナミズムを導く原動力であると考えた。それゆえ、高度に洗練された、あるいは腐敗した文明社会において、諸欲求を通じて緊密に結び合った諸要素の連鎖を維持するのは、何より消費支出に用いられる貨幣の循環的流通（消費循環）であるから、消費・消費欲求の減退によってこの循環が収縮すれば、このシステムはたちまち立ち行かなくなるのである。

ボワギルベールにとってフランス経済が陥っている苦境がまさにそれである。すなわち、税制の欠陥により消費が「半減」してしまったため、土地生産物の価格は下落し、その余剰も減少し、フランスのあらゆる所得が減少してしまったとされる（1695, p. 589）。過少消費によって消費と所得の循環が収縮し、過小生産が生じたという見立てである。不況を貨幣の欠乏のせいにする俗論に対しては、必要なのは潤沢な貨幣ではなく十分な消費であるとして、税制改革によって過少消費が解消されればおのずから貨幣の流通は活発化し、それだけ多くの所得が生みだされると反論している。

---

(17) 以上から明らかなように、ボワギルベールの相互依存はワルラス的な「すべてがすべてに依存する」という無時間的、関数的な相互依存ではない。それは循環的、因果的で、順序づけられた相互依存関係である。

物産に富んだ国で十分な所得を生み出すには、貨幣が潤沢に存在することは必ずしも必要ではない、ただ十分な消費の存在が必要なだけである。そのような十分な消費が存在する場合の一〇〇万リーブルは、消費がなされない場合の一〇〇〇万リーブルよりも大きな効果をもたらす。というのはこの一〇〇万リーブルは一〇〇〇回も更新され、その運動の度にそれだけ多くの所得を生み出すからであり、また金庫に眠っている一〇〇〇万リーブルは石ころ同然に国家の役に立たないからである（1695, pp. 619–20）。

したがって、彼が言うには、税制の改革によって「一瞬にして五億リーブル以上もの消費の回復が可能であれば、それだけの貨幣の流通が生じるであろう。その分、新たな貨幣を投入しなくてもそうなるのである」（1707a, p. 954）。苦境を脱するために何より重要なのは過少消費の原因を取り除くことであり、そうなれば循環的な相互依存の歯車はふたたび噛みあって、消費→生産（所得）→消費→……の連鎖の拡大とともに過小生産は解消されていき、やがて「事物はふたたび自然の状態に復帰する」（1695, p. 582）であろう。このような消費主導論は有効需要理論の先取りであると言ってよい。ボワギルベールが目にしているのは、まさしく過少消費によって生じた不完全雇用均衡というべき状況であり、「自然の状態」（いわば完全能力産出量の水準）を回復するために、消費需要を増大しうる政策（この場合、税制の改革）が必要であると考えられたのである(18)。

過小生産を解消するために彼が期待したのは、大衆の消費購買力である。循環的な相互依存において、地主などの有閑者の経済的機能はほかの消費主体と無差別であるから、問題は、一般消費水準に及ぼす量的な影響は有閑者と大衆とでどちらの方が大きいかということである。生産者大衆は社会の圧倒的部分を占め、しかも生活に余裕がないから消費性向は有閑者よりも断然大きい。彼は言う、「国家により多くの所得をもたらすのは零細な人々である。一エキュは貧民の手元に一日あれば、豊かな人々の手元に三ヶ月とどまる場合よりもより活発に移動し、したがってより多くの消費を生みだす」(1695, p. 621)。しかも、彼らの消費対象はおもに必要品とりわけ農産物であるから、次に述べる農産物の「比例価格」――ボワギルベールにとってこの維持こそが経済の全機構の礎石である――は彼らの支出に支えられている。彼らの勤労所得からの支出によって穀物の比例価格を維持することが、土地所得を安定的に確保するための必須の条件であった。

ところで税制の欠陥に由来する過少消費の状況は、彼にとっては統治者が自然的秩序に無知なために生じた混乱であるから、この意味で、それは「自然への絶えざる暴力」の結果にほかならない。

臣民にかつて彼らが持っていた富を二倍にして回復させることにより、国王に今よりも一億多くのラントをもたらすのに、奇跡を起こすことが問題なのではない。ただ自然の働きに任せること(on laisse faire la nature)が必要なだけである。すなわち、いつも誤解してばかりで貧困の原因を見失い、身分の高い人々の後ろ盾によって救済へのあらゆる道を邪魔している間接的な利益(intérêts indirects)によって、自然にいつまでも暴力を加え続けるようなことをやめればいいのである(1695, p. 644)。

このように税制の欠陥を過少消費・過小生産の原因として非難する一方で、彼は、同じく穀物価格を低水準に導き、経済を縮小均衡に陥れた要因として、穀物の自由流通を阻害するコルベルティスムの統制政策を槍玉にあげている。そこで問われているのは、諸要素の相互依存あるいは消費と所得の循環の安定化の条件、言い換

(18) 所得の主な決定要因を消費支出に見るボワギルベールの総需要論者としての側面にいち早く注目したのは、マクドナルド(McDonald 1954)であったが、彼はボワギルベールの不況理論を「農業過少消費説(agricultural-underconsumpton theory)」と名付け(p. 408)、ケインズがボワギルベールの著作に通じていたならば、『一般理論』において必ずやホブソンに対するのと同じ賛意を彼に示したであろうと述べている(p. 401)。

えれば、自律的な経済秩序の成立条件は何かという問題である。ニコルは、高位の人々を含めて自己愛を抑制し、秩序を最終的に保証しうるものは神慮による「奇跡」の力であると述べたが、ボワギルベールにとっては、どのような場合であろうと、さまざまな問題は自然に反した振る舞いから生じるのであるから、必要なのは「奇跡を行うこと」ではなくて、「ただ自然の働きに任せる」ことである。自己愛に発する貪欲はいかにして社会秩序を維持しうるか、という前述のニコルの問題提起に、ボワギルベールはレセ・フェールの秩序原理を提示して答えるのである。では「自然の働きに任せる」とはどういうことであろうか。

(3) 自然的秩序とレセ・フェール

交換において「相互的効用」を実現し、交換の連鎖を安定的に持続するためには、交換当事者は誰もが等しく相応の個人的利益を保証されねばならない(1704a, p. 830)。彼によれば、このような利益の均等なバランスすなわち調和が実現されるかどうかは、もっぱら「比例価格(un prix de proportion)」の実現にかかっていた。すなわち「このような幸福な状態が存続するためには、あらゆる事物とあらゆる物産は不断に均衡(un équilibre)の状態になければならず、それら相互の間に、またそれらを作るのに必要であった費用の点で、比例価格を維持しなければならない」(1707b, p. 993)。比例価格とは、生産費との関係で、また他の財価格との関係で釣り合いを維持しうる「何であれ最少だと感じられるぎりぎりの価格」(1707b, p. 986)であるとされる。

しかしこの比例価格の実現は容易ではない。なぜなら、この経済世界は「みずからの幸福をこうした調和の維持に期待するほかないのに、恐るべき魂の堕落によって朝から晩までそれを破壊しようとして全力を尽くさない者など誰もいない」(1707a, p. 891)ほどに、人々は強く自己愛や利己的情念に支配されているからである。買い手は売り手に損をさせようとするばかりか、売り手の持っているものは何でも手に入れようとする、「それほど利益が人々の目を曇らせてしまうのである。……商人は貪欲のままに振る舞うとすれば、宗教や同胞愛とは関係なく、喜んで自分の個人的利益のためにすべてを犠牲にしてしまうだろう」(1704, p. 831)。ニコルは自己愛の自己抑制のメカニズムに着目して道徳的自律の可能性を論じたが、ボワギルベールにとっては、利益を求める自己愛には道徳的な歯止めなど存在しない。この場面では合理的な経済人は想定されておらず、有閑階級は不合理な貨幣愛によって貨幣と財とのバランスを損ない墓穴を掘るし、大衆もまた無分別に自己利益を追い求めるばかりである。ボワギルベールは、このような剥きだしの自己愛を抑止するためには、自然や神慮の強制力すなわちその「剣の切っ先」に頼るほかないとして、次のように述べている。

これらの場合に正義が維持されるのは剣の切っ先によるほかない。自然や神慮が引き受けるのもその役割である。……自然は人がその働きに任せるかぎり、最も力の強い者が貧しい者の物産を買うときに、この販売によって貧しい者が自分の生計を得られなくなるほどに、この強者が意のままに力を振るうことができないような秩序(un ordre)を設けた。……自然の働きに任せるかぎり(*que pourvu qu'on laisse faire la nature* 原文イタリック)、すなわち自然に自由を与え、誰であれ自然を保護し暴力を排除する目的以外にはそれに介入しないかぎり、このような秩序が維持されるのである(1707a, pp. 891–92)。

正義を維持するこの「剣の切っ先」は、正義への背反を処罰する暴力装置を内包した政治権力を意味するのではない。それは彼にとって、自己愛を抑制する市場の強制力のことにほかならない。

自然あるいは神慮だけがこのような正義[市場の利益の均等な分配]を遵守させることができる。……自然や神慮は何より、買い手の場合も売り手の場合も利益の願望だけがあらゆる市場の魂であるという仕方で、あらゆる種類の取引において売ることと買うことの必要を等しくする。このような均衡とバランスのおかげで、売り手も買い手も等しく道理を聞き入れ、道理に従うことを余儀なくされるのである（1707b, p. 992）。

市場の強制力にかかわって彼が述べているのはこれだけである。彼は価格を決定する要因としてアナウンスメント効果や需要と供給の強度（動機の強さ）に着目するほか、生活必需物資の小麦とそれ以外の財とでこの強度が異なり、価格変動のあり方が異なることに注目するなど、興味深い価格理論を展開しているが、スミスのようには価格形成メカニズムそれ自体を詳細に論じているわけではない[19]。しかし、彼が暗黙裏に、自然あるいは神慮という名の市場の強制力によって利益を求める個々人の利己的情念が相互に調整され、比例価格の成立に至るなんらかの自己調整作用の存在を想定していたことは間違いない。人為を排除し「自然だけが設けることのできる必然的な秩序（une police nécessaire que la nature seul peut mettre）」（1704, p. 874）に任せておけば、交換における「正義のルール」（1707b, p. 992）が維持されるのである。この秩序形成の原動力は、すでにみた富や「豊かさ」を希求する人間の功利的情念の自由な運動にほかならないから、この意味で「自然の働き」に任せるとは、事実上、人々の利己心（利益追求）の自由な振る舞いに任せることである。彼は言う、「[商業の復興のためには]あなたやあなたの仲間が口を出さないことだ、そうすれば万事はきわめて順調に運ぶであろう。なぜなら金儲けの熱意は自然なものであって、人々を駆り立てるのに個人的利益以外には動機が必要ないほどである……」（1705b, p. 795）。

そして、このような利己心の自由な振る舞いは「競争心」を刺激し、一般的富裕を実現する。

事物がこのような均衡の状態にあるかぎり、どんな身分であれ、豊かになるためには仕事ぶりや熟練の点で隣人に対して力を尽くすほか方法がない、それは隣人の物産を安値で手に入れようとして彼を欺くためでなく、手腕において隣人をしのぐためである。このような競争心が、他の仕方で豊かになることなどできないという理解を通じて一般に広まれば、あらゆる技芸は完成され、富裕はありうる最高のレベルに達する（1707b, pp. 986–87）。

このように、市場における競争が利益を求める利己心を強いて公益へと導く。彼は言う、「誰でも日夜みずからの個人的利益によってみずからを維持する。そして彼らのほとんど考え及ばぬことだが、そうすると同時に一般的利益を形成する、彼らは否応なく、常にこの一般的利益からみずからの個別的効用を期待しなければならない」（1707b, p. 991）。ここにボワギルベールなりの「自然的自由の体制」の構想を見出すことができるであろう。彼はこのことを次のように述べている。

自然の自由に任せさえすれば、そのあらゆる権限を回復して、自然はただちに商業を再建し、あらゆる物産相互の価格の釣合いを回復するだろう。これにより、あらゆる物産は決して止むことのない流転によって、不断にお互いがお互いを生みだし、お互いに維持しあって、各人が自己の労働と地所に応じて手に入れる富裕が一般にわたって形成されるだろう。そしてこの一般的富裕は常に増大に向かい、これらのあらゆる源泉の元である土地がもはや提供できないところにまで達するから、土地であれ何であれ、あらゆる事物が自然のなしうるかぎり有効に利用されたとすれば、どれほど豊かな富を目にすることになるだろうか、と想像してみることができる（1707b, p. 1007）。

ニコルの秩序を最終的に保証したのは神慮の導きであったが、見てきたように、ボワギルベールの言う神慮は自然と同義であり、そして「自然の自由に任せる」というのは、利益を求める排他的な自己愛・利己心の相

（19）　ボワギルベールの価格理論について、詳しくは米田（2005）、二二一—三二頁を参照されたい。

互調整を競争に基づく市場の強制力にゆだねることを意味していた。[20] ニコル（やドマ）が向き合ったのは、自己愛に基づく人間の功利的情念はいかにして秩序と両立しうるか、という「情念と秩序」あるいは「欲求と秩序」の関係であり、自己愛の悪が公共善へと転化するというパラドックスであった。ボワギルベールは、ニコルとは違って、飽くことなく富や「豊かさ」を求め、際限なく快楽や消費欲求の充足を希求することは人間の普遍的本性であって、決して罪ではないとした上で、いわば功利主義のリアリズムに徹し、そこに立脚しつつ、アウグスティヌス主義にとって必然的なこのパラドックスを、レセ・フェールの秩序原理あるいは自然的秩序の観念によって解き明かそうとしたのである。

以上のように、ボワギルベールの場合、相互的利益を保証し利益による秩序を維持しうるものは市場の強制力のほかにはないから、何より、利己心の自由に基づいて「競争心」が発揮されうるようにレセ・フェールの体制が確立されなければならない。ただし、彼は利己心の自由な振る舞いや「競争心」の経済的意義を論じているものの、生産活動や労働の全般的な自由を主張するまでに至っているわけではない。レセ・フェールの体制という点で強調されているのは、過不足を補い合うことで交換の連鎖を維持しうる取引（commerce）の自由であり、とくに穀物の輸出入の自由化であった。[21] 穀物価格はあらゆる所得の源泉である土地所得を規定するほか、他の財価格にとっての基準価格であったから、穀物取引の自由化によって需要と供給のフレキシビリティを確保し、穀物の比例価格を安定的に実現することが最優先の課題であった。このために、彼はさらに踏み込んで穀物が国内で過剰なときには政府が補助金を与えて穀物輸出を奨励するイギリスのやり方をたびたび称賛しさえしている（1707a, p. 920）。ほかにも製造品の原料の輸入と製品の輸出に対する高関税が、国内製造業（帽子製造業、トランプ、タバコパイプ、紙、鯨ヒゲなど）の不振と職人たちの国外流出を招き、葡萄酒の輸出の高関税もまたその取引を大いに損なっているとして、このような高関税政策を批判し、貿易の自由化への一定の傾きを示していることが注目される（1695, p. 616）。いずれにせよ、「自然への暴力」を排除し、これが十全に機能するために彼がとくに強調したのは、税制の欠陥を是正し、商業ないし流通の自由を確保することであった。

（4）統治論

ニコルは社会秩序の最終的な拠りどころを神慮に基づく政治的秩序に求めたが、レセ・フェールの秩序原理に立つボワギルベールは政治の役割をどのように考えていただろうか。まず彼は、主権者としての君主を中心に、高位高官たちが主権の行使にあたる絶対王政の上意下達の統治原理そのものに異議を唱えたわけではなかったことに注意する必要がある。ただ、彼らは思弁を弄するだけで実践に通じない、そこを追従者たちにつけ込まれ、自分の利益にのみ腐心する彼らの口車に乗せられて政策を誤ったにすぎない、と彼は繰り返し述べている。例えば、有力者は地方監督官を籠絡して、自分の聖堂区へのタイユ税の割り当てを軽減してもらう一方で、人々に自分への小作料の支払いの増額を求める（1695, p. 633）、また、追従者は「間接的な利益（un intérêt indirect）」を得ようと、自分に有利な、しかし全体の釣り合いを無視した布告を出させるが、これによって富

（20）ファッカレロは、ボワギルベールにおいて秩序原理としての「競争」がニコルやドマの「開明的自己愛」に取って代わるとして、ここで「ニコルやドマやジャンセニスムのあらゆる伝統が一挙に乗り越えられている」と述べている（Faccarello 1986, p. 224）。

（21）「穀物論」は全編が穀物取引（とくに穀物輸出）の自由化の主張で貫かれている。彼はこの論説の冒頭で、逆説的な言い方で「第二部では王国は小麦を国外に輸出すればするほど、最悪の欠乏のもたらす致命的な結果をそれだけ免れることが明らかにされる」（1704, p. 824）と述べている。豊作の年に輸出が許されなければ穀物価格は低落して耕作地は放棄され、次には最悪の欠乏を招くことになるという趣旨である。

が破壊されてしまう(1695, p. 639)。「個人的利益しか念頭にない人々は大臣閣下を籠絡して国王にも人民にも不利益な布告を手に入れた」(1695, p. 587) のである。ボワギルベールは、このような過誤を、絶対王政の統治原理それ自体に内在する欠陥に由来するものとは考えていない。三部会が凍結され、高等法院が君主に対する「建言権」を失い、実情に通じない地方監督官が選ばれるなど、統治機構を担う高位高官たちと生産者大衆とが遮断され、政策立案のための正確な情報が集まらなくなったことが、そのような過誤を招いた原因であるとするのである(1707a, pp. 917–18)。批判の矛先は絶対王政の統治原理それ自体に向けられたわけではなかった。[22]

しかしながら、他方で彼は自然的な経済秩序の存在を確信し、君主の絶対権力といえども、この「自然だけが設けることのできる必然的な秩序」に背反することは許されないと考える。なぜなら、この秩序が順調に維持されて初めて人民の利益あるいは一般的富裕がもたらされ、したがって君主もまたそこから最大限の利益を得ることができるからである。統治はレセ・フェールを基本原則とするものでなければならない。それゆえ政治の役割は、「自然への暴力」を排除し、自然的自由が十全に機能しうるようにこれを補完することに限られる。すなわち、「[十分すぎるほど巻かれた]独楽に対するように扱う必要がある。激しく動いているときはそれに触れてはならない、だが倒れそうに見えるときには直ちに手助けを与えてやらねばならない」(1705a, p. 708)。人々の願いは生活の便宜や安楽な暮らしによって世俗の幸福を手に入れることであったが、それは交換社会を構成する諸要素の相互依存が円滑に機能し、相互的効用が実現されることによってもたらされる。ボワギルベールは、このような目標は、政治の直接的な介入によってではなく、むしろ自律的な経済秩序の尊重によって実現されるとすることで、彼自身の意図を超えて、身分制に立脚する秩序維持装置としての封建的な政治的秩序を事実上空洞化させたばかりか、政治それ自体の領域をも大幅に縮小してしまったと言えよう。

また、彼にとって文明化の過程は人間性の堕落が深まっていく過程であり、しかもニコルの場合とは異なって、自己愛は自己抑制の契機を持たないから、道徳的自律の可能性はあらかじめ排除されていた。彼は、生産者大衆であれ有閑者であれ、彼らにどのような道徳的自己抑制をも期待しない。ニコルが、欺瞞的とは言え、自己愛を規制する規範力としての社会道徳の存在を認めていたのと比べれば、むしろボワギルベールの方がアウグスティヌス主義の悲観的な人間理解に忠実であったとさえ言うことができよう。経済社会はひたすら自己利益を追い求める経済主体の剥きだしの自己愛・利己的情念がぶつかりあう社会であり、それゆえ「超越的かつ一般的権力（une autorité supérieur et générale）」（1704, p. 831）としての神慮は、あらゆる市場において片時も休むことなく、まさに「剣の切っ先」によって情念の対立を調整しなければならないのである。

こうして唯一の自己愛の抑制装置としての市場は絶大な強制力を発揮することになる。この抑制装置の発見によって、ボワギルベールの経済世界は道徳の領域からの規範的な自立を成し遂げることができたと言えるが、しかし、一方でこのような自立は問題を含んでいたことに注意を要する。人々の経済行動を秩序づけることができるのはこの強制力を措いてほかにないから、必ずしもこの市場の強制力に服さない有閑者の利己的行動はいつでも経済秩序を攪乱しうる。なぜなら、貨幣と財との間の釣り合いを破壊する有閑者の貨幣愛がそうであるように、生産に直接関与せず、不労所得を支出するにすぎない彼らの自己愛にはこの強制力は十分には及ばないからである。それゆえ、地主などの有閑者の存在は、高位高官がその機能を担う絶対主義的な上意下達の

（22）ファッカレロも、ニコル、ドマ、パスカルなどの絶対権力の統治機構に関する政治的言説から見て、「われわれがほかの研究者と意見を異にするところだが、彼らほど絶対主義および社会的保守主義の優れた理論家はほかにいなかった。……ボワギルベールもまたこの点では同様であった」とし、「経済的自由主義と政治的自由主義とを混同してはならない」（Faccarello 1986, p. 90）と述べている。ただし次に述べるように、自然的秩序の観念に拠って立つボワギルベールの場合は、その意に反して、身分制に立脚する秩序維持装置としての封建的な政治的秩序は事実上、空洞化するであろう。

意志決定機構と並んで、ボワギルベールが想定する経済秩序の安定的な維持を損なう撹乱要因となりうるであろう。こうして、絶対王政下のフランス社会の現実に自然的秩序の観念を当て嵌めようとする、彼なりの「自然的自由の体制」の構想は、おのずからその脆弱性を露呈せざるをえないのである。

以上のように、ボワギルベールの論理世界においては、国王や人民の利益は自然の秩序を尊重することによってはじめて実現されるから、政治の目的が国王や人民の福利であるかぎり、政治の役割は限定的なものとならざるをえない。他方で、自己愛・利己心の自由な振る舞いが道徳的秩序を生み出す可能性は排除されているから、この意味では、経済という「便宜の世界」が政治や道徳の領域から自立を遂げるという以上に、政治や道徳の領域は「便宜の世界」に包摂されてしまう。この点で、ボワギルベールの論理世界は、ケネーの重農主義のそれと大いに類似している。ケネーの場合も、道徳の領域は、事実上「便宜の世界」に解消され、その一方、政治は、「明証性」に裏付けられた富の再生産秩序（自然的秩序）を実現・維持する役割を担うにすぎず、そのためにあらゆる中間権力を排除して、立法権と執行権とを一身に体現した後見的権力による一元的な権力行使（合法的専制）が求められた[23]。ケネーの統治論は、このような上意下達の統治システムにおいて、地主社会の統治を担う君主や地主が「明証」に導かれて確実に政治の目的を実現する保証は、実はどこにもないという問題を抱えていたが、この点もまた、ボワギルベールの統治論の脆弱性としてあげた論点に通じている。スコットランド啓蒙の文脈において「市民社会の自律性」に着目する道徳哲学の認識の上に、自由主義の経済学を構築したスミスとの対照性が浮かび上がるところであろう。

むすび

ニコルは、アウグスティヌス主義のペシミスティックな人間理解に基づいて、生活の便宜や快楽を求めて生きる人間のリアリティを捉えた。そして自己愛による愛徳の偽装という欺瞞のメカニズムを析出して、「利益による秩序」の可能性や他者の眼差しへの意識がもたらす心理的抑制の効果を描き出し、自己愛という悪が世俗社会を維持する秘密（「錬金術」）に迫ろうとした。ただし、社会秩序の最終的な保証は、統治者が神慮に基づいて案出し維持する力ずくの政治的秩序であったから、この意味で、人々の功利的行動は宗教・政治の規範力によってしっかりと繋ぎとめられていた。

ニコルにとって「外部的なまた内面的な数限りない誘惑」によって、快楽や「あらゆる感覚の対象物」を求めるのは「人間の弱さ」の現れにすぎなかったが、ボワギルベールにとっては、快楽や感覚の対象物の享受によって世俗の幸福に浸ることは少なくとも罪ではないし、それどころか、そのような対象物はむしろ生活を彩る真の富にほかならない。ここに世俗的価値や世俗的倫理の拡がりに促迫されて生じた価値規範の重要な転換の一場面を見出すことができる。人間の欲求を満たし快楽を増大しうるものは何であれ富であるとする彼の富観は、経済社会を功利的人間の織りなす欲求の体系であるとみる功利主義的な人間と社会の見方と一体のものであるが、注目すべきは、このような観念や見方から、消費欲求を社会の一構成原理とするなど、消費主導の経済ビジョンが導かれることである。見てきたように、このビジョンは、ニコルの論説あるいは広く一七世紀

（23） ケネーの統治理論に関して、拙著（米田 2005）の第六章を参照されたい。

の思想的コンテキストの延長上に位置し、さらに一八世紀フランス経済学の展開において確固として受け継がれていくことになる。

ボワギルベールは一方で、市場という自己愛の抑制装置の発見によって、富を求める人間の功利的行動が織りなす自律的な経済秩序の存在を浮き彫りにした。すなわち、社会的結合システムとしての循環的な相互依存のシステムに内在する市場の強制力という自己愛の対立を調整しうる安定化装置の働きによって、おのずから一定の社会秩序が生まれるとすることで、まったく新たな地平を切り開いたのである。人々がひたすら経済的な自己利益を追い求める経済世界のカオスを秩序立てることができるのは、「礼節や礼儀」などの欺瞞的な自己抑制などではなく、市場の強制力のほかにはない。彼によれば、この強制力の作用によって利己的情念の自由な振る舞いはおのずから一般的利益を形成し、一定の自己実現を遂げることができる。彼が「剣の切っ先」と呼ぶ市場の強制力にもっぱら依拠しようとしたことは、むしろ彼の秩序論の脆弱性を示すものでもあったが、しかしともかくも、彼は超越的権力としての市場機構という安定化装置あるいは自己愛の抑制装置の発見によって、経済世界の規範的な自立を論証し、ニコルが立っていた地平からの飛躍を成し遂げた。これにより、ここに、不十分ながらも「レセ・フェール」の秩序原理に基づく消費主導の特徴的な経済学が出現するに至ったのである。

第二章　マンデヴィルの逆説——英仏の思想的展開との関連で

はじめに

一七世紀中葉におけるイギリスの社会変動を惹起した一因が、海外交易や植民地開拓の拡大などによる「商業革命」にあったことは言うまでもない。そして内戦後から一八世紀初めにかけて、この延長上でイギリスは海洋帝国ブリテンの形成に向かう一方で、国内において、商業社会の到来、さらには消費革命によって消費社会の誕生を迎えることになる。このような著しい社会の変貌は人々の生活スタイルに大きな変化をもたらし、次第に、世俗の生活を律してきた伝統的な価値規範の空洞化が意識され、問題視されるようになっていく。悪徳・腐敗がはびこり公共的徳の喪失が疑われる状況にあって、公共善のために自己抑制を求めるシビック的徳の観念と、神への信仰や他者への愛徳に根ざすキリスト教の徳の観念が一体となって、商業社会・消費社会としての社会のあり様への道徳的批判を導いていく。(1) 例えば、風俗の醇化と公共的精神の涵養、さらには信仰の

（1）ゴールドスミスによれば、徳にかかわるこのようなイデオロギーはウィッグとトーリーの党派を越えて広まり、「結果的

復活を目的として組織された「風俗改善協会」（Societies for the Reformation of Manners）による改革運動の展開はその典型であった。[2] そしてこれと歩調を合わせつつ、スティール（Richard Steel, 1672–1729）の『タトラー』（*Tatler*, 1709–11）やスティールとアディスン（Joseph Adison, 1672–1719）の『スペクテーター』（*Spectator*, 1711–12）は、変容する時代状況にあってなお期待される人間像、すなわち「立派なジェントルマン」としての理想像を示して大きな成功をおさめた。[3]

風俗改善協会や『タトラー』のこのような啓発活動の欺瞞性を揶揄したのが、マンデヴィル（Bernard Mandeville, 1670–1733）であった。[4] マンデヴィルは、匿名の小冊子（『ブンブン不平を鳴らす蜂の巣、または悪漢変じて正直者となる』*The Grumbling Hive; or, Knaves Turn'd Honest*, 1705）を著して当時の風俗改善協会の活動を風刺し、さらに『タトラー』の成功に刺激されて発刊された『フィメール・タトラー』（*Female Tatler*）誌上で、『タトラー』に登場するスティールの架空の代弁者であるビッカースタッフを名指しし、彼が大英帝国の監督官として提唱する風俗改善論の欺瞞・偽善を厳しく批判した。[5] そして、これらの批判を敷衍してマンデヴィルが世に問うたのが、刺激的な逆説を副題に掲げる『蜂の寓話、私悪は公益』（Mandeville 1714）である。

彼はこの『寓話』の「緒言」で、「人間を社会的動物にするものは、交際心、善良さ、憐れみ、思いやり、そのほかの感じのよい外見上の上品さにあるのではなくて、人間の最も低劣で忌まわしい性質こそ、この上なく大きな社会に、そして世の中の通念に従っていえば、この上なく幸福で繁栄した社会に人間を適合させるのに最も必要な資質である」（1714, p. 4/3）と述べている。誰もが期待する「幸福で繁栄する社会」は、『タトラー』がいうような公共的徳からではなく、「人間の最も低劣で忌まわしい性質」からもたらされると言うのである。それゆえ、豊かな繁栄した暮らしを享受しながら、悪徳を非難し、伝統的なシビック的ないしキリスト教的な徳を求めるのは自家撞着にほかならない。そもそも彼にとっては、諸条件に恵まれた「幸福の島」（イギリス）

[illegible]ルと彼の後継者に対する「愛国的」な反対者たちが行った反対運動の言語となった」(Goldsmith 1985, p. 27)。

(2) この協会とその運動について、詳しくは、Horne (1978) の第一章「マンデヴィルと風俗改革」を参照されたい。

(3)『スペクテーター』について、安川は「それは伝統的なジェントルマン単一価値支配体制の崩壊に伴う混沌とした生活世界において、当時支配的であった上流社交界の風俗や道徳を批判し、コーヒーハウスを舞台に「読書する公衆」として登場してきた市民階層に新たな生活様式や行為規範を与えていった」と述べている(安川哲夫 1989, 二四五頁)。

(4) マンデヴィルの略歴は次の通り。祖先は一六世紀にオランダに移住したユグノーだと言われている。彼はオランダ・ロッテルダムのライデン大学で医学と哲学を専攻し、一六九一年に卒業と同時に神経科および消化器系統の開業医となったが、まもなくヨーロッパ旅行にでかけ、ロンドンに渡る。やがてイギリスに帰化し、一七三三年にロンドンで生涯を終えるまで、「巧みな英語」を用いて『蜂の寓話』などさまざまな著作をものした。彼の著作が巻き起こしたセンセーションの全ヨーロッパ的な影響を考えれば意外にも思えるが、イギリスに移住後の彼の伝記的資料はほとんど残されていないようである。マンデヴィルの生涯および著作について、詳しくはKaye (1924) および田中 (1996) の第一章「マンデヴィルの生涯と思想の形成」を参照されたい。なお、マンデヴィルのテキストはKaye版(一九二四年)を使用している。『蜂の寓話』と『続・蜂の寓話』を二巻本として編集したKaye版では、『蜂の寓話』はマンデヴィル生存中の最後の版である一七三二年版が用いられている。初版の一七一四年版は「緒言」(pp. 3–16/3–10)、「ブンブンうなる蜂の巣」(pp. 17–38/11–36)、「序文」(pp/39–40/37–38)、「徳の起源についての考察」(pp. 41–57/39–52) そして二〇項目の「注釈」から成っていたが、一七二三年版で注釈 (pp. 58–252/53–230) が二二項目に増え、若干の加筆が行われたほか、「慈善と慈善学校についての試論」(253–322/231–296)、「社会の本質についての考究」(pp. 323–370/297–340)、「索引」(pp. 371–380/341–354) が新たに加えられた。さらに一七二四年版で(「ミドルセックス州大陪審の告発」と「C閣下への誹謗の書簡」に対する)「本書の弁明」(pp. 381–412/355–380) が加えられたほか、緒言で加筆が行われている。一七三二年版はこれらをすべて含んでいる。本章では初出年次で文献を指示することとし、一七二三年版と一七二四年版で追加された論考を含めて『蜂の寓話』は(Mandeville 1714)、『続・蜂の寓話』は(Mandeville 1729) と表示している。なお、訳文は翻訳(泉谷訳)と必ずしも同じではない。

(5) マンデヴィルの『タトラー』(スティール)批判については、Horne (1978) の第一章とGoldsmith (1985) の第二章を参照されたい。ゴールドスミスは、マンデヴィルの社会理論は、キリスト教の私的徳とシビック的な公共的徳とが結びついた一八世紀初頭の支配的イデオロギーを述べ立てるビッカースタッフ(スティールの架空の代弁者)に反論すべく構築されたと考えている (p. 78)。

で暮らしながら不平不満を述べ立てるのは「国家的憂鬱症（State Hypochondriacks）」と言うほかない（1720, pp. 185–187）。ここでマンデヴィルが言う不満分子とは扇動的な聖職者やジャコバイトのことであり、このような言い方に名誉革命体制を守り抜こうとする彼の強い政治的意図を窺うことができる。[6] ただし、だからと言って、マンデヴィルは人間の低劣な性質がもたらす経済的繁栄を手放しで称揚しているわけではないし、伝統的な価値体系を転倒しようと企てたわけでもない。[7] あるべき姿ではなく「人間の現実の姿」（1714, p. 39/37）をみつめるマンデヴィルは、ヴェルギリウスの言葉（「各人の快楽は各人を導く」）を引用しながら、感覚的享楽を求めてやまない人間の真実の姿を直視するように促し、さらにはこの快楽主義の傾向（私悪）と経済的繁栄（公共善）との逆説的な因果関係を析出してみせたが、そこに滲み出ているものは、むしろこのような逆説を用いざるをえないことからくる彼のシニシズムである。

マンデヴィルが逆説を余儀なくされるのは、彼がアウグスティヌス主義の人間理解に立脚しているからである。序章でも述べたように、人間存在の原罪性を強調し、自己愛に支配される悲観的な人間像を際立たせるアウグスティヌス主義は、とりわけ一七世紀のフランスにおいて影響力を持った。ラ・ロシュフコー、ピエール・ベール、ピエール・ニコルなどは、その影響下にあって人間と社会に関する新たな見方を紡ぎ出し、時代精神のドラスティックな転換を告げたが、マンデヴィルの思想的源泉は主にこのフランスの新思潮にあった。アウグスティヌス主義に基づくマンデヴィルの悲観的な人間像は彼の論説にシニシズムの陰影を与える一方で、そのリゴリスティックな人間理解が、ロンドンなどの大都市住民の世俗生活のあり様の描写・分析に向けられるとき、風俗改善協会や『タトラー』が危機感を募らせるような社会の実態が暴かれることになる。人々の行為に潜む隠れた真の動機が白日に晒され、伝統的な、あるいは理想的なシビック的、キリスト教的な徳が息づく社会とはまったく異なる現実が捉えられ、その本質が鋭くえぐり出されるのである。

マンデヴィルは、功利や利益を求めるのは人間の本質に属し、この意味で、社会は功利や利益を結合原理とする「欲求の体系」として形成されるほかなく、人間の諸欲求こそが社会のダイナミズムを導く原動力であると考える。このような認識の集約が彼の奢侈容認論であり、これはさらに消費主導の経済認識と重なっていく。ラトゥーシュはマンデヴィルがもたらした道徳・政治哲学上の転換に注目して、端的に、『寓話』は「経済学が生まれ出る決定的瞬間をなす」(Latouche 2005, p. 166) と述べたが、[8] 消費欲望の本源性への認識を富裕の科学と

---

(6) この点について、高濱(1989)を参照。ホントもまた、マンデヴィルの反ジャコバイトと名誉革命体制擁護の確固たる政治的姿勢を論じている。ホントは、マンデヴィルが批判の矛先を向ける不平分子(ジャコバイト)の描く「ユートピア」は、フェヌロンの『テレマック』に登場するサラント(奢侈が排除された徳高き理想の国家)をイメージしたものであり、したがってマンデヴィルのジャコバイト・ユートピア批判は、フェヌロン批判を同時に意図したものであったと考えている(Hont 2006, pp. 388–390)。

(7) ゴールドスミスは、マンデヴィルは、古典的な徳に代わって「奢侈、快楽主義、感覚、悪徳の便益を推奨し、犯罪、無知、不正義、不寛容を進んで弁じさえした」(Goldsmith 1985, p. 159) と述べているが、正確な理解だとは思えない。

(8) セルジュ・ラトゥーシュは、西洋近代に特徴的な経済優位の価値観(経済想念・経済主義)の根幹をなす成長論理と発展パラダイムを批判し、それに代わる「ポスト開発」「脱成長」の論理を提示して、近年注目を浴びている研究者である。彼はこのような独自の視点から経済学批判に向かい、「経済人」「市場」「労働」「富」「効用」などの、近代の経済的現実や経済行為を規定する諸概念や諸原理からなる経済学の認識パラダイムの普遍性を否定している。ここで彼にとってアンチ経済学とはアンチ功利主義と同義であり、この意味で経済学の起源は功利主義の起源と重なる。功利主義の人間観あるいは経済人(ホモ・エコノミカス)の観念の生成に関して、彼は「明らかにすべてはアウグスティヌス主義とともに始まる」(Latouche 2005, p. 118) と述べているが、経済学の生成史上、マンデヴィルに決定的な重要性が与えられるのも、このような文脈においてである。経済学の捉え方やマンデヴィル評価の仕方に関して、本章と重なる面があり、興味深い。ただし、以下で詳論するように、マンデヴィルの認識は功利主義的な表層を貫いて、人間の内奥から発する境遇改善(成長・発展)への根源的

しての経済学の生成を促す不可欠の条件だと考えれば、確かにマンデヴィルは、経済学の生成史において、思想的コンテキストを同じくするフランスのボワギルベールと並んで重要な歴史的位置を占めることになる。

マンデヴィルは、地上の幸福と伝統的な徳のあり方との緊張関係を、刺激的な逆説によってクローズアップしてみせた。ポーコックは、オーガスタン時代を代表するフレッチャー、ダヴナント、デフォーなどの著述家たちは、その時代に生じつつある物質的、道徳的な面での大きな変化を評価する確固たる道徳的基準を持ち合わせないことへの自覚を共有していたと述べているが（Pocock 1975, 三八六頁）、マンデヴィルは、いわばこの空白を最も先鋭的な形で衝いたと言えよう。彼自身が自覚的に「これは新奇な問題であって、私は、かかわらずに放っておく方がよいという者とはまったく争うつもりはない。けれども、それは判断力をきちんと持った人々を喜ばせるだろうし、また簡単に消え失せる問題でもない、と私はいつも考えていた」（1714, p. 408/377）と述べているように、また奢侈論争の広範な展開が示すように、この問題提起は、その後、一八世紀のヨーロッパの思潮全般に多大な影響を与えることになる。本章は、マンデヴィルの逆説の意味を、その思想的源泉との関連で読み解くとともに、その歴史的意義をとくにイギリスとフランスの思想的展開との関連において明らかにしようとする試みである。経済学の生成史上の意義もまたそこから浮き彫りにされるであろう。

第一節　マンデヴィルの思想的源泉

（1）フランスのコンテキスト —— アウグスティヌス主義

マンデヴィルが、一七世紀フランスの一群の文人や思想家たち、すなわちラ・フォンテーヌ（Jean de La

Fontaine, 1621–1695）やラ・ロシュフコー、ジャック・エスプリ（Jacques Esprit, 1611–1677）、ピエール・ベール、さらにはジャンセニストのピエール・ニコルなどの影響を受けている事実は、早くから指摘されてきた。マンデヴィルはみずからラ・フォンテーヌの『寓話』の一部を英訳・出版（一七〇三年）しているし、「マンデヴィルはしばしばイギリスのラ・ロシュフコーとみなされる」（Lafond 1996b, p. 442）、と評されてもいる。ピエール・ベールの影響は言うまでもない。マンデヴィルがベールのとくに『歴史批評辞典』を幅広く利用したことはよく知られているし[9]、ベールの亡命地のロッテルダムの大学でマンデヴィルが直接ベールの授業を聴講した可能性が指摘されている。ここでは、この思想的コンテキストの核心をなすと思われるアウグスティヌス主義に着目し、この視点から、一七世紀後半のフランスの新思潮とマンデヴィルとの関係の一端を明らかにしよう。

序章で述べたように、注目されるようになったのは比較的最近のことだが、一七世紀は「アウグスティヌスの世紀」であると言われるほどに、聖アウグスティヌスは、この時代のフランスの文人・思想家・宗教家に多大な影響を与えた。とくに顕著な影響を与えたのは、アダムの堕罪によって原罪を背負った人間の根本的堕落と無力を強調するアウグスティヌスの峻厳かつ陰鬱な人間理解である。アウグスティヌスの名において、あるいは暗示的に、人間の理性の力を拠り所にするストア的美徳、栄光の希求・英雄の賛美などのあらゆる理想主

な欲求を剔出するまでに至っているが、このような根源的欲求――それはいわば人間の存立原理でもありうるであろう――をも、「経済人」という近代的観念に特有のものにすぎないとしてその普遍性を否定することができるかどうかは、別の大きな問題であるように思える。ラトゥーシュの「脱成長」（あるいはむしろ脱経済）の論理に関しては、ラトゥーシュ（2010）と訳者の中野佳裕の詳細な解説を参照されたい。

（9）ジェームズは、マンデヴィルは『自由思想』（Mandeville 1720）のなかで、ベールの『歴史批評辞典』の約七〇もの項目に言及していることを確認している（James 1975, p. 45）。

義は、人間の邪悪さや無力さへの無自覚による虚飾・虚栄と見なされ、厳しく批判された。

このような理想主義批判は、人間の深層心理に遡って人間の真実の姿を捉えようとする心理学的な人間本性分析に基づいており、マンデヴィルのリアリズムあるいは懐疑主義のスタンスを支えているのも、これである。この人間本性分析が浮き彫りにしたものは、人間の感情や行動の規定要因としての自己愛あるいは利己的情念である。ラ・ロシュフコーは、「神は人間の原罪を罰するために、人間が自己愛を己の神とすることを許して、生涯のあらゆる行為においてそれに苦しめられるようにした」(La Rochefoucauld 1678, p. 165/179) と述べたが、『箴言』冒頭の「われわれの美徳は、ほとんどの場合、偽装した悪徳に過ぎない」(*ibid.*, p. 7/11) という有名な一文が端的に示すように、美徳に数えられる慈善、武勇、寛恕、節度、名誉などはすべて自己愛という悪徳に由来することを暴いてみせた。ピエール・ニコルも第一章で見たように、「堕落した人間はたんに自分自身を愛するだけでなく、限度も節度もなく自分を愛する。……このような暴君的な性質があらゆる人間の心の奥深くに刻み込まれており、それが彼らを暴力的で、不正で、残酷で、野心的で、追従的で、嫉妬深く、不遜で、喧嘩好きにする。……〔そこに〕あらゆる犯罪と乱脈の種が宿っている」と述べていた (Nicole 1675, p. 382)。マンデヴィルが「人間、まったくもって堕落した人間が、みずからの諸器官を利用するかぎり、自分自身を喜ばす以外の目論見をもって行動することなど不可能であって、愛や絶望のこれ以上ないほどの途方もない現れでさえ、眼目はそこにしかない」(1714, p. 348/320) と言うとき、彼らと同じくきわめて悲観的な人間理解に立っていることは明らかである。『タトラー』誌上 (一七〇九年一二月一七日一〇八号) でスティールの架空の代弁者ビッカースタッフが語るところによれば、このような悲観的な人間理解に基づいて「人間本性を貶め、それを最悪の外見のもとで考察し」、「最も価値ある行為に下品な解釈と卑しい動機を与える」ラ・ロシュフコーに代表されるフランスの作家の見方は、当時、イギリスで「流行」していた (Tatler 1774, p. 306)[10]。

自己愛や利己的情念が優勢な人間の真実の姿をみつめて理想主義の欺瞞性を述べ立てる彼らにとっては、自己抑制としての徳もまた自己愛や利己的情念の表出にすぎない。自己愛や利己的情念はその目的を達成するためにさまざまにみずからを偽装する。ラ・ロシュフコーは、筆舌に尽くしがたいほど「巧妙」かつ「柔軟」に振る舞う「自己愛の肖像」を描いてみせたが（La Rochefoucauld 1678, pp. 134–36/147–51）、ニコルはこれを社会理論の領域に適用し、そのような自己愛の偽装という欺瞞のメカニズムが道徳的秩序として機能し、秩序維持の一翼を担っている事実を明らかにした。すなわち、排他的でかつ自己拡張的な自己愛は、みずからの意志や目的（利益）を実現しようとしてかえって自己抑制的となるという自己愛の二重の性格に注目した。やがて詳しくみるように、高慢と恥辱の情念に自己愛の抑制要因を見出すマンデヴィルにとっても、社会の道徳的秩序は、自己愛・利己的情念が巧みにみずからの真の動機を隠蔽した欺瞞的な秩序にほかならない。したがって、彼らの思想傾向を捉えるのにいわゆる「富と徳」の対比軸は意味を失うことに注目しておこう。なぜなら自己抑制としての徳が、実は自己愛という悪徳の偽装にすぎないのであれば、富と徳は自己愛という同じ動機に基づくことになるからである。[11]

このように、彼らは徳やその起源を「利益」の観点から、いわば功利主義的に理解しようとするが、このとき徳の観念は宗教的な価値規範から解放される。この点を論じてマンデヴィルに影響を与えたのが、ベールである。

（10） Horne (1978) の第二章を参照されたい。

（11） 「富と徳」の対比は、シビック的徳の観念を前提にして初めて成り立つとすれば、そのような徳のリアリティをあらかじめ否定するアウグスティヌス主義に基づくとき、この対比軸は無効となるということである。

聖アウグスティヌスの原理によれば、異教の内で感嘆の的になるような道徳的な行為はみな、無神論者でも十分やれることになります。……気質とか、教育とか、名誉心とか、ある種の評判への好みとか、立派で称賛に値すると見えるものへの尊敬心とか、その他、信仰の有無にかかわらず万人の管轄に属するような多くの動機に帰し得ないものは一つもない、……謹厳な性行で衆にぬきんでたいという気持ちや、体をもっと丈夫にしたい、人にもっとほめられたい、もっと儲けたいという気持ちがあれば、……［神の本性についての正しい認識に助けられずとも］情念を抑制できた可能性が強い」(Bayle 1683, pp. 437–440/233–34)。

ベールは、「もっと儲けたい」というような自己愛の発露によって、かえって利己的情念は抑制されうるが、そのような自己抑制は宗教道徳とはまったく無関係であるとして、有徳な無神論者の可能性を論じているのである。別の言い方をすれば、良心の点で不誠実な人間でも、外見的には十分によき市民たりうるということである。マンデヴィルもまた、宗教心とは無縁の、精神の高揚や満足に最大の喜びを感じる人々によってどのような道徳的秩序が生み出されるかを論じるであろう。

また彼らは一様に悪の（公共）善への転化という逆説的テーゼを論じている。ラフォンは、利己心の自由が公共善をもたらすという調和の観念の由来を、「罪それ自体を普遍的善に転換するアウグスティヌス主義の不可思議な錬金術」(Lafond 1996a, p. 187) の作用に求めていたが、自己愛という悪から秩序原理を紡ぎ出さざるを得ないアウグスティヌス主義にとっては、このテーゼはいわば必然的であった。ベールにとっても、アダムの堕罪後に社会秩序の形成に寄与したのは、自己愛に発する自負心、嫉妬、栄光への願望などの情念にほかならない。「悪徳の効用も、悪徳が悪いものであることを妨げはしない」(Bayle 1696a, p. 316/242) というベールの言説に、このテーゼに伴うシニシズムの影さえ感じる取ることができよう。マンデヴィルの「私悪は公益」という逆説の意味するところもまた、このようなアウグスティヌス主義のコンテキストにおいて理解されねばならない。ところで、マンデヴィルの逆説は、のちに詳論するように、主として奢侈の効用に着目する経済学の認識に支えられているが、ベールも「悪徳の効用」に関して、奢侈との関連で次のように述べている。

金銭欲からくるまずい結果を恐れてはいけません。……欲の深い者も浪費家・享楽家でなければそんなに恐れることはないのです。ほどほどの贅沢は国家に大いに役立ちます。お金を流通させ、下層民が生活を立てられるようにしてくれます。贅沢が度を越し、脅威になったら、いずれ子孫がしかるべき奢侈禁止法でも作って手を打つでしょう。その時はその時のことで、未来がどうなるかは当事者に任せておき、現代での裕福さだけを考えることです(Bayle 1705, pp. 600–601/519–520)[12]。

序章でみたように、世俗の幸福を追い求める利益志向の功利的人間の姿を捉えた点において、人間本性の悲観的な姿を強調するアウグスティヌス主義と、それと正反対の立脚点に立つエピクロス主義とは交わるところがあったが、ここでのベールは、いっそう踏み込んで、エピクロス主義に棹さす楽観的な展望を示していて興味深い。ベールは「最高善または幸福をめぐるエピクロスの説について言えば、それはたいそう誤解されやすく、その派の信用を落とす悪影響も生じたが、本当は大変理に叶ったもので、幸福という言葉をエピクロスのように取れば人間の幸福が快楽にあることは否定できまい。アルノー氏はその説を批判したが無駄だった」(Bayle 1696b, p. 166/28)とし、快楽についても、それは「どんな種類のものと仮定されようと、みな魂の幸福を

(12) ベールの『続・彗星雑考』のこの部分はマンデヴィルとの関連で何人かの研究者が取り上げているが、とりわけ、翻訳者の野沢協が「解説」(2『続・彗星雑考』から『蜂の寓話』へ)で詳細に論じていて有益である。

なしうるわけで、魂がどういう状態だと仮定されようと、物質と結合していようといまいと、それは関係ないのである」(p. 182/46)と述べている。ジャンセニストのニコルの論説には、堕落した人間の快楽主義の傾向を凝視するリアリズムの視点と、絶対的価値の実践を求める宗教的視点との対立的緊張が孕まれていたが、そのような緊張感は少なくともここにはない。マンデヴィルがベールから受け継いで敷衍しようとしたのも、このような展望であった。

(2) イギリスのコンテキスト —— バーボンとノース

ベールやマンデヴィルが表明する楽観的な文明の展望それ自体は、イギリスにおいても、マンデヴィル以前にすでに見られた。その背景には、商業革命やこれに続く消費革命によって社会は商業社会・消費社会へと大きくその相貌を変えつつあるという新しい現実があった。一七世紀後半に、インド製キャラコや日本・中国・フランスの絹の輸入によって惹起された「衣料革命」によってイギリス女性の服飾品に大きな変化が生じ、さらに一八世紀になると衣食住において一種の消費ブームが訪れる。「その消費の特色は、下層の一般大衆が以前のように安い下級品で満足しないで、上流階級の好みや風習を模倣し、お互いに競争し合って、少しでも良い品物を消費するようになったことである」(天川 1984, 一二頁)。消費ブームのもとで消費競争が起こり、この風潮はロンドンから地方へと波及していったと言われる[13]。これにより社会階層を問わず、人々の生活スタイルも大きく変化したが、この変化に対して、すでに見た風俗改善協会などの道徳的な批判的論調とは一線を画す、あるいはむしろこのような新しい流れに積極的に呼応した議論が登場する。ここでは、ニコラス・バーボン(Nicolas Barbon, 1637–1698)の『交易論』(Barbon 1690)とダッドリー・ノース(Dudley North, 1641–1691)の『交易論』(North 1691)に、とくにバーボンの所説に注目しよう。

バーボンは、国内外の交易の拡大（商業革命）がもたらしたイギリス社会の著しい変貌を肯定的に評価した上で、とりわけ消費社会としての社会のあり様を見事に分析している。[14] その分析を支えているのは、人間の欲求に基づく効用価値の視点、さらには奢侈の効用に関する経済学的認識である。

バーボンは、明快に価値の源泉は有用性（Use）にあり、有用性の源は人間の欲望の満足にあると考える。欲望には身体上の欲望と精神上の欲望の二種類がある。身体上の欲望を満たす上で有用な財とは、衣食住にかか

（13）マッケンドリックはスチュアート朝のイギリスとジョージア朝のイギリスとの間には、人々の消費トレンドに関して断絶が認められるとして、ここに消費革命を見出し、産業革命に至る生産・供給面への関心に比べてほとんど無視されてきたこの消費・需要の側面における革命的変化の歴史的意義を強調している。彼によれば、多くの人々の消費生活に大きな変化をもたらしたものは、何より商業社会の到来によって彼らが消費欲求を満たしうる「能力」を手に入れたことである。これにより、例えば「奢侈品」は単なる「上級品」、「上級品」は「必要品」と見なされるようになり、「必要品」もまたそのスタイル、多様性、活用性において著しい変貌を遂げた（McKendrick, Brewer and Plumb 1982, pp. 1–6）。マンデヴィルはまさにこの大きな変化のただ中にいたことになる。マッケンドリック等によるこのような問題提起以来、イギリスにおける消費革命や消費社会の誕生をめぐって数多くの研究が現れている。Campbell (1987)、Brewer and Porter ed. (1993)、Peck (2005) をあげておく。ペックは「奢侈の『脱道徳化』は一七世紀の初頭においてすでに始まっていた」(Peck 2005, p. 347) として、奢侈的消費に関して、むしろ一七世紀初頭から一八世紀へと至るその連続性を強調し、「一七世紀初頭の奢侈的消費とそれを支えた国王の諸政策やさまざまなパンフレットが、一七世紀後半や一八世紀の経済学に関する諸著作に直接に繋がっている」(p. 355) ことを指摘している。

（14）ベリーは、「世俗生活の再評価」を契機として生じた「奢侈の脱道徳化 de-moralization」を本格的に論じた代表的人物としてバーボンを挙げ、その周辺を含めて詳しく論じている（Berry 1994, pp. 108–125）。ちなみに彼は、伝統的コンテキストからの奢侈の「脱道徳化」は、バーボンに始まり、マンデヴィルによって劇的に押し進められたと考えている（p. 138）。背景としての世俗化への着目を含めて、本章の視点と基本的に同じである。

わり生命を維持するのに必要だと評価される財のことであり、これは全体からみれば限定的であるのに対して、精神上の欲望を満たす財は、その欲望の無限性に対応して数限りなく存在しうる。

人間は生まれつき向上を望み、そしてその精神が高尚となるにつれて、かれの感覚も一層洗練されたものとなり、また一層喜びの能力をもつようになる。かれの願望は拡大され、かれの欲望は意欲（Wishes）と共に増大する。意欲とはすべて珍奇なものを求めるものであって、かれの感覚を満足させ、かれの身体を飾り、そして生活の安易、愉楽および栄華を増進することができるものである（Barbon 1690, pp. 13–14/16–17）。

国内外の交易は、このような精神上の欲望を満たす財を貧者の勤勉（Industry）が生み出し、これを富者が惜しげない支出を通じて自由に利用すること（Liberality）によって促進される。この意味で、贅沢な暮らしを求める富者の「浪費は人間にとっては有害な悪徳であるが、交易にとってはそうではない」。一方、貪欲（covetousness）は「人間にとっても交易にとっても有害な悪徳」であり、「人を飢えさせ、交易業者を破産させる」ばかりか、その富者をも貧しくする、なぜなら、貪欲は消費を控えさせ、「売れぬ資財」を生み出し、その財の価値を低下させるが、因果はめぐって貪欲な人が持つ資産の価値を下落させるからである（p. 32/45）。

ところで、彼が言うには、「交易を最もよく促進する出費は衣および住に対するものである」。まず、衣裳における流行こそは「交易の精神であり生命」であって、交易をたえず運動させる動因そのものである。「流行を追うことは、衣服の形に対する王侯の好みを是認することによって、王侯およびかれの宮廷に尊敬を払うことである。それは勇敢で真面目な人々の間では評判はよくないが」、しかし古い流行もかつては新しい流行であったことを思えば、そのような非難には正当性はない、と彼は切って捨てている。こうして「新しい流行の促進は奨励されるべきものである。なぜならそれは人類の大部分に対して生計を与えるからである」（p.

33/47)。次に建築もまた「交易の最も主要な促進手段である。それは食や衣よりもずっと多数の職業と人々とを雇用する」(p. 34/48)。交易の促進手段としてこのように衣と住が重要なのは、バーボンによれば、人間は生まれつき野心を持っているから、都市が拡大しこれまでにも増して集まって生活するようになると、衣裳、装具、家具に関してお互いに他よりも抜きん出ようとする競争が生じ、それらへの大きな出費が止むことはないからである。このように、バーボンは都市化とそこに生じる他者の視線への自意識に基づく虚栄心の競争に注目し、さらに次のように述べている。

消費をひきおこすのは必要ではない。本能はごくわずかなもので満足しうるものだ。そうではなく、交易をひきおこすのは、精神的欲望、流行および新しいもの・珍しいものに対する欲望である。イングランド製のレース・手袋・絹物を、ほしいだけもっていて、もうそれ以上こういうものを買おうとしない人も、ヴェニスの針編みレース、ジェシミンの手袋、フランスの絹物ならかれの貨幣を支出するだろうし、……(p. 35/50)。

こうして、ロンドンなどの大都市に出現した消費社会としての社会のあり様は、たとえ「勇敢で真面目な人々の間では評判」は芳しくなく、またそこに悪徳の臭いが漂っているにせよ、交易を促進し雇用を維持する上ではきわめて有益であった。

ノースもまた、人間を交易あるいは勤勉へと駆り立てる拍車は「人々の途方もなく大きな欲望」にほかならないから、人間が欲望を燃え立たせることなく最低限の必要品で満足できるのならば、世界はおそらく貧しいままにとどまるであろうと述べている。それゆえ「奢侈禁止法を有する国々は一般に貧しい」、なぜなら、この法律は支出を制限することによって、この支出に応じるべき人々の勤勉をそれだけ阻止してしまうからである（North 1691, p. 13/40）[15]。またノースは、バーボンと同じく、この消費社会において虚栄心に駆られて消費競争に邁進する人間の姿を次のように描いている。

自分の仲間が金持ちになり偉大になるのをみる下層の人々は、仲間の勤勉を模倣しようとの意欲にかられる。ある商人はかれの隣人が四頭立ての馬車を駆っているのをみると、ただちに全力をあげて同様のことをしようとして活動を始める。そしてそのために往々貧乏になることがある。しかしながら、虚栄心をみたそうとしてかれが示す異常な転倒は、かれ自身にとっては、かれのとった誤った方策に十分に応えることがないとしても、社会にとっては利益になる（*ibid.*）。

このように、彼らは経済社会の繁栄やダイナミズムの主要な原動力として消費・消費欲求に着目した。彼らはアウグスティヌス主義のコンテキストをマンデヴィルと共有するわけではないし、それゆえにと言うべきか、社会の構成原理にまで踏み込んだ議論を展開するわけではない。しかしそれでも、功利的な人間の情念を経済の原理と結びつけて論じている点で、彼らがマンデヴィルと同じ地平にいることは明らかである[16]。

第二節　マンデヴィル――私悪は公益

（1）人間本性――自己愛と欲求

「アダムの堕罪以来、人間本性はいつも同じであった」（1714, p. 229/209–10）、とマンデヴィルは言う。人間は「諸情念の複合体」であり、生得的な諸情念を理性が制御することは不可能に近いから、したがって、さまざまな情念が人間の意志とは無関係に代わる代わる人間を支配する（1714, p. 39/37）。彼によれば、人間の本性は、このような諸情念、さらには自己愛（self-love）に帰着する。「人間はあらゆるものを彼自身に集中し、自分自身のため以外には愛したり憎んだりしない。あらゆる個人はそれ自身小さな世界であり、あらゆる人間は……自己を幸福にするように努力する」（1729, p. 178/189–190）。前述のように、堕落した人間が「みずからの諸器官を利用するかぎり、自分自身を喜ばす以外の目論見をもって行動することなど不可能であって、愛や絶望のこれ以上ないほどの途方もない現れでさえ、眼目はそこにしかない」のである。こうして堕落した人間の行動はすべて自己愛のなせるところであった。「パスカルと同じほどに極端なこのアウグスティヌス主義者」（Latouche 2005, p. 168）と評される所以である。ただし、彼にとって自己愛という悪徳は罪ではない。彼は悲観的な人間理解においてアウグスティヌス主義のコンテキストに身を置いているが、しかし、カルヴィニスムやジャンセニスムのリゴリスティックな宗教道徳それ自体を引き継いでいるわけではないことに注意を要する。

（15） 奢侈禁止法への批判は同時代のダヴナントにも見られる。「およそ山ほどの奢侈禁止法を持たぬ国はありませんが、その法が遵守されているとか、公共の福祉を生み出しているとかいうところを例として引くことは、ほとんど不可能であります」（Davenant 1696, p. 49/51）。

（16） モリーゼは、早くからマンデヴィルの論説を英仏それぞれのコンテキストの融合として特徴づけていた。「マンデヴィルの重要性はきわめて大きい。なぜならこの実り多い準備期間に、彼は、フランスのエピクロス主義や懐疑主義の流れがイギリスの経済思想と融合する決定的瞬間、つまりモンテーニュ、ラ・ロシュフコー、サン・テヴルモンそしてベールに由来する道徳上の諸学説がウイリアム・ペティ、ダッドリー・ノース、ダヴナントや他の人々のより科学的な理論と結合する決定的瞬間を表わしているからである」（Morize 1909, p. 69）。ただし、バーボンやノースなどのイギリスの経済思想家のマンデヴィルへの影響がどれほどのものであったかを推断することは難しい。ノースの『交易論』が注目されるようになるのは一九世紀以降のことであるから、少なくともノースの影響を指摘することは困難である。

自己愛に導かれている以上、人間は誰でも自分のことになると「とても不公平な審判者（very unfair Judges）」となる、とマンデヴィルは言う。

われわれは自分のことは大きく評価し、他人には小さな価値しか置いていないため、自分自身の問題ではとても不公平な審判者となる。たとえ自分の利得がどんなに法外なものであっても、売る相手から儲けすぎていることを納得できる者などほとんどいない。一方、同じく、きわめてわずかな利益しか生じないときでも、自分が買う相手に対してはそれを惜しむ。こうした理由で、売り手の利益の少ないことが買い手に対して最も大きな説得力となるので、小売商は、商品で実際にはいくら儲けたかを明かすよりはむしろ、自分を守るために嘘をつき、ありそうもない話をおびただしくでっちあげるよう一般に強いられる（1714, pp. 80–81/75）。

こうしてマンデヴィルにとって、ボワギルベールの場合と同様に、経済世界は必然的に強欲や欺瞞に支配されることになる。では、彼らはそのような利己的情念の支配する世界にどのような秩序原理を見出すであろうか。ボワギルベールは自然や神慮という名の市場の強制力に着目したが、マンデヴィルはどうであろうか。あとで詳しく検討しよう。

ところで、彼は『続・蜂の寓話』（Mandeville 1729）において、「新奇な考え」と断った上で、自己愛（self-love）を自己保存にかかわる情念に限定し、この自己愛の発揮を促す動機に着目してそれを自愛心（self-liking）と名付けた。[17] 彼が言うには、「いかなる動物も自分が好きでもないものを愛せないので、［自己保存に向かう自己愛のほかに］さらに、誰もが、ほかのいかなるものにも増して自分自身の存在に真の愛着を持つことが必要」（1729, p. 129/140）である。この自分への真の愛着すなわち自愛心とは、端的に言えば、他者との比較における自分自身への過大評価であり、虚栄心や自負心と同義である。そのような自己への愛着があればこそ、人は自己保存のために精励するというのが彼の見立てである。彼は『名誉の起源』（Mandeville 1732）において、自己愛と自愛心の区別を最もよく表すものとして自殺の事例を取り上げている。つまり、人は自己愛（＝自己保存）の動機から自殺することはありえないが、自愛心（＝自負心・虚栄心）の動機から自殺することは起こりうるとして、「私は、自殺に関していつも観察されるところから、人間本性にはこのような情念〔自愛心 self-liking〕があり、それは自己愛（self-love）とは明白に区別されることを証明した」（1732, p. 20）と述べている。ルソーはのちに自己保存に基づく（自然人の）行動原理であり徳の基礎ともなりうる amour de soi と、虚栄心を含む悪しき amour propre とを区別した。ときにそれらの観念とマンデヴィルの self-love（自己愛）と self-liking（自愛心）とがアナロジカルであると指摘されることがあるが、マンデヴィルの場合は、概して self-liking は self-love の延長に位置づけられており、両者の区別はそれほど判然とはしていない。ルソーの議論とのアナロジーを強調しすぎてはならないであろう(18)。

さらに注目すべきことに、マンデヴィルは『続・蜂の寓話』において、自己保存に向かう「自己愛」や、過大評価によって他者との差別化を求める「自愛心」を越えて、人間本性の最も奥深いところ（「中心」）から発する欲求充足への希求それ自体に着目している。「世俗的な享楽から生じる満足は、感謝とは区別され宗教心とは異質のもの」であり、「そして満足は心中より発するのだから自分自身の内部にその中心がある」。すなわ

（17）用いられている言語に即して self-liking を「自愛心」と訳したが、それは虚栄心などに発する「利己心」のイメージに近い。マンデヴィルが self-love と self-liking とを使い分けるようになるのは『続・蜂の寓話』以降のことであり、『蜂の寓話』では self-love に self-liking つまり自負心や虚栄心の意味が含まれており、利己的情念とイコールであることに注意を要する。なお、本章では泉谷訳とは逆に、self-love を自己愛、self-liking を自愛心と訳している。

（18）Lafond (1996b), p. 452 をも参照。

ち、世俗の生活で味わう心中深くから生じる精神の高揚や満足は、宗教心とは無縁であり「心情の犠牲を求める宗教の原理」とは対極に位置するが、しかしこうした高揚や満足こそは人間にとって「最大の喜び」である。この意味で、このような満足への希求こそは人間を内部から突き動かす根源的な動因である、とマンデヴィルは考えるのである（1729, pp. 18–19/18–19）。八幡清文は、マンデヴィルの経験的方法は、「人間性の現象の最も皮相な『観察』と『経験』のみを内実とする素朴な経験主義」ではなく、「『作為』と『教育』という人間的要素、さらに宗教というイデオロギー的要素をすべて捨象したところに現出する人間性の解剖を意図」したものであったとしているが（八幡 1978, 一〇八頁）、まさしくマンデヴィルは、このような「経験的—解剖学的方法」（一〇九頁）によって、アダムの堕罪以来、常に変わらぬ人間本性の根元に迫ろうとし、「欲求充足への希求」という人間の根源的な存立原理あるいは動因を抉り出したと言えよう。こうして、宗教心などほとんどない人々は、「できるだけ多くの世俗的な安楽と快楽を得る」（1729, p. 11/10）べく突き動かされることになる。ここに、コインの表裏をひっくり返したかのように、悲観的なアウグスティヌス主義に取って代わってエピクロス主義の展望が開かれる。

エピクロス自身は禁欲的で模範的な生活を送ったため、彼が「最高善は快楽にある」と言うときの快楽とは何かをめぐって後代の人々の間で論争が起こったが、これについてマンデヴィルは「私には彼らの論争に決着をつけるつもりはない、私の意見は、人間は善であろうと悪であろうと、人間が喜びを感じるものが快楽である、ということである」と述べている。何が快楽をもたらすかに確かな基準はないにしても、いずれにせよヴェルギリウスが言うように「各人の快楽は各人を導く」のである（1714, p. 147/136）。彼は「自然のままのあらゆる人間のまことの快楽は世俗的で感覚的なものである」として、自然に反することを求めるストア的美徳を、馬鹿者にしか信じることのできない実行不可能な「傲慢と偽善に満ちた不遜なみせかけ」でしかありえない、と激しく非難している（1714, pp. 150–51/139–140）。こうして、徳は、人間が困難な人生を生きていくために必要な労苦や精励への動機にはなりえない。マンデヴィルはシャフツベリーを槍玉にあげて、人間は生まれつき「安楽や怠惰への愛や感覚的な快楽にふける傾向」を強く持っており、「教訓によって矯正しうるものではない」から、彼の言う徳は、「修道院生活の愚かな楽しみを得るとか、せいぜい田舎の治安判事になる資格を人間に与える」くらいにしか役立たない（1714, p. 333/305）、と痛罵している。

このようなエピクロス主義は快楽主義、利己主義の別名であり、さらには功利主義と通じている。彼は『蜂の寓話』において、「誰でもできることなら幸福であろうとし、快楽を味わい苦痛を避けようとする」（1714, p. 139/128）とし、さらに「われわれを喜ばすものはその点において善である、そしてこの基準に基づいて、あらゆる人間は、隣人のことなどほとんど考慮せずに、できるかぎり自分のためによかれと願うのである」（1714, p. 367/338）、と述べている。世俗の幸福は快楽を味わい苦痛を避けるところにあり、この人間本性の中心から発する根源的欲求を満たすものは善であった。

ところで、彼は快楽を求めるこの欲求の本質を「変化への猛烈な好みと新奇さへのさらに強烈な熱望」（1714, p. 178/164）に見出している。人々に世俗的な偉大さや現世的な幸福をもたらすのは「自負心と利己心（selfishness）のしっかりとした原理」であるが、それはまた「気まぐれや、変化や目新しさへの不断の欲望（a restless desire after Changes and Novelty）」（1729, p. 260/274）に導かれている。

人間は生まれつき気まぐれで、変化や多様性に喜びをみいだす、まだ新鮮であったときに最初に受けた事物の印象を長く保つことはめったにない、それらがありふれたものになると、最善のものでさえ軽蔑しないまでも軽視しがちとなる（1729, p. 279/295）。

人間は欲望に駆り立てられて初めて努力する、それゆえ「情念の影響がない鈍重な機械」のような人間は「風がそよともしないときの大きな風車」も同然であるが（1714, p. 184/168）、しかし実際には、欲望の満足は、上述のように「人間がその境遇を改善しようと熱心になっているかぎり、人間には無縁のものである」（1714, p. 242/221）。いわば「足る」を知ることで精励への動機は消滅してしまうが、変化への不断の希求を伴う人間の境遇改善欲求が満たされることは決してないから、それは人々を精励へと導く原動力であり続けるのである。

勤勉（Application）と精励（Industry）は、しばしば無差別に用いられておなじものを意味するが、両者のあいだには大きな違いがある。ある貧しい者が勤勉で創意もあり、骨折って働く倹約家であっても、その境遇をよくしようと努めることなく、いま暮らしている身分に満足している。ところが、精励は利得への渇望と、境遇をよくしようという根気強い欲望を意味し、そのうえまだほかの性質をも備えている（1714, p. 244/223）。

人々が勤勉であるだけでは事業の拡大は望めず、際限のない境遇の改善欲求に促されて精励へと身を投じる場合にのみ創意が発揮され事業の拡大が可能となる。「靴直しが、……仕事をなおざりにせず、なにか仕事があったときには手早くすませるなら、勤勉な人間である。しかし、仕事がないときには使いに走るとか靴釘だけをつくり、夜は夜警をやるなら、精励という名前に値するのである」（1714, p. 244/224）。

こうして、マンデヴィルは人間の内奥から発する境遇改善の欲求に目を向け、この欲求こそが商業社会・消費社会としての社会のダイナミズムを導く原動力であると考えた。まさしく「欲求を満たそうとする人間の飽くことなき精励や、この世の境遇の改善に向けた彼のたゆまぬ努力が、多くの有益な学芸を生み出し完成に導いた」（1729, p. 128/139）のである。彼はこのような欲求に駆り立てられる活動的な人間と、安らかな平穏を望む無活動の人間とを区別して、次のように述べている。活動的な人間は熱心かつ勤勉に目的を追求し、利益の追求に向かう彼の努力には際限がない、「美しい装飾品、衣服、家具、馬車、家屋、目上の人たちが享受するものすべてを好むように」なり、倹約に甘んじず、境遇改善欲求に駆り立てられて財産の蓄積を目指して精励に努める。これに対し、無活動な人間は精励によって財産を得ることはない、「困難なことはすべて不可能だとみなし、そのため彼は自分の境遇を改善する望みを失っている」、そして「お気に入りの安らかな精神の平穏という彼の最高善を獲得する」ために倹約を強いられることになる（1729, p. 112–13/121–23）。では活動的な人間の境遇改善欲求を動因の一つとして維持されるこの社会は、一体どのような社会であろうか。

（2）欲求の体系

彼は言う、「市民社会がもっぱらわれわれの欲求の多様性の上に築かれているように、その上部構造全体は、人間がお互いに与え合う相互的な奉仕から成り立っている」（1729, p. 349/369）。すなわち市民社会は人々の多様な欲求を土台とし、その欲求に応じるための相互的奉仕を上部構造とする、いわば「欲求の体系」として形成される。

社会は「牛の群れ」や「羊の群れ」のように自然発生的に生まれるわけではない。彼によれば、社会の形成を促したのはアダムの堕罪後の「人間の困窮や欠点やさまざまな欲望」である（1714, pp. 346–47/318–19）。人間は楽園を失い、生きていくことの困難に迫られて社会的動物となる。このとき人間同士の社会的結合は、次節でみるように、人間本性の偽装を通じて行われるから、「われわれは偽善なしには社会的動物になれない」、すなわち、市民としての交わりは人々の「技巧や慎重な偽装」によって維持されるほかないから、この意味で「あらゆる市民社会において、人間は幼少の頃から知らず知らずのうちに偽善者となるように教わっている」（1714, p. 349/320）、とマンデヴィルは述べている。そもそも堕罪前の「無垢の状態」あるいは「黄金時代」のままであったなら、今日のような「大きな社会」には至らない。人間は「大気の害からもそのほかの害からも安全で、住んでいる地球が彼の助けもかりずに供給してくれる生活必需品に満足していた」からである。これに対し、「社会の自負や虚栄が増大し、そのあらゆる欲望が拡大すればするほど、人口稠密な大規模な社会に至ることがそれだけ可能となる」(1714, pp. 346–47/317–18)。

あらゆる不足や欠乏は悪であること、そうした欠乏の多様性に、社会の各成員がお互いに尽くし合う相互的な奉仕がすべて依存していること、したがって、欠乏の多様性が大きいほど、ますます多くの個人が他人のための骨折りに個人的利益を見出す、そして彼らはともに結び合って一つの全体を構成するであろう(1714, pp. 402–3/371)。

欲求が拡大するとともに欠乏も拡大し、それに応じて人間の相互依存と社会的結合の必要性が増していく。このとき多くの人が他人の欲求を満たすことに利益を見出すが、そのような欲求とそれに応じようとする人々の活動の結果として、さまざまな「学芸や商売や手仕事や天職」(1714, p. 366/337)が生み出される。ここでいう欲求は「われわれの自然的な欲求(our natural Wants)」ではなく、「われわれの堕落した本性(our corrupt Nature)」に発する欲求であるが、この欲求こそが多様な職業に従事する大勢の人々に仕事を与えるのである(1714, p. 403/372)。このように欲求の充足を求める利己的情念は、一方で人間を勤勉と精励へと促し、他方でさまざまな学芸や職業を生み出して社会の大規模化や高度化を導いていく。この意味で人間の利己的情念は、マンデヴィルにとって、ボワギルベールの場合と同じく文明化を推し進める主体的かつ外部的な要因であった。

ところで、この欲求の体系の上部構造をなす「相互的奉仕」のシステムとは分業労働のシステムにほかならない。マンデヴィルは「労働を分割し再分割すること」によって生産性(生産力)が高まることを、作業内分業と社会的分業の両面を例にとって指摘したが(1729, p. 283/300)、彼のこうした分業論はスミス分業論の先駆けとしてもよく知られている。ここでは高度な文明社会を支える分業労働の展開を鮮やかに浮かび上がらせた次の一文をあげておこう。

すばらしい緋色あるいは真紅色の織物ができあがるまでに、なんという大騒ぎがこの世のいくつかの地方でなされ、なんとさまざまな商売や職人が用いられなければならないことか。羊毛すき手、紡ぎ手、織り手、織物職工、洗い手、染め手、織り地の決め手、模様つくり人、荷造り人といった目につく人々だけでなく、ほかにも水車大工や、白鉛細工師や、薬種屋のように、もっとかけ離れていて、それとは縁遠いように思われる人々もいる（1714, p. 356/328）。

このように、「欲求の体系」として形成される社会は、自己愛・利己的情念に導かれる諸個人が分業労働を提供し合い、相互に欲求充足を実現し合うという欲求と労働の二重のシステムからなっていた[19]。相互依存という社会的結合のあり方それ自体は、商業社会における相互的信頼を基礎とする新たな公共性を、あるいは新たな社会道徳を生み出す可能性を秘めているが、しかしマンデヴィルにとっては、この欲求の体系を支える道徳的秩序は自己愛という悪徳に基づく欺瞞の秩序にほかならない。

（3）徳 ―― 偽装された悪徳

マンデヴィルは、公共的利益を顧みずに私欲の満足を追求することを悪徳、逆に「人間の本性の衝動に逆らい」、公共的利益のために私欲を抑制することを徳と呼んだ（1714, p. 48/44）。このように徳の本質は人間の自然に反して利己的情念を自己抑制することにある（「真の徳は自然のままの本性を克服することを求め、キリスト教は

（19） この点について八幡（1981）をも参照されたい。

さらにもっと厳格な自己抑制を求める」1729, p. 127/138)。しかし、本性的に堕落し自愛心や自己愛に突き動かされる人間にはこのような自己抑制は困難であり、人々を、力ずくで、あるいは「偶像崇拝的な迷信」などの宗教的規範によって従順にさせて、徳へと誘おうとしても無理である。したがって彼が言うには、自己抑制へと人間を導くためには、他人の利益や公共的利益を優先することによって、かえって自己愛が満たされ幸福を手に入れることができることを示してやらねばならない。どのようにしてか。人間の自負心の情念を刺激することによってである。つまり人間は、おだて上げられて自負心を高揚させられるとき、公益のためにもっとも効果的に自己抑制を行う、というのである。

はじめて人間に欲望を抑止させ、いちばんなじんだ性向をもしずめさせたのは、異端宗教とか偶像崇拝的な迷信といったようなものではなくて、用心深い政治家たちの巧みな管理(the skillful Management of wary Politicians)であった、ということは明らかである。そして、人間本性をよく調べてみればみるほど、美徳とは追従が自負に生ませた政治的な申し子である、とますます確信するであろう(1714, p. 51/46)。

自己抑制とは、この場合、自負心の情念によって他の情念を抑制することである。華美な凱旋式、壮大な記念碑や弓形門、戦功に与えられた名誉、生還者に対する公の賛辞などのような、ギリシャ帝国やローマ帝国において見られた自負心を煽り立てる手段(「政治家たちの巧みな管理」)こそが、自己抑制を「極点」にまで至らせるのである。

言うまでもなく、ここに見られる外見的な徳は自己愛や自負心の結果であり、いわば悪徳の偽装にすぎないから、真の徳とは言えない。彼は「人間はその行為から生じる結果によって判断されるべきではなく、事実それ自体、また行為の原因と思われる動機によって判断されるべきである」(1714, p. 87/82)と述べているが、そうだとすればなおのこと、そのような擬似的な徳は社会的に有用であっても、しかし到底、真の道徳性を獲得することはできない。こうして、スミスが「危険な傾向を持つ」と批判したマンデヴィルの学説は、彼が言うように、確かに「悪徳と徳との区別をまったくとりさる」(Smith, 1759, p. 545/386) ものであった。ただし注意を要するが、マンデヴィルはシビック的徳やキリスト教の愛徳の観念それ自体を偽りであると述べているわけでは決してない。要するに、「真の徳」は堕落した人間には求めがたいのである。[20]

マンデヴィルは、自負心の対極の情念である恥辱もまた同じ機能を果たすことに注目している。人は他人の称賛を求める自負心から自己抑制に至るのと同じように、恥辱という苦痛を回避するためならどのような強力な情念をも克服する。自負心は追従によっておだてられ、恥辱は恐怖感によって強められる。いずれの情念も他者の眼差しへの「異常な関心」に発するが、この二つの情念に「ほとんどの［偽りの］美徳の種子」が含まれている (1714, p. 67/62) と彼は言う。例えば、名誉がそうである。名誉は恥辱の恐怖と裏腹の関係にあり、「真の徳または真の宗教のいずれの原理にも基礎を置いていないことは……明白である」(1729, p. 124/135)。ほかにも、「情念によって偽装されないような仁愛や善意、優しい性質や社会的な徳など存在しない。要するに、人間の肉体や精神に可能なことで、情念のなすところとは思えないような善行や悪行などは存在しない」(1729, p. 101/109) のである。

自負心や恥辱の情念によって排他的で自己拡張的なより危険な情念が抑制され、そこにある種の欺瞞的な道徳的秩序が成立する。ただし、情念によって情念を抑制するとは言うものの、実際には「礼儀作法 (Manners)」という欺瞞的制度に即して、情念を隠すだけで十分であると彼は言う。「他人の自負心と利己心 (Selfishness) を

(20) James (1975), p. 57 をも参照されたい。

満足させ、自分の自負心と利己心は分別をもって巧妙に隠すという教訓と手本によって獲得された上流の人々の習慣」をみれば分かる、というわけである（1714, p. 77/71）[21]。ここにフランスの新思潮の影響が顕著に現れている。彼がこの文脈で「よい作法（Manners）はすべて他人の自負心を満足させて自分の自負心を隠すことにある」（1729, p. 108/117）と述べるとき、ラ・ロシュフコーを思わせるし、同じく自己愛の偽装という欺瞞のメカニズムに着目したニコルとの類似性は疑いようがない。ニコルもまた、苦痛を回避しようとする自己愛の心理的抑制作用に目を向け、エゴイスティックで堕落した人間は他者の視線を意識することで自己愛の強い発露を抑制しうるとし、さらに自己愛の隠蔽装置としての「礼節」の機能に注目していた。マンデヴィルによれば、このようにして成立する偽りの道徳は常に相対的である。「いわゆる美しいものは国民や時代のさまざまな好みに応じて変わる」（1714, p. 328/301）ように、「道義においても、より大きな確実性などはない」（1714, p. 330/303）からである。ロック的な経験主義的認識論の立場がここによく現れている。

このように、マンデヴィルは世間で徳と見なされているものは、大抵の場合、利己的な本当の動機が隠蔽された偽りの徳にすぎないとして、その欺瞞性を暴露するとともに、しかしこの偽りの徳が一定の秩序維持機能を担いうることを示した。また他方では、すでに見たように、この自己愛・利己的情念に発する人間の諸欲求こそは、欲求の体系としての社会を高度化させていく原動力であり、「人間の本性の衝動」に従い、「公共のことは考慮せずに何であれ自分の欲望を満たすために行われる」（1714, p. 48/44）悪徳的行為こそが社会の繁栄の原因であった。以上のように、公益よりも私益を優先する自己愛・利己的情念が、道徳と経済の両面で社会を支えているのである。まさしく私悪が公益をもたらす。それゆえ彼にとっては、文明の果実を享受しながら、シビック的徳やキリスト教の愛徳を求めてモラルの退廃を非難する道徳家や宗教家は自家撞着に陥っているというほかない。アウグスティヌス主義の呪縛とは無縁のスミスは、「あらゆる情念を、いかなる程度においてもいかなる方向においても、まったく悪徳なものとして描いていることは、マンデヴィル博士の本の大きな誤謬である」（Smith, 1759, p. 553/392）と批判したが、逆に言えば、マンデヴィルの所説を特徴づけているその徹底性や非妥協性は、まさにそのような呪縛に起因しているとも言えよう。

ただし、マンデヴィルはこのような逆説的な人間と社会のあり方を必ずしも称揚しているわけではないことに注意を要する。一方で、彼は「悪徳と快楽の愚かしさ、世俗的な偉大さの空虚さ」（1729, p. 102/112）に注意を喚起するとともに、次のような屈折した思いを述べているからである。

> 第一に、……大部分の人々が望み願っている国民の幸福とは、富と力、栄光と世俗的な偉大さであり、国内では安楽に裕福に豪華に暮らすこと、国外では、畏怖され、歓心を得ようとされ、尊敬されることである。第二に、このような幸福は、強欲、乱費、自負心、羨望、野心そしてそのほかの悪徳がなければ達成できないということである。後者については矛盾なく立証されたので、問題はそれが正しいかどうかではなく、この幸福が、それが実現される唯一の仕方で手に入れるに値するかどうか、そして国民の大半が悪徳でなければ享受できないようなものを希求すべきかどうか、である（1729, pp. 106–7/116）。

エピクロス主義にシンパシーを感じながらも、他方でアウグスティヌス主義の人間理解に立脚するがゆえのマンデヴィルのシニシズムがここに滲み出ている。[22] このように彼の立場は、いわばシニックなエピクロス主義と

（21）マンデヴィルはまた「作法」とともに「上品さ（Politeness）」にも着目している（「自己愛によって引き起こされる動揺や不安は、結局、いわゆる作法や上品さを生み出さざるをえない」1729, p. 138/150）。

（22）ホーンは「マンデヴィルは堕落した状態の人間を完全に承認し、喜んでそれを受け容れたのである」（Horne 1978, p. 23/33）とするが、疑問である。これに対し、ジェームズは、「マンデヴィルは彼の仲間のプロテスタントのベールよりもは

でもいうべき、ある種の撞着を孕んだものであったのである。

ところで、彼がたびたび論及しているように、人々を偽りの徳へと誘い、欲求の体系に道徳の面から安定性を与えるべく図るのは、「政治」の役割である（「社会という実に麗しい機構の助けによって、最も卑しむべき部分からもたらされる政治的な知恵の驚くべき力……」1714, p. 6/5）。マンデヴィルの逆説の意味を理解する上で、彼が「政治」ないし「政治的秩序」の役割をどのように考えたかを理解することは重要であるが、これについては後で論じることにし、次に、これまでみてきた彼の欲求の論理や「欲求の体系」の構想は、どのような経済学の認識と繋がっているかを見てみよう。

（4）消費と倹約

見てきたように、私悪の公益への転化は、自己愛・利己的情念による欺瞞的な道徳的秩序と、欲求と労働の二重のシステムからなる経済的秩序（「欲求の体系」）を通じてもたらされる。このことは、さらに消費・消費欲求の主導性に着目する彼の経済認識によって、いわば経済学的に論証されていく。

マンデヴィルは「いちばんの悪者さえ公益のために何か役に立つことをした」という逆説めいた自分の説明を理解するために、「物の消費に目をむけるよう読者に望みたい」（1714, p. 86/81）として、「欲求の体系」を支えているのは、消費あるいは消費による貨幣の流通（消費循環）であることを強調している。例えば、たとえ強盗、泥棒、追いはぎ、掏摸などの犯罪によって得た貨幣であっても、その支出が、順次、人々の収入を生じさせ、さらには大勢の貧しい人々に労働機会を与えてその生活を支える。

泥棒や掏摸は生計のために盗みをはたらく、……どのようにしてお金を手に入れたかを知りながら、連中をもてなしてお金を取る飲食店主は、ほとんどそのお客と変わりのない大悪党である。しかし、彼が連中からうまく巻き上げ、自分の仕事に注意を払い、抜け目のない人間であるなら、お金を儲け、そして自分が相手にする連中にはきちんと対応するであろう。つまり……主人［相手］が望むどんなビールでも食卓に出し、その愛顧を失わないように注意する。その男のお金が本物であるかぎり、それを誰から手に入れたのかなどと吟味するのは、自分の仕事ではないと考えている。[23]……かなりの獲物に出くわした追いはぎが、貧しい売春婦と思われる女に、頭のてっぺんから足のつま先まで新調できるように一〇ポンドをやる。……女は靴と靴下、手袋、コルセットを手に入れなければならない、また婦人服裁断師、お針子、リンネル商人はみな女から少し儲けなければならない、そして女がお金を投じる者たちに頼って商売している多くのさまざまな小売商は、一ヶ月もしないうちに女のお金の一部に触れるかもしれない（1714, pp. 87–88/82–83）。

こうして、消費を通じて、「実に多くのところで悪から善が生じて増殖するのを見受ける」（1714, p. 91/86）ことができる。すでに見たように、境遇改善欲求を含めて人間の諸欲求こそが社会のダイナミズムを導く原動力であったが、この欲求の発露とは、「美しい装飾品、衣服、家具、馬車、家屋そして目上の人たちが享受するものすべて」を享有・享受すること、すなわち消費することにほかならない。「欲求の体系」を根底から支えているのは、このような人々の消費・消費欲求であり、それゆえ社会の生産と流通のシステムが維持されるためには、お金の出所はどうであれ、消費欲求を満たすために旺盛な支出が行われ、貨幣の循環的流通が順調に

るかに世俗的であるが、世俗の道徳性に関して彼を心安らかにはしない良心によって依然として苦しめられている」（James 1975, p. 56）、と述べている。

（23）第一章で見たように、ペローは、この強欲な「飲食店主」のモデルはピエール・ニコルの言う貪欲に駆り立てられて旅人の面倒をみる「宿屋の主人」であるとし、しかもニコルが用いたこの例は一方でボワギルベールの「居酒屋」の例に受け継がれたと考えた（Perrot 1984, pp. 344–45）。

持続しなければならない。したがって、もし消費・消費欲求の減退によってこの循環が収縮すれば、このシステムは立ち行かなくなる。

……ぶどう酒を必要な者しか飲まないとか、誰も健康が求める以上は飲まないとすれば、この繁栄する都市ロンドンで壮観を呈しているあの大勢のぶどう酒商人、ぶどう酒卸商、ぶどう酒屋などは、惨めな状態になるであろう。同じことは、あまたの悪徳に直接仕えるトランプ製作者や骰子製作者についてだけでなく、呉服屋、家具商、仕立屋、そのほか多くの者についてもいえる、彼らは自負と奢侈が国内からただちに追い払われるならば、半年で餓死してしまうことだろう(1714, p. 85/80)。

ここに「欲求の社会」としての近代社会の一本質が消費の視点から見事に捉えられている。マンデヴィルは、経済理論としての洗練の度合いは別にして、消費が減退すれば、経済はデフレスパイラル・螺旋的な収縮過程(「雪だるま式に悪化」)に陥ると考えたボワギルベールと同じ地平にいると言ってよい。生産に対する消費・消費欲求の規定性を強調するこのような消費主導論が、彼らの功利主義的な人間と社会の見方と密接に関係していることは言うまでもない。彼らは、快楽を求め、消費欲求の充足を求めることは人間の普遍的本性に属すると考え、この消費・消費欲求を、人間の功利的行動によって形成される「欲求の社会」の重要な構成原理とみなして、消費主導の経済ビジョンを描くのである。このような消費主導論は、消費欲求の本源性への認識を経済学の生成の条件として重視するわれわれの見方からすれば、画期的な意義を持っていたと言うことができる(24)。

ボワギルベールが道徳の問題を埒外に置いて、もっぱら経済学の観点から注目すべき消費主導論(有効需要の経済学)を展開したのに対して、マンデヴィルは人間本性の心理学的分析を消費行動にも適用し、むしろ心理学的、社会学的な興味深い消費理論を述べている。マンデヴィルは消費欲求の源泉は、自分を過大評価しようとする自負心や虚栄心にあると考える。それ自体は悪徳であって人々の嫌悪の対象であるが、しかしこの自負心や虚栄心が消費欲求を刺激し、社会の繁栄の原因となる。彼は言う、「この時代の罪深い国家にあって、自負と奢侈は交易を大いに促進させる」(1714, p. 124/114)、もしも自負心という悪徳がなければ、人はどうして必要以上の洋服を作ることがあろうか、隣人を出し抜いてまで美しい衣服を買ったりしない黄金時代では、「その結果、消費は今の半分、雇われる人も三分の一もいないであろう」(1714, p. 126/116)。このような自負心や虚

(24) フンデルトは、ローゼンバーグ(Rosenberg 1963)やゴールドスミス(Goldsmith 1985)などの経済学史家のマンデヴィル研究が古典派経済学の言語を用いて、マンデヴィルに投資と貯蓄のプロセスに関する認識を見出すなど、無理な復古的な解釈を行っていると批判し、マンデヴィルの経済学の議論の重要性を過大評価しないように注意を喚起している(Hundert 1994, p. 187)。同じような指摘は他でも見られる。例えば、高濱(1989)は『寓話』の政治的側面に光を当てることで経済学者マンデヴィルという捉え方に修正を迫っているし、またシュナイダー(Schneider 1987)は、とくに現代社会学の知見に照らして社会学者マンデヴィルの側面を強調している。スミスやイギリス古典派経済学を評価基準にして判断するとき、フンデルトなどの指摘は間違っていない。しかし、経済学の生成史において消費・消費欲求の本源性に関する認識を重視するわれわれの視点からみれば、ここに見られるマンデヴィルの認識は、画期的な意義を持つ。ワンベックもマンデヴィルの消費理論の重要性を指摘し、彼の思想の経済学的な意義を軽視してはならないと、フンデルトに反論している(Wahnbaeck 2004, p. 24)。なお、周知のように、ケインズは『一般理論』において「失業の弊害を……消費性向の不十分さに帰せしめる」(Keynes 1936、三五九頁)過少消費論者としてのマンデヴィルに注目し、「バーボンの意見が一般に知られるようになったのは、主としてバーナード・マンデヴィルの『蜂の寓話』によってであった」(三六〇頁)と述べている。ただしマンデヴィルは、その後のマルサスなどとは違って、過度の資本蓄積による供給過剰への懸念から消費・消費欲求の意義を説いたわけではない。マンデヴィルの消費主導論は、基本的には、人間を自己愛や自愛心に導かれる欲求の主体と捉え、社会を「欲求の体系」と見るその社会認識に由来する。

栄心に発する消費とは、顕示的消費にほかならない。

誰も自分のことを知らないところでは服装などの外見で人物が評価される、

> われわれはそれらの高価さによって彼らの富を判断し、それらの誂え方によって彼らの思慮を推し量る。わずかでも自分の価値を意識している者なら誰でも、なんとかして可能ならば、身分を越えた服を着るように促されるのは、このためである。人口の多い大都市ではとくにそうであり、そこでは、名もない人々が、知り合い一人に対して見知らぬ者五〇人の割合でたえず出会い、したがって大勢の人々からその素性によってではなくその外見によって評価されるという喜びをもつことができる（1714, pp. 127–28/117）。

こうして消費は社会的な身分や地位を表示・誇示する手段となる。そして、そのような社会的差別化を求める自負心や虚栄心は、他方で「羨望」の情念に駆り立てられて消費競争を惹起する。「われわれはみな高望みをし、なんらかの意味でわれわれにまさっている人々をできるだけ速やかに模倣しようと努める」。すなわち、

> 強くて衛生的なフライズを蔑んで着ようとしない教区でいちばん貧しい人夫の妻は、ほとんど役に立たない中古のガウンとスカートを買おうとして、自分と夫を半ば飢えさせるであろう……。織り屋、靴屋、仕立屋、床屋、そしてあらゆる卑しい労働者は、わずかなお金でやっていけるのに、無分別にも最初に得たお金で資産家の商人のような衣服をまとう。……薬種屋、呉服屋、服地屋、およびそのほか信用のある店主たちは、自分たちと貿易商との間の違いを認めることができず、それゆえ、貿易商のような身なりをし、同じような暮らしをする。そのような卑しい連中の厚かましさに耐えられない貿易商の夫人は、町の反対側に避難し、そこにみられる流行のほかは追うことを潔しとしない。……同じような競争がいくつかの階層の間で続けられ、信じられないほどの出費が行われるまでになる、そして最後には、君主のお気に入りやいちばん身分の高い人たちは、目下の者どもにまさるすべがほかにのこされていないため、派手な馬車

や、素晴らしい家具や、贅沢な庭園や、豪壮な邸宅に莫大な財産を注ぎこまなければならなくなる（1714, p. 129/118–119）。

よく知られているように、S・ヴェブレンやG・ジンメルは一九世紀末の高度消費社会を眼前にして、消費を、社会的地位を表示・誇示する手段として捉えるなど消費の社会性に注目したが、彼らより二〇〇年近くも前のマンデヴィルが述べているのも、基本的にはまったく同じことである。前にみたようにマンデヴィルは、人間の内奥から発する欲求充足への希求それ自体に着目し、その延長上で、他者との差別化を求める自愛心の発露として消費・消費欲求の本源性を論じたから、むしろマンデヴィルの方が、議論がいっそう本質的である。この点は、同じく虚栄心（他者の視線の意識）に駆られて消費競争に邁進する人間の姿を捉えたバーボンやノースと比べてもそうである。

マンデヴィルによれば、羨望に基づくこの消費競争は、心中深くから生じる精神の高揚や満足を求める人間の本源的欲求に由来するから、果てしがない。こうして、一段階上の階層の生活スタイルを模範として消費水準の上昇を志向する意欲（＝主体的要因）と、対人関係のなかで際限なく変化し拡大する消費需要（＝客体的要因）とに導かれて、社会の構成はどこまでも高度化していく。

新しい流行を創りあげたり古いものを創りかえたりして、流行がさまざまに移り変わったあとでも、創意ある者にはなおその上のもの（a plus ultra）がまだ残されているのは、このような競争心と、お互いに負けまいとする持続的な努力のおかげである。貧乏人を仕事につかせ、精励に拍車をかけ、腕のよい職人をいっそうの改善を求めて駆り立てるのはこれであり、少なくともこの結果による（1714, p. 130/119）。

このように社会的な性格をも付与された消費・消費欲求こそは、「欲求の体系」としてのマンデヴィルの社会を動かす根本的な動因であった。したがって、すでに見たように消費・消費欲求が抑制されれば、欲求の体系の上部構造をなす生産と流通のシステムは立ち行かなくなるが、彼はそのような阻害要因として、とくに「倹約」を槍玉にあげている。

強欲（獲得欲や所有欲）は放蕩や浪費と一見対立するようにみえるが、それらが消費を目的とするかぎり、貨幣をため込むだけの吝嗇とは異なって、両者は矛盾しない。このとき「強欲は放蕩の奴隷」にほかならないからである。このように獲得欲や所有欲を浪費と結びつける一方で、彼はそれらと倹約とを峻別する。倹約は貧困の別名であり、強いられた制欲の結果にすぎないからである（「国民の窮乏なくして国民の倹約は絶対になかったし、また今後もないであろう」1714, p. 251/230）。

倹約（frugality）は正直と同じで、みすぼらしくひもじい徳であり、平穏であるためには貧乏にも甘んじる善良で温和な人間からなる小さな社会にのみふさわしいものである。……それは人を雇わない無益で夢想にふける徳であり、したがって、あれこれの仕方で仕事をさせなければならない大勢の者がいる商業国では、役に立たない。放蕩には、人々をじっとすわらせておかない実に多くの工夫があるが、それは倹約には思いもよらないものである（1714, pp. 104–5/98–9）。

また、彼は「個々の家族が繁栄するための手段や、その福祉ならびに真の幸福をもたらすものすべてが、社会全体に対しても同じ結果をもたらすに違いない」と考えるのは間違っているとして（1714, pp. 354–55/326）、いわゆる「合成の誤謬」に論及している。明示的ではないが、彼はこのときいわゆる「倹約のパラドックス」を念頭に置いていたと見ることができる。倹約は個々の家計には有効であっても社会的には消費購買力の減退を意味するから、放蕩や奢侈に浸っていた人々が質素・倹約に努めるようになれば、彼らに養われていた多くの職業が甚大な影響を受けることになる（1714, p. 223/204）。のちにチュルゴやスミスは生産の内在的条件に着目して節約による資本蓄積の重要性を論じたが、マンデヴィルはその可能性をまったく視野に捉えていない。経済の成長や繁栄にとって重要なのは奢侈か節約（倹約）か、という問題は、とくに重農主義の登場以降に重要な論点となるが、「欲求の体系」を購買力の連鎖として捉えるマンデヴィルにとって、倹約は購買力を減退させ、この体系を支える貨幣の循環的流通を阻害する要因にすぎなかったのである。

（5）奢　侈

以上のような社会学的、経済学的な消費主導論は、奢侈の論点に収斂し、奢侈容認論として表明される。周知のように、これによってマンデヴィルは、啓蒙期の一八世紀ヨーロッパの思想界を巻き込む大論争を惹起することになる。彼の奢侈容認論がこれほど大きな影響力を持ちえた理由は、何より、奢侈の是非を問うことのうちに、文明、商業、富、習俗、道徳などをめぐる諸問題が集約されていたから、それ自体、社会の大きな変容と価値規範の転換をどのように評価するか、という近代の知の営み全般にかかわるきわめて本質的な問題にかかわっていたこと、さらには彼が呈示した刺激的な逆説が呼び起こした一大センセーションが人々の注意を大いに喚起したことにある。これらが相俟って、多くの著作家が、奢侈の是非の論点を通じて文明の現況に対する態度表明を迫られることになった。

マンデヴィルは、奢侈を「厳格に」定義して、自己保存に最低限必要なもの以外のものはすべて奢侈である、とすべきであると言う。そうであれば裸の未開人の生活様式を含めて、ほとんどすべての欲求や消費は奢侈ということになる（1714, p. 107/101）。要するに、「原始的な質朴さから離れるに応じてそれだけ奢侈の名に値するようになり、逆の場合はそれだけ奢侈の名に値しない」（1714, p. 169/155）ということである。奢侈の名に値する程度は時間と空間あるいは社会階層に応じて相対的であるから、「かつては奢侈が生み出すとみなされた多くの事物が、今では一般の慈善の対象になるほどひどく貧しい人々にすら与えられている」(*ibid.*)、あるいは「ある階層の人々には余分だと言われるものも、さらに身分の高い人々には必要だと考えられている」(1714, p. 108/102)。消費水準が時間とともに全般的に高まっていくとき、各階層は階段を一段ずつのぼるように消費水準を高めていく。このとき、それぞれの階層においてそれまで余分・過剰であったものが必要に変わるが、しかしそれにしても社会階層ごとの消費水準の序列は厳然と存在し続けるから、社会階層に応じて相対的ながら、常に、新たな必要の水準に対応して新たな余分・過剰の領域が立ち現れるのである。

ここには二つの奢侈の観念が含まれている。「原始的な質朴さ」からますます遠ざかりつつも次第に奢侈が奢侈としては陳腐化し、したがって奢侈といいながら、結果的に、一般的かつ個別的な消費水準の向上を意味するにすぎない場合と、新たな必要の水準に対する相対的な余分・過剰としての奢侈を意味する場合とである。いずれにせよ、実現された消費水準はやがて陳腐化するから、このことに対応して人々は眼前の新たな余分・過剰としての奢侈を常に求め続けることになる。前述の、羨望に基づく果てしのない消費競争は、このような、より高い水準を求め続ける奢侈の欲求によって導かれていくのである。

以上の奢侈の観念に基づいてマンデヴィルは奢侈批判の論点を整理し、これに反論を加えていく。彼が挙げる奢侈批判の論拠は、一、外国からの奢侈品の輸入により貿易バランスの逆調を招く、二、強欲と強奪の風潮が広まり、信頼のある公職でも金銭で売買され、公共に仕えるべき大臣たちが腐敗し、「国は最も多くお金を出す者に売り渡される危険にたえずさらされる」ことになる、三、奢侈は国民を柔弱にするから国家は侵略者の餌食になる、以上の三点である。これに対し、彼は奢侈のせいにされているこれらの事柄は悪政の結果にすぎず、「すぐれた政治家の巧妙な管理」によってそのような状況に陥ることを防ぐことができるとし、とくに第一の論点とかかわって、「全般的な貿易差額に監視の目を注ぎ、……輸入額が決して輸出額を越えないのであれば、どんな国家でも外来の奢侈のせいで窮乏することなどありえない」(1714, p. 116/106) と反論している。また第三の論点に関しては、洗練された生活それ自体が人々を柔弱にするわけではないこと (「最も大きな過度の奢侈は、建築、家具、馬車、衣服に示される、清潔なリンネルはフランネルと同様に人間を弱くしない」1714, p. 119/108)、そして、たとえ「あらゆる大国の貴顕や金持ちが浸っている安楽や快楽は、彼らを困難に耐え、戦争の苦労を忍ぶのに適さない人間にする」と仮定したとしても、「個人的に被る戦争の苦難や労苦は、あらゆる事柄の矢面に立つ人々、国民のなかで最も卑しい貧民、奴隷のようにあくせく働く人々の上にふりかかる」(1714, pp. 119–120/109) から、富者が浸る奢侈のせいで他国の侵略を許すようなことにはならないと答えている[25]。また、たとえ過剰な奢侈的消費によって破滅する人がいるとしても、だからと言って奢侈を非難するのは筋違いだと彼は言う。このような「色々な浮き沈みは、常に回転しながら全機構を動かす車輪を作り上げている」からである (1714, p. 250/229)。しかしながら、以上のマンデヴィルの奢侈容認論は自己矛盾を孕んだものであったことを指摘しておかねばならない。

彼は「絶対に破ってはならない」原則に基づいて、社会を構成する人々を「国家の豊饒や奢侈」を享受する富者 (消費者) と、それらを生み出す労働貧民 (生産者) とに分裂させ、「自負心や強欲の影響をめったに受けない」労働貧民を奢侈的欲求の主体から排除してしまうのである。原則とは何か。「貧民は厳しく仕事にしばりつけておくこと、かれらの困窮を救ってやるのは賢明だが、それを除くのは愚かであること、食料、したがっ

(25) ベリーは、ここに常備軍へのマンデヴィルの暗黙の賛同を見出し、この点でもマンデヴィルはダヴナントの言う「新ウィッグ主義」つまりアンチ・カントリー、アンチ・シビックの見方に連なっていると述べている (Berry 1994, p. 133)。

て労働を安くするために農業と漁業のあらゆる分野が促進されるべきこと」(1714, p. 248/227) である。労働者を困窮のままにとどめ置くべき理由は、労働者は容易に怠惰と快楽に傾き、「直接の必要性」に迫られたときにしか仕事をしないからである。

一人前の織り屋、仕立屋、織物職工、そのほか二〇種類もの手職人がいる、もしも一週間のうち四日の労働で食べていけるならば、五日働くように説得するのはほとんどできないであろう。……人間が怠惰と快楽に対してこのような異常な性癖を示すとき、直接の必要性に迫られた場合でなければ、彼らが仕事をすると考えるどんな理由があるだろうか (1714, p. 192/176)。

困窮しなければだれも仕事をしないであろう (1714, p. 287/262)。

労働貧民には奢侈の欲求は無縁で、境遇の改善は有害であり、低賃金こそが望ましい。こうして労働者の怠惰による自発的失業への懸念を根拠として、低賃金論が展開されることになる。

マンデヴィルは労働者に関する当時広くみられた固定観念に囚われているというほかないが、しかしこれによって彼の所説は重大な矛盾を抱え込むことになり、分裂的となる。なぜなら、マンデヴィルは、他方で、「境遇の改善への欲求」や、欲求を満たそうとする人間の「精励 (industry)」に例外はないと明言しているし (1729, p. 181/192–193)、自負心に消費欲求の源泉を求めるときには、「[祝祭日に] 流行の晴れ着をつけるほとんど最下層に属する大勢の人々」を例として取り上げているからである (1714, p. 128/117–18)。さらにすでに見た奢侈の相対性の議論によれば、相対的レベルで誰でも (「教区でいちばん貧しい人夫の妻」でさえ分不相応な) 奢侈を求めることができるはずである。また彼は「国民の大多数を贅沢にするには、国の生産高が人口に比してかなり多く、贅沢するものが安くなければならない」(1714, p. 183/167) と述べてもいる。それにもかかわらず、彼は「奢侈が王国の全土に普及すべきであるなどとは、私には想像もできなかった。……最高の奢侈がみられるのはきわめて人口の多い国だけ、しかもそこの上層部だけであって、より大きな割合を占めている多数の者は、すべてを支える基礎である最下層の者たち、つまり大勢の労働貧民でなければならない」（1714, p. 249/227–28）と明言するのである。

このように労働貧民は無知と困窮ゆえにのみ労働に励むとする固定観念を前提にするかぎり、「国民の大多数の贅沢」あるいは一般的な消費水準の向上を積極的に目指しうる論理の展開は完全に封じられてしまう。言い換えれば、国民の「より大きな割合を占めている多数の」労働貧民は生来、怠惰であって、しかも貧困を抜け出ることを決して許されないのであれば、欲求の充足を求める利己的情念が人間を勤勉と精励へと促し、社会の高度化を導いていくとする展望自体が閉ざされてしまうであろう。この意味で、結局、マンデヴィルの「欲求の体系」の構想は、ボワギルベールの場合と同様に、伝統的な労働者観や低賃金論の固定観念に妨げられて自己貫徹を遂げることができないのである[26]。

消費論にもこの矛盾が反映している。欲求と労働の二重のシステムからなる「欲求の体系」を支えているのは消費ないし消費循環（貨幣流通）であるが、このかぎりでは、消費の担い手は、彼が例示する犯罪者などを含めて支出を行うすべての人々であり、労働貧民は生産者としてばかりか消費者としても扱われている。ここで問題にされているのは、各階層の人々の相対的な奢侈の欲求に基づく消費需要が生み出す一般的な消費水準

（26）ホントは、フェヌロンと対比しつつ、マンデヴィルは奢侈があらゆる社会階層に普及することを望んだとし、このような大衆的な奢侈への政治的は着目こそは、オランダ由来の彼の「近代」共和主義の提唱者としての性格をよく表している、としている（Hont 2006, p. 395）。しかしマンデヴィルにおいて「国民の奢侈」の構想は彼の労働者への固定観念が隘路となって貫徹しえない。

である。しかし国民が富者・有閑者と労働貧民とに分裂するとき、労働貧民に仕事を与えるのは、「国家の豊穣や奢侈」を独占する富者の奢侈的消費にかぎられ、労働貧民はもっぱら生産主体として捉えられることになる。彼は「奴隷が認められていない自由国家において、最も確実な富は多数の勤勉な貧民にあることは明らかである。……この上なくみすぼらしい状況のもとで社会を幸福にし、人々を安楽にするためには、多数の彼らが貧しくかつ無知であることが必要である」(1714, pp. 287–88/263–64) とさえ述べている[27]。

このような労働者に関するマンデヴィルの固定観念は、他方で彼を慈善学校批判へと導く。貧民の子弟を対象に各地に設けられた慈善学校は風俗改善や信仰復興の運動と結びついていたが、彼によれば、それは労働の自然的配分を妨げ、救貧院や養老院と同様に人々の怠惰や無為を助長し、社会を維持する辛い労働に耐えうる労働者の不足を招来するにすぎない (1714, p. pp. 267/244)。イギリスには、河川や運河の開発、道路や橋の建設、土地の開墾や干拓など必要な仕事はいくらでもあるし、しかも多くの労働者を雇うのに十分な資金もある。不足しているのは、頑強かつ健康で、安楽とか怠惰に慣れておらず、生活必需品についてはすぐ満足するような大勢の無知な労働貧民である。それゆえ、彼らに知識を与える慈善学校は社会を維持するための条件を破壊してしまう、というのである。ただし、労働貧民の誰もが永遠に下層に固着し続けるとは考えられていない。なかには幸運な者もいるし、精励や勤勉によって成り上がる者がいる一方で、金持ちのなかには零落する者もいる。しかし、彼はこのような階層間の移動を伴いつつも労働配分には「一定の調和」が必要であるとし、この調和は「自然的な帰結」に任せておくとき、言い換えれば、慈善学校制度のような恣意がなければ、最も首尾よく維持されると述べている (「誰も干渉しないときほどうまくそれが達成されるとか、維持されることはない」1723, p. 353/373)。

（6）自生的秩序と政治

マンデヴィルの秩序論はいくつかの論理が錯綜していて、整合的な理解を許さないところがある。彼は私悪の公益への転換は無条件のものではなくて、そこに「政治（家）の巧みな管理」が介在しなければならないと度々述べている（「私悪は巧みな政治家の手際のよい管理によって公益に変えられよう」1714, p. 369/340）。しかしその一方で、彼は、慈善学校批判がそうであったように、「あらゆる商売の数についてのこうした釣合はおのずから見出されるのであり、誰も干渉とか口出しをしないときほどうまく維持されることはない」（1714, pp. 299–300/274）として、職業と職業の自然的均衡の可能性を論じているし、さらに「誰も流れを変えたり、または妨げたりしなければ、すべての大きな社会の本質（Nature）から自然に（spontaneously）流れてくる天恵を、恐らくは善意の人々の近視眼的な知恵が」われわれから奪ってしまう、と述べてもいる（1729, p. 353/373）。ここでは人為を排除したところに成立するある種の自然的な秩序が想定されていると言ってよい。全体として、彼は社会の構成原理あるいは私悪の公益への転換の条件をどのように考えていたであろうか。

社会を形成し、その秩序を維持するものは何か。すでに見たように、自己愛に発する自負心と恥辱の情念に基づく欺瞞的な道徳的秩序が強烈な利己的情念を抑制し、内面的な規制原理として一定の秩序維持機能を発揮する。このほか『蜂の寓話』で強調されているのは、恐怖をその本質とする「法」の強制力である。社会以前の未開状態はこの上なく満ち足りた幸福な人類の「黄金時代」であったが、社会状態への移行により、「人間

（27）一方で彼は、労働貧民の存在が必要であるとする議論とは別に、ルソーを思わせる言い方で、大衆の善性（隣人愛、精神の満足、無垢、誠実）に注目している（1714, p. 308/283）。

の自負に力をふるう余地ができ、羨望、強欲、野心が心を捉え始めるやいなや、人間は生来の無垢や愚鈍から呼び起こされる。知識が増すにともない欲望が大きくなり、欲求や渇望が多様化する」、しかし欲求は必ずしも満たされないから、人は失望から怒りをたぎらせる、そこで怒りを処罰の恐れによって制止するために法が制定され、まもなく人は自己保存のために怒りを消し去ることを教えられる、「人間が持っているうちで社会の平和と平穏に役立つただ一つの情念は恐れであり、その情念に働きかければ働きかけるほど、彼はそれだけ従順で抑制されるようになるであろう」(1714, p. 206/188–89)、という次第である。また『続・蜂の寓話』では、法の制定へと至る社会形成の三段階論が展開されている。

社会的結合への最初の動機は野獣に襲われる共通の危険によって与えられ(1729, p. 230/243)、社会への第二段階は人々がお互いに対して感じ取っている危険から生じる。共通の危険や敵に備えて異なる家族が共同生活を送るようになるが、共通の敵がいないとき人々は自負心と野心に駆り立てられ、集団のなかで、あるいは集団間で優越を求めて争うようになる。自負心や野心を抑止し、争いや不和をおさめるのに粗野な未開人が結ぶ契約や宗教は役に立たない。そこでさまざまな禁令や処罰が考え出されるが、このような経験と知識が口承によって伝えられるだけでは不安定だから、やがてこれらが法として成文化されるに至る。社会への最後の段階はこの成文化を可能にする文字の案出であるとされている(1729, pp. 266–69/281–84)。

今や、大勢の人々が政治体へと形成されるのを妨げうる大きな困難やおもな障害は取り除かれる。ひとたび人々が成文化された法に支配されるようになると、あとのことはすべて速やかに進む。今や、所有物、生命と手足の安全は保証されるだろう。このことは当然ながら、平和への愛を促し、それを広めるだろう。ひとたび平穏を享受し、誰も隣人を恐れる必要がなくなれば、どれほどの数の人間がいようとも、まもなく労働を分割し再分割することを覚えずにはいないだろう(1729, pp. 283–84/300)。

このように歴史的時間の経過とともに、自負心や野心を抑止する法の成文化によって人々の所有物や生命の安全を保証できるまでに政治的秩序が整うと、次には分業生産システムという経済的基盤が形作られていく(28)。

ところで、このような政治体の形成とその漸次的発展を導く動因もまた、人間の「心中の情念」であることに注目しておこう。

自己保存の追求に際して、人々は自分たちを安楽にしようとする不断の努力を露わに示し、それがいつのまにか彼らに、どんな非常事態にも災いを避けるように教える。そして人間がひとたび統治に甘んじ、法の抑制のもとで暮らすのに慣れたとき、彼らがともに交わるおかげで、いかに多くの有益な用心や方便や策略の実行を経験と模倣によって学ぶか、信じられないくらいだ。しかも彼らにそういう行動をさせている自然的な原因に気づかずにそうする。すなわち、それは、彼ら自身には分からないままその意志を支配し、その振る舞いを指図する心中の情念(the Passions within)である(1729, p. 139/150–51)。

政治的秩序は自己保存に向かう自己愛という「心中の情念」の指図に基づき、「経験と模倣」を通じて時間をかけて形成されるのである。このように、私悪が公益に転換するための基礎的条件としての諸制度(諸法規や諸規定)は歴史的時間を通じて形を整えていく。この次第は彼の「政治」の観念を吟味することによって、いっそう明確となる。

「徳とは追従が自負に生ませた政治的な申し子である」という言説が端的に示すように、人々を偽りの徳へ

---

(28) 高濱が指摘しているように、このような漸次的発展の観念は、礼儀作法の洗練や言語能力の発達を説明する場合にも適用されている(高濱 1989, 五三七頁)。

と誘い、欲求の体系に道徳の面から安定性を与えるべく図るのも、「政治」あるいは「政治家」の役割であった。このように政治ないし政治家は、政治的秩序だけでなく、道徳の側面においても社会を秩序立てる役割を担っている。社会を秩序立てるとは、いうまでもなく自己愛・自愛心の発露を政治と道徳の両面で制御することであり、その制御装置が「政治」ないし「政治家」の謂にほかならない。そしてこの制御装置は長年に及ぶ経験の蓄積の上に形作られる。彼は言う、「情念の真の利用法をみつけること、そして成員たちのあらゆる弱点を用いて集団全体に長所を加え、手際のよい管理によって私悪を公益に変える政治家を出現させることは、長い年月に及ぶ仕事」(1729, p. 319/338) である。言い換えれば、法や禁令や法令や制限によって社会に秩序をもたらす制度は、「幾時代かにわたる産物、共同作業」の所産であり、長い年月をかけて整備されてきた。その結果、今日では、「国内統治や、市民行政のあらゆる部門が、とても賢明に工夫」されているので、「中くらいの能力をもった人物なら誰でも (every Man of middling Capacity)」十分に維持することができる。あるいは、

> ひとたび法や法令が技巧や人間の知恵の及ぶかぎり完璧に仕上げられるとき、機構全体は、時計を巻く場合と同じくほとんど技量を必要とせずに、ひとりでに動かされるだろう。そしてたとえ賢人がいなくても、大都市の統治は、ひとたび立派な秩序ができあがると、行政官は直感に頼っているだけで、かなりのあいだ申し分なく進み続けるだろう (1729, p. 323/342)。

社会は人間の社交性から自然発生的に生まれるものでは決してない。自己保存の必要性が社会的結合を必然化し、統治や政治がこの結合を具現化する。いわば政治が社会を作るのであるが、しかしその過程は歴史的時間とともに進行する。例えば、彼は言う。自負心の自己抑制について「すべては熟慮なしに行われ、人々は非常に長い時間をかけて徐々に、いわばおのずから (spontaneously) このような事態となる」(1729, p. 139/150)。こ

うして、長期間にわたる試行錯誤のプロセスを経て「中くらいの能力」しか持たない人物でも統治できるほどに洗練された政治的諸制度・政治的秩序ができあがるのである。ここに、ハイエクが注目したところの[29]、ホッブズやロックの秩序論とは異なる秩序の自生的形成の構想をみることができよう。

この秩序は、ボワギルベールのそれのような、人間の利己心・自己愛の発露の結果として自動的に形成される自然的秩序ではないし、あらかじめ超越的、先験的に存在する予定調和的な秩序でもない。それは歴史の試練をくぐり抜け、経験の蓄積の上にできあがった人為的制度である。このような見解は、マンデヴィルの名誉革命体制擁護のウィッグ的な政治的スタンスと軌を一にするものであると言える。しかしながら、社会の構成原理あるいは自己愛の社会的な制御装置にかかわる以上の議論が、現実の政策的課題をめぐる議論にそのまま適用されるわけではないことに注意を要する。最後に、この点を検討しよう。

マンデヴィルが述べている現実に必要な政策課題は、すでに見た低賃金の実現を別にすれば、おもには輸出入規制と雇用の創出の二点である。輸出入規制については、輸出超過によって積極的に外国の貨幣を獲得するためではなく、すでに見たように、奢侈容認の立場から、差額が逆調にならない政策的配慮を求めるものにす

---

(29) ハイエクは言う、「マンデヴィルの関心が……、人々の異なる利害の一致をもたらす制度はいかにして成長するのか、という問題へますます向かって行ったのは驚くべきことではない。実際、だれか賢明な立法者の設計によるのではなく、試行錯誤の長い過程を通して法の発展を考える、こうした法の成長の理論は、諸制度の進化についてのいくつかの素描――その素描は『蜂の寓話』第二部を構成するかれの社会の起源の研究をきわめて注目すべき業績たらしめている――のうち、たぶんもっとも注目すべきものである」(Hayek 1967, 一一七頁)。ただし、ペッツウラは、マンデヴィルは社会の形成を理性によって導かれた累積的プロセスとして示しており、彼にとって社会制度は漸次的発展の所産であるとしても、それはまた意図的、人為的な構築でもあり、ハイエクの言う「自生的秩序」とは異なるとしている(Petsoulas 2001, p. 91)。

ぎなかった。「全般的な貿易差額に監視の目を注ぎ、……輸入額が決して輸出額を越えないのであれば、どんな国家でも外来の奢侈のせいで窮乏するなどありえない。そして奢侈を獲得すべき自国のファンドを比例的に増大させることができさえすれば、好きなように奢侈を増進させうるであろう」(1714, p. 116/106)、このために「すぐれた政治家なら巧妙な管理によって、ある財には重い税をかけ、あるいはそれを全廃し、また他の財の税金を引き下げて、貿易の進路をいつも好きなように変えたり導いたりする」(1714, p. 116/105–6)、という次第である。ただし、貿易は国家を強化する上でただ一つの必要条件というわけではない。彼は「世俗的な偉大さに至る術策」として、ほかに所有権の保全、適切な外交政策、信仰の自由、一定の政教分離をあげているが、経済の側面で、彼が最も重視したのが雇用機会の創出である。

> 国民を幸福にし、いわゆる繁栄させるための重要な方法は、すべての者に雇われる機会を与えることにある。［そのため、政府が留意すべきは］第一に、人間の知恵で考え出せるかぎり多くの製造業、技芸、手工業を促進すること、第二に、……農業や漁業を奨励すること。……国民の偉大さと至福が期待されるべきは、こうした政策からであって、浪費や倹約についてのつまらない規制からではない――そのようなものは、国民の境遇に従っておのずから定まっていくであろう。……たとえ金銀の価値が上がろうと下がろうと、あらゆる社会の享楽は、大地の果実と国民の労働に依存するであろう(1714, p. 197/180)。

こうして、「彼ら［貧しい人々］の大部分に仕事を与えることがあらゆる立法府の最大の関心事となる」(1714, p. 358/330)。

道徳的・政治的秩序は歴史的時間を通じて自然と形を整えていく。そしてそのような抑制装置の制約の下ではあるが、自己愛・利己心の自由は結果として社会の繁栄をもたらす。すなわち、人間の本源的欲求に発する利己的情念は、偽善的な道徳的秩序すなわち自己愛の偽装という欺瞞のメカニズムによって、また法的・政治的な人為的諸制度によってその強い発露を抑止されつつ、人間を勤勉と精励へと促し、社会の高度化と繁栄を導いていくのである。このようにして私悪が公益に転換する。彼が職業間の自然的均衡や「すべての大きな社会の本質から自然に流れてくる天恵」について言及するとき、そのような調和的な展望が想定されていたと考えてよいであろう。しかし他方で、彼は上述のように雇用機会の創出のため、「製造業、技芸、手工業を促進し「農業や漁業を奨励」することを政府に求めている。国際的な政治・経済情勢にも規定される現実の場面では、文字通り「すぐれた政治家の巧妙な管理」が必要なのであって、この局面では、政治家の能力が「中くらい」では心許ないことになろう。彼は政策論を詳細に述べたわけではなかったから、その具体的内容は不分明であるが、それにしても、この現実の局面において政府の役割は小さくない。また、ここでは製造業や農業はおのずから成長するのではなく、成長を促すための賢明な政策が必要であるとされるが、これは、明らかに、前に見た「あらゆる商売の数についてのこうした釣合はおのずからみいだされる」とする職業間の自然的均衡の考え方に抵触する。

これまでも指摘されてきたように、マンデヴィルの論説には、スミスに繋がっていく自由主義的な側面と（ただし市場機構の認識はみられない）、政府・政治家の関与の必要性を強調するいわゆる重商主義的な側面が混在し、矛盾をはらんでもいる。しかし、重商主義からスミスへという学説の「発展」を前提とする二項対立的な図式を評価基準にして、その図式に当て嵌めるだけでは、マンデヴィルの論説の歴史的意義を捉えることはできないであろう。彼は労働の自然的配分を妨げることを一つの理由にして慈善学校を批判したが、しかしそのような批判の前提には労働者の怠惰による自発的失業を恐れる彼の固定観念があったように、自由主義的な側面といっても必ずしもスミス的なそれではない。また彼が求めた輸出入規制は、輸出超過によって積極的に外国の貨幣を獲得するためではなく、奢侈容認の立場から、差額が逆調にならない政策的配慮を求めたものにすぎず、必ずしも重商主義的な論理には基づいていない。マンデヴィルの論説に即してとりあえず言えることは、法的・政治的な人為的諸制度や政治的秩序は、権力の直接的な介入によってではなく、「幾時代かにわたる産物、共同作業」の所産として歴史的時間を通じて自生的に形成されるが、しかし他方で、そのような試行錯誤の歴史的プロセスのいわば最前線に位置する現実の状況は、時と所に応じて異なる諸条件に規定されるから、その諸条件に応じて国家の繁栄に必要なさまざまな人為がなされねばならない、ということである。

田中敏弘はマンデヴィルの歴史的意義に関して、「政治体の形成とともに分業により労働生産力は増大し、あらゆる技芸と科学は進歩し、生活の安楽品は倍加し、社会の福祉は促進される。ここにおいて、マンデヴィルは、ホッブズ、ロック流の政治体形成論からさらに一歩を踏み出し、経済社会への下降を決定的に方向付けているといいうる。しかも、分業労働という生産過程に下降し、これを市民社会の根本的な特徴として捉えているのは、とくに注目に値する」（田中 1966, 一三五頁）と適切に評価した。われわれはさらに、マンデヴィルが、このような「市民社会の根本的特徴」を規定するより本質的な原理に着目し、そこから自己愛に基づく道徳的秩序や欲求の体系の構想、奢侈容認論、さらには消費主導論などを紡ぎ出していった点に注目した。われわれの関心から言えば、経済学の生成史の上で注目すべき貢献を見出すことができるのは、むしろマンデヴィルのこの側面である。ではマンデヴィルのこの側面はその後どのように受け継がれていくであろうか。

第三節　『カトーの手紙』とデフォー

周知のように『蜂の寓話』は一七二三年の増補版によって一挙に世間の注目を集め、センセーショナルな喧騒を引き起こす。おもに、その版に含まれた「慈善と慈善学校についての試論」が大きな反発を招いたためである。ミドルセックス州大陪審によって宗教と美徳を貶めるものとして告発されたのを契機に、各方面から非難の嵐が巻き起こる。(30) 世俗的価値の広まりとともに生じた伝統的な価値規範の空洞化が問題視される状況にあって、マンデヴィルはその先鋭的な主張によって道徳的な評価基準の空白を衝いたのであったが、批判する側もまた、程度の差はあれ、新たな時代の新たな市民的倫理をいかに作り上げるかという共通の課題に向き合っていた。ラトゥーシュは「残されているのは、マンデヴィル自身の偽装理論に合致するように、この「世俗的価値の」選択に、皆が受け容れられる外観を与えるために道徳の虚飾をまとわせることだけである。ハチスン、ヒューム、スミスが成功裡に行うのもこのことである」(Latouche 2005, p. 173) と述べた。この評言はどれほど妥当であろうか。このことの検討を含めて、マンデヴィルを基準点に定め、その後の多様な思想的展開を跡づけるのは興味深い試みであるが、そのためには別の新たな論考が必要であろう。ポーコックは、イングランドは

(30) マンデヴィル批判の論陣を張った人物に、フランシス・ハチスン (Francis Hutcheson)、ジョージ・バークリ (George Berkeley) のほかに、ウイリアム・ロー (William Law)、ジョン・デニス (John Dennis)、リチャード・フィデス (Richard Fiddes)、ジョージ・ブリュエット (George Bluet)、ジョン・ソロルド (John Thorold) などがいる。批判に対するマンデヴィルの応答、さらにはヒュームやスミスのマンデヴィルへの言及も含めて、この「蜂の寓話論争」を彩った論者の諸論説は Stafford ed.(1997) にまとめて採録されている。なおフンデルトは、ローやブリュエットなどによる「これらの同じような『寓話』への攻撃のおもな狙いは、マンデヴィルの著述を、ベールや、文芸共和国のベールの仲間たちのいわゆる無神論や、最も卓越したジャンセニストの神学者たち —— 彼らの主要な著作は一八世紀の最初の一〇年間に英語に翻訳されていた —— のアウグスティヌス主義のリゴリズムと結びつけて、マンデヴィルの信用を貶めることであった」(Hundert 1994, p. 30) と述べている。

「『啓蒙』を必要としないほど近代的であり、近代性そのものとの争いにすでに携わっている」(Pocock 1975, 四一三頁）ことを強調したが、ここでは、この時代のイングランドの思想的カオス（「近代性そのものとの争い」）のなかで、マンデヴィルが指し示した方向性と重なるところのある『カトーの手紙』とデフォーに関して少し触れるにとどめたい。

マンデヴィルがそれらに向けてみずからの「弁明」（一七二四年）をしたためた「ミドルセックス州大陪審の告発」と「C閣下への誹謗の書簡」は、マンデヴィルと並んで、ジョン・トレンチャード（John Trenchard, 1662–1723）とトーマス・ゴードン（Thomas Gordon, c. 1695–1750）の共同執筆になる『カトーの手紙』（*Cato's Letters*, 1720～1723）[31]をも槍玉にあげていた。これらがおもに告発のターゲットにしたのは、マンデヴィルと『カトーの手紙』の慈善学校批判と聖職者批判であったから、彼らの共通性もまたこの点に見出されてきた。例えば、ディキンスンは、「マンデヴィルは、自分が、ウォルポールの最も辛辣な敵対者とくにトレンチャードやゴードンのようなラディカル・ウィッグと意見が同じであることが分かった。マンデヴィルの著作は、ラディカル・ウィッグの最も執拗な主題、すなわち聖職者の申し立てに対する彼らの攻撃と慈善学校運動への彼らの非難とに関して、この二人と響き合っていた」(Dikinson 1975, p. 94)、と述べている。

確かに『カトーの手紙』にマンデヴィルと同じ内容の慈善・慈善学校批判を見ることができる。慈善は一般に「怠惰を助長し、あるいは過去の無節制に報いる有害な寛大さ」にすぎず、慈善学校はその上、公共にとって脅威である、なぜなら、それはその勤労が国家の支えである日雇い労働者の数を減らし、富に何も加えず他人に依存して暮らす召使いなどを増やし、子供たちに生まれながらの生活状態を耐えがたいものに感じさせて必要な仕事を敬遠させてしまう、などの由々しき事態を招くからである。そして『カトーの手紙』は、マンデヴィルよりも踏み込んで、慈善学校運動を推進しているのは忠実なジャコバイトで狂信的な高教会派の人々であると明言し、その政治的意図は、この運動を通じてみずからへの信用を高め、逆に政府への不信を助長して子供たちとその親をみずからの陣営に組み入れることにあると見做して、彼らを激しく非難している（No. 133, 1723, pp. 918–25）。このような共通性が彼らの政治的立場に起因していることは明らかである。しかしながら、われわれにとっていっそう興味深いのは、『カトーの手紙』が「ホッブズ的な響き」（ポーコック）を感じさせるだけでなく、マンデヴィルやフランスの著作家と同じアウグスティヌス主義の悲観的な人間理解に立っているように見えることである。人間の利己的情念と徳との関係を論じたいくつかの論説によってそのことを明らかにしよう。

マンデヴィルは、人間は「諸情念の複合体」であると述べたが、『カトーの手紙』の基本認識も同じである。「この世界は情念によって統治されており、原理によってではない」（No. 44, 1721, p. 299）、人間のあらゆる行動の源泉は情念であり、しかも、あらゆる情念のなかで自己愛（self-love）がもっとも強く、自己愛こそは他のあらゆる情念の根本である、あるいはむしろすべての異なる情念は自己愛の作用に応じていくつかの名前で呼ば

（31）『カトーの手紙』は、一七二〇年の南海泡沫事件を直接のきっかけとして、週刊新聞の『ロンドン・ジャーナル』に掲載された一四四編の論説（一七二〇年から一七二三年まで）からなり、激しい政府批判で知られた。テキストは一七五五年の第六版の復刻版（一九九五年）を用いているが（Trenchard and Gordon 1755）、本文中では論説番号と初出年で示している。なお、『カトーの手紙』を取り巻く状況などに関して、詳しくは、この復刻版の編者のハモウィの Introduction を参照されたい。『カトーの手紙』を取り上げた邦語文献に、高濱（2006）がある。高濱は、「一見奇妙なこと」だとしながら、『カトーの手紙』が利己主義の心理学と無縁ではなく、「むしろ積極的に自己愛の働きに注目した点で、モラリストの伝統を汲んでいた」（五六頁）と述べている。ポーコックもまた「カトーの構想は決して農本的ユートピアを前提とするものではない」とした上で、『手紙』の言説に見られる「ホッブズ的な響き」に注目している（Pocock 1975, 四〇六–四〇八頁）。

れるにすぎない。自己愛とは、ロシュフコー伯爵によれば、自分を愛することであり、自分自身のために他のあらゆるものを愛することである、それは人間を自分自身の崇拝者にし、他人の暴君にする（No. 31, 1721, p. 222）。あるいは、「誰もが種の全体を愛する以上に自分自身を愛する、そして多かれ少なかれ彼が行う万事において自己中心的である」（No. 40, 1721, pp. 280–81）。そして、この自己愛こそはあらゆる悪の源泉であった。このように人間本性は歪んでおり堕落している、そのことをみせつけたのが南海泡沫事件であったとして、「誰もがみずから富を掴もうと他の人を罠に陥れ、破滅させようとした。誠実さはどなりつけられて隅へと追いやられた、博愛精神は消え失せた、友情はすべて廃棄され、親類縁者の別や血縁の結びつきでさえも放擲された。法外な利得を求める猛烈な情念が人間を例外なくきわめて無慈悲にした」（No. 31, p. 227）、と述べられている。

このように人間のあらゆる行為を導く内心の情念の根本は自己愛であり、あるいは自己愛に根ざす欲望である。例えば「宗教と欲望（appetites）とのほとんどあらゆる争いにおいて、勝利を収めるのは相変わらず自然の方である」（No. 44, p. 302）。このような人間理解に、マンデヴィルや一七世紀フランスのモラリストなどに見られたのと同じペシミズムを感じないわけにはいかない。ここでは善と悪もまた、内心の動機とは無関係に、自己愛に根ざす行為が結果的に他人ないし公共に対して善をなしたか悪をなしたかの違いにすぎない。すなわち「あらゆる人の行為の動機は内心からもたらされる、そして他人に及ぼすその影響に応じて善ないし悪と名付けられる、ときとして、誠実な人と悪漢との大きな違いは一つの気分あるいは偶然以上のものではない」（No. 40, 1721, p. 280）。

このようなペシミスティックな人間像が功利主義の人間像と裏腹の関係をなすのはマンデヴィルなどの場合と同じである。人間の行動原理は利益あるいは享楽であり（No. 44, p. 303）、公共精神も、今日では自己利益が公共的利益と一致するときにのみ発揮される。すなわち、自己犠牲をいとわず普遍的善・公共の利益を目指すという伝統的な公共精神のあり方は、「今の世代には英雄的すぎる」と思われている。なぜなら、今では誰でも自己利益や自分自身の幸福を考慮する権利や要求を持つことが了解されているからである。そこでそのような権利の行使が「結果として一般的福祉をもたらし、それと常に一致する」状況を作ることが肝要であり、この点で利益を求めることと名声を求めることが一致するようなあり方が望ましい。この点で言えば、みずからの誠実な、あるいは不誠実な振る舞いに対する世間の見方に無感覚であるとき、その人は真に反社会的となる(No. 35, 1721, p. 254)。こうして、人間に「哲学的な徳」など期待できないとなれば(No. 40, p. 282)、また善か悪かの結果を偶然に任せておく訳にもいかないとすれば、情念によって情念を抑止する、そのような情念の操作が何より肝要となる。統治の技術こそはこの情念の操作の術にほかならない(No. 39, 1721, p. 276)。

以上のように『カトーの手紙』には、マンデヴィルの言説を育んだのと同じコンテキストの影響が強く滲み出ているが、そのことは一面ではストア哲学批判という形で表出している。ストア派の人々は感覚的な苦痛と快楽に関して絶対的に無関心を貫くよう人々に教えたが、しかし、彼らの学説は有効でも実践的でもなかった。やがて、ストア哲学が教える欲望や感覚的享楽の放棄に、キリスト教が教える来世の報酬と恐怖の観念が合体して、ストア主義は影響力を強め、「貧困、苦難、悲惨、そして死それ自体でさえ彼らに好ませる」ことになったが、これはまさに人間的自然からの逸脱を強いるものであり、「情念を抑圧し、自然を抑制すること」にほかならない(No. 39, p. 274)。さらに人間の欲求の本源性を論じた次の言説は、このコンテキストの本質を突くことで、宗教的な軛から解き放たれた近代人の根源的あり様の一面を、あるいはむしろその悲劇性を見事に表現している。

人間の本性とはなんと怪物じみていることか、人間の最大の享楽は常に将来もたらされるべきものであるから、それゆえ、それがもたらされることは決してない。人間の満足はおそらく完全ではありえない、なぜならその最も高い目標はいつも将来に置かれているからである、……。われわれの最も大きな喜びは、存在しないものからもたらされる、われわれの享楽は偽りであり、われわれが手に入れる唯一の真の幸福は非実在に由来する。われわれは決して現在の状態に満足しない、……現在持っているものはわずかな喜びしか与えない、それがきわめて立派なものであっても、また手に入れることのできるもののうち最も立派なものであったとしてもそうである、唯一の、また最も価値があるのは、将来もたらされるべき喜びである。もしそのようなことが生じたとすれば、われわれは安楽になるだろうというとき、われわれは現在よりも安楽になるであろうということを意味しうるにすぎない、……そしてわれわれはその点でまたしばしば間違いを犯す、なぜなら新たな獲得は新たな欲求をもたらすし、想像上の欲求は現実の欲求と同じく刺激的だからである。したがって望みの果ては生存の果てに等しく、死のみがその欲望（appetites）を静止することができる（No. 40, p. 278）。

常に自己利益を追い求める功利的人間の織りなす社会はどこまでも拡張を続ける「欲求の社会」であるほかない、このような見方やそこに滲み出ているシニシズムはマンデヴィルのそれと同じである。さらに人間の欲求の本源性の認識という点でいえば、『カトーの手紙』は、これまでみてきたフランスの思想的展開と響き合っているばかりか、この世の至福は「満足した精神の平安」にあるのではなく「ある対象から他の対象への意欲の持続的な進行」にあるとし、しかもこの意欲は常に未来に向けて開かれていて「死においてのみ消滅する」(Hobbes, 1651, 一、一六八頁）と述べたホッブズの直系に位置している。また暮らしをよくしようという願いは「母親の胎内から生まれ出て墓場にはいるまで、われわれから決して離れることのない欲求なのである」(Smith 1776, I, p. 341/I, 354）という、よく知られたスミスの言説に繋がってもいる。

一方、デフォー（Daniel Defoe, 1660–1731）は、『イギリス経済の構図』（Defoe 1728）のなかで、おそらくマンデヴィルを念頭に置いて、「われわれの悪徳ははなはだ不幸にも、わが貿易の利益と離れがたく混じり合っているので、この問題について書いた最近の一著者がいみじくも述べたように、われわれの奢侈は経済界では美徳となり、われわれの贅沢は、わが貿易の生命であり魂なのである」(Defoe 1730, pp. 197–98/183)、と奢侈容認の議論を肯定的に評価している。経済的繁栄と風紀の紊乱がない交ぜになった変貌著しいイギリス社会の現況に対する認識も同じである。「イギリスでは国は広く、人口豊富で、豊かな上に稔りが多い。生活様式は鷹揚な上に贅沢で、虚栄的であるとともに濫費とさえ思われるほどに出費が多い。国民の気質は陽気な上に見栄っ張りで、悪徳にふけり、そして不節制に満ちている。そのあるものについては犯罪にすらなりかねないほどであり、またその度合いは、すべての面で極度に高まってきつつある」(p. 193/180)。デフォーは一方でピューリタンの禁欲倫理に忠実であろうとして「風俗改善運動」へのシンパシーを表明するが、他方で、現実主義者としての彼は、悪徳とはいえ奢侈・贅沢こそは「わが貿易の生命であり魂」であることを認めざるをえない[32]。天川潤次郎は、多面的な活動に彩られた才人デフォーの思想的軌跡を捉えて、「一八世紀初頭においてピューリタン倫理としての禁欲と経済的要請としての奢侈是認との間に、動きがとれなくなった当時の時代思想の矛盾と混乱」において、「デフォーは実にその縮図に外ならなかった」(天川 1963, 七三頁)と述べている。

ともあれデフォーのリアリズムは、マンデヴィルと同じく、イギリスの繁栄をもたらしこれを維持する動因

(32) デフォーは、『蜂の寓話』(一七一四年)の出版以前からすでに、彼の肝煎りで発行された *A Review of the Affairs of France* (後に *A Review of the State of the English (British) Nation* と改称, 1704. 2. 19～1713. 6. 11) 誌上で、悪徳に由来する奢侈がトレードや社会的繁栄の原因であると指摘するなど、マンデヴィルの逆説と類似した議論を展開していた。Moore (1975) および天川 (1963) を参照されたい。『レビュー』以前のデフォーが「商業の原理」の着想に至る思想的変遷のあり様について、林 (2012) が詳細に明らかにしている。鈴木 (2011) はデフォーの奢侈論を彼のジェントルマン論との関係で論じている。

としての消費・消費欲求の重要性を析出する。とくに彼が着目したのが国内消費であり、さらにはそれを支える大衆の消費であった。

あなた方の消費の大半を引き受けるのはまさにこの人々であり、土曜の夜おそくまでマーケットが開いているのは、これらの人々のためである。……これらの人々によって多数の酒屋が暮らしをたて、きわめて多くの醸造業者が財産を造り、そしてかくも巨額な消費税が徴収される。またこれらの人々によって、莫大な量の挽きわりや麦芽が消費される。そして、要するに、これらがわが経済全体の生命であり、すべては彼らの厖大な数によるのである。……実に彼らの莫大な数によってこそ、取引のすべての車輪が動きはじめ、陸と海の製品ならびに産物が仕上げられ、加工の上保存され、そして海外の市場に適するように作り上げられる。彼らの生活が支えられるのは彼らの大きな収入によってであり、国民全体が支えられるのは、彼らの数が多いが故である。彼らの賃金によって彼らは豊かな暮らしができ、また彼らの贅沢な上に大まかで、自由なのびのびした生活が、われわれ自身の産物と同様、外国の産物の消費をこのような大きさにまで引き上げた。もしも彼らの賃金が低く、軽蔑すべきものであるのなら、彼らの生活もまたそうであったろう。……この賃金こそ、本来あらゆる運動の最初のバネなのである（pp. 102–3/103–4）。

「酒屋が暮らしを立て、きわめて多くの醸造業者が財産」をつくるのは大衆の旺盛な消費・消費欲求のおかげであると述べるこの引用文の前段には、マンデヴィルの言説が投影しているように思えるが、後段の内容はマンデヴィルの認識とは決定的に異なっている。すでに見たように、マンデヴィルは、怠惰な労働者が高賃金を手にすれば社会的に必要な労働を忌避しかねないことを恐れて低賃金を主張し、このゆえに彼の「欲求の体系」の構想は自己貫徹を阻まれることになったが、デフォーは、そのような労働者に関するこの時代の固定観念から完全に自由であり、国内消費を支える大衆の消費は、彼らが「豊かで贅沢な暮らし」を維持するのに十分な賃金を得ることによって初めて担保されうると考える。高賃金こそは「あらゆる運動の最初のバネ」であった。彼によれば、「［低賃金による］貧困はあらゆる種類の懶惰の源泉」であり、逆に利得への展望こそが人々に希望を与え、人々を勤勉へと駆り立てる（pp. 32–3/44–5）。こうして高賃金は消費購買力と勤労意欲を高める点で、社会の繁栄にとって好ましい効果を発揮しうるのである。当時、外国貿易を有利に導くために低賃金による低価格が求められたことに対しても、彼は、低賃金は労働意欲を低下させ製品の品質を貶めるから、かえって競争力を失う結果を招くと反論している。目指すべきは低賃金による低価格ではなくて、他を凌駕する高品質であり、それが維持できれば多少製品が高価でも競争力を保つことができる、としている（p. 60/68）。ただし、このような主張の背景に、イギリス経済に対する彼の自信が横たわっていることに注意すべきである。イギリスでは商業活動は必ずしも外国貿易に依存せず、国内の諸資源によって十分に維持されうると考えられているのである（「イギリスにおけるわが商業活動の元本は、すべてそれ自身の内部で調達しうる」p. 75/81）。同時代のフランスのフォルボネが、同じく大衆消費の意義を強調しながらも高賃金論へと向かうことなく、競争力を維持し、イギリスやオランダに対する劣勢を挽回するため当面は低賃金による低価格を目指さざるをえないと考えたのと比べて、対照的である。

このような大きな違いはあるにせよ、デフォーもまた、商業社会に向き合う基本的スタンスに関して、世俗化の流れに棹さすマンデヴィルと同じ方向を向いていることは明らかである。この意味で、彼はバーボンやノースとも認識を共有している。言い換えれば、『カトーの手紙』のゴードンやトレンチャードを含めて、彼らに共通しているのは、人間と社会を功利主義的な視点から捉えているところである。伝統的な宗教的、道徳的規範が影響力を失いつつあるとき、相反的に快楽や功利を追い求める人間と社会の姿が露わになるとすれば、彼らが捉えたのは、まさに剥き出しにされたこのような人間と社会のリアリティであり、彼らは、この現実感に即して経済優位の社会が自己展開していく現況への彼らなりの「了解」を表明したのだと見ることができよう。

むすび

『カトーの手紙』であれデフォーであれ、その「了解」はためらいがちなものであったし、マンデヴィル自身も、決して文明の現況を手放しで称揚してはいなかった。この点では、ボワギルベールも同様である。ボワギルベールとマンデヴィルは、ともに人間理解についてアウグスティヌス主義のペシミズムを、道徳的判断についてそのリゴリズムを受け継いだから、彼らにとって自己愛あるいは私欲に従うことは人間の普遍的本性に属するとしても、そのこと自体は、堕落であり悪徳であるほかない。マンデヴィルは言う、「人間の知識が進歩し、マナーが洗練されるとき、それと同時に、人間の欲求が大きくなり、欲望がみがかれ、悪徳が増していくのをみることも予想しなければならない」(1714, p. 185/170)。こうして、私欲に基づく人間の行動(悪徳)が結果的に公共善をもたらすという逆説が導かれるが、しかし言うまでもなくこの逆説はアウグスティヌス主義の影響力が失われるとともに、その根拠を失い、したがってシニシズムもまた消え失せることになる。

アウグスティヌス主義とは無縁のヒュームは、周知のように、奢侈を道徳的に有害な奢侈と無害な奢侈に区別し、道徳的に無害な奢侈だけが社会的に有益であると述べることができた。またスミスはマンデヴィルと同じく人間本性における利己心・自己愛の優勢を承認しながら、人間を自分自身に対する「不公平な審判者」と見立てたマンデヴィルとは違って、「公平な観察者」の立場を想定し、その同感感情による利己心の自己規制を拠り所とする道徳的秩序を析出するなど、独自の徳の観念に立脚して、マンデヴィルの「放縦の体系」を「悪徳と徳との区別をまったく取り去る」ものであると厳しく批判した。ニコルやマンデヴィルの道徳的秩序は「他者の視線への恐れ」から自己愛（悪徳）を偽装した結果であり、それゆえ欺瞞的な秩序であったが、スミスの秩序原理を構成する人間の同感感情は人間本性に由来するとされるから、その秩序はいわば自然的である。このように、ヒュームやスミスは徳の観念の転換によって、あるいは自己愛を原罪のくびきから解き放つことによって[33]、マンデヴィルの逆説が孕んでいた地上の幸福と徳との緊張関係を解消しつつ、伝統的な規範力に代わる新たな市民的倫理を構築しようとしたと言えよう。ただし、それは「商業社会」の出現という事実と調和的な世俗的倫理にほかならないから、この意味で、マンデヴィルの「非妥協的な言語[34]」が指し示しているものと本質的には変わらない。

一方、フランスではどうであっただろうか。『蜂の寓話』の最初の仏訳が現れたのは一七四〇年であったが、それ以前に、『自由思想』が一七二四年に仏訳され、『寓話』の内容に関してもすでに部分的に紹介されていた

（33）アウグスティヌス主義の原罪説に立てば、自己愛は神慮の作用を通じて善に転換する悪となり、一方、原罪説を否定すれば、自己愛は自然の目的と調和的な穏和な感情となる。フォースは、アウグスティヌス主義者の悲観的な神慮の観念とスミスの新ストア的な（楽観的な）神慮の観念とを分かつものは、一方が原罪の学説に忠実であり、他方はそうではない点にあるとして、原罪説をどの程度受け入れるかが自己愛の理解とそれに由来するあらゆる学説上の選択を決定する、と述べている（Force 2003, p. 87）。

（34）ポーコックは「新しい世界の倫理学は、マンデヴィルの言語と同じほど非妥協的な言語によって、記述されなければならなかった」（Pocock 1975, 四二三頁）、と述べている。

し、さらには一七二三年以降の『寓話』をめぐる喧騒もフランスに届いていた[35]。またムロン、モンテスキュー、ヴォルテールは、それぞれ渡英中にいち早く『寓話』に接して大きな刺激を受けたと言われている。ムロンは一七一七年に外交使節の一員として渡英したときに『寓話』を手にし、これに触発されたようである[36]。モンテスキューも滞英中に(一七二九年から一七三一年)、『寓話』をめぐる喧騒のなかでこれを読み、マンデヴィルの議論に大いに共感したと日記に記している[37]。ただし、モンテスキューはそれ以前に、さらには友人のムロンの『商業についての政治的試論』(Melon 1734)が公刊されるよりずっと以前に、『ペルシャ人の手紙』(Montesquieu 1721)において簡略ながらすでに同じような奢侈容認の議論を行っていた(とくに第一〇六の手紙)。ヴォルテールもまた滞英中(一七二六年から一七二八年)に『寓話』に触れた可能性が指摘されている。少なくともシャトレ夫人による『寓話』の個人訳(一七三五年)にヴォルテールが関与していたことが明らかにされている[38]。このほか、『俗人』(Voltaire 1736)、『俗人の擁護』(Voltaire 1737)、『ルイ一四世の世紀』(Voltaire 1751)、さらには『哲学辞典』(Voltaire 1764)の abeilles(蜜蜂)、amour-propre(自己愛)、luxe(奢侈)の項目など、ヴォルテールの多くの著述にマンデヴィルの影響を認めることができる。ただし、フランスではマンデヴィルを育んだのと同じ知的潮流のなかから、これを超え出る思想的飛躍がすでにボワギルベールによって成し遂げられていたから、フランスの論者はこの知的潮流を踏まえつつ、マンデヴィルが提起した「奢侈」の是非という論点を通じて改めて商業社会の現実に向き合うことになる。

マンデヴィルの逆説の含意は、近代社会は労働・勤労と欲求の二重のシステムからなる「欲求の体系」であり、この社会を導く内発的な原動力は人間の内奥から発する境遇改善の本源的欲求あるいは奢侈の欲求である、ということであった。詳細は第四章に譲るが、この見方はムロンやヴォルテールの共感するところとなり、フランス起源の功利主義的な経済学の展開と重なり合いつつ、奢侈容認論の系譜を紡いでいく。この思想的系譜において、経済社会のダイナミズムを導く原動力は人々の消費・消費欲求であるから、高度に洗練された（あるいは腐敗した）文明社会において、人々の相互的な諸欲求を通じて緊密に結び合った諸要素の連鎖を維持するのは、何より消費支出に用いられる貨幣の循環的流通（消費循環）である。このような消費主導論はやがて生産の内在的条件への着目と、その条件への認識の深まりによって、すなわち節約の論理・資本理論・資本蓄積論によって相対化されていき、これとともに消費・消費欲求は後景に退けられていく。

しかし、序章で述べたように、このような相対化によって、消費主導論はその意義を失っていくわけでは決してない。近代社会の特徴的な一面が、マンデヴィルがその逆説によって鮮烈にクローズアップして見せたような功利的人間の織りなす「欲求の社会」であるかぎり、人間の消費欲望の本源性の観点から消費・消費欲求の主導性や規定性に着目する彼らの経済認識の有効性が失われることはありえない。むしろ近代の経済社会の特徴的な一面を見事に捉えたそのような経済認識に、経済学の生成史上の独自の意義を見出すことができるであろう。ラトゥーシュのように、マンデヴィルに経済学生成の「決定的瞬間」を見ることができるとまで言えるかどうかは別にして、経済学の生成史上に、ボワギルベールとマンデヴィルとが並び立つ新たな領野の存在が浮かび上がるのである。

(35) マンデヴィルがフランスの著作家に与えた影響に関して、Meyssonnier 1989, pp. 61–64 や Hundert 1994, pp. 102–105 に詳しい。
(36) Bouzinac 1920, pp. 25, 164 を参照。
(37) Dedier 1909, p. 307 を参照。
(38) Wade 1967, pp. 13–33 および Aldrige(1975), pp. 143–45, 154 を参照。

第三章　啓蒙の経済学
――アベ・ド・サン＝ピエール、ムロン、モンテスキューの商業社会論

はじめに

一七世紀後半以降、商業社会の到来や世俗化の進捗に伴う価値規範の転換という新しい事態に促されて、フランスにおいて、人間と社会に関する新たな見方が登場する。それによれば、人間の行動原理や社会の結合原理は「利益」であり、しかも個々人の利益追求の行動は結果的に秩序や繁栄の原因となりうる。ただし、もともとこのような見方にはアウグスティヌス主義の悲観的な人間理解が深く刻まれていたから、ボワギルベールや、フランスの新思潮の影響を受けたイギリスのマンデヴィルの論説がそうであるように、利益追求それ自体は「魂の堕落」（ボワギルベール）あるいは「悪徳」（マンデヴィル）の表れと見なされていた。それゆえ、彼らは悪が公共善（秩序・繁栄）に転化するという逆説を用いざるをえず、経済的繁栄を称揚する場合でも、ときにシニシズムを伴ったエピクロス主義とでもいうべき複雑な感情が吐露されることになる。これに対し、「利益説」を共有しつつも、利益追求を悪徳とみなすリゴリズムの呪縛を逃れて、商業の精神に導かれる商業社会の展開を晴れやかな文明の進展と重ね合わせ、商業社会の構成原理やその発展の論理を探求したのが、アベ・ド・サ

ン＝ピエール、ムロン、モンテスキューであった。

一八世紀啓蒙の一本質は、宗教的規範を相対化して世俗の価値を容認し、同時にその世俗の価値に社会の秩序原理を求めたところにある。そして世俗の価値が求めるものの一つは、経済的繁栄による世俗の幸福の実現であったとすれば、彼らの経済論説は、まさしくこのような課題に応えようとする啓蒙の経済学としての性格を持っていたと言ってよい。ただし、この三者間で違いも大きい。功利主義のリアリズムに徹したアベ・ド・サン＝ピエールは、一方で公共的利益を優先する立場から奢侈（消費の自由）を批判し、商業と製造業の発展を促すためには、賞罰の制度を設けるなどによって私欲と公共的利益の一致をもたらす巧みな統治が必要であると考えた。モンテスキューは奢侈と労働による商業社会の発展を展望するものの、貴族中間権力を紐帯とする身分制秩序の維持によって政治的自由を確保することを何より重視し、そのような政治的利益に対して「商業」の利益を優先させることはなかった。経済学の知見によって啓蒙の課題に向き合ったという点では、ムロンが際立っている。彼らは、ともに世俗的価値や世俗的倫理の普及によって生じた時代の大きな変容を受け容れ、商業の効用や経済の独自の領域の存在を認めたが、この新たな状況を前にして、その立ち位置は三者三様である。彼らは啓蒙の課題をどのように認識し、これにどのように応えようとしただろうか。彼らの「商業社会」論の検討を通じて、その立ち位置のあり様を明らかにし、この初期啓蒙の時代の経済思想・経済学の特徴を浮き彫りにしよう。

第一節　アベ・ド・サン＝ピエールの商業社会論――啓蒙の功利主義

アベ・ド・サン＝ピエール（l'abbé de Saint-Pierre, 1658–1743）は、摂政期の統治システム（多元顧問会議制）を論じた『ポリシノディ論』（Saint-Pierre 1718）と、紛争の調停機関の創設など国際平和の構想を示してルソーやカントに影響を与えた『永久平和論』（Saint-Pierre 1713–17）とによってよく知られている。より一般的には、その思想の本質的傾向は「時代の中で抜きん出て先進的であった」（本田裕志 2013, 三八八頁）と評されるなど、新時代の諸課題に立ち向かった啓蒙の先駆者として位置づけることができる。サン＝ピエールの生きた時代は、ルイ一四世の治世末期から没後のオルレアン公による摂政時代（一七一五～一七二三年）、さらにはルイ一五世による親政へと政治的な大きな転換が生じた時代である。経済的にも「ローのシステム」を経て、長期的成長によって特徴づけられる「経済史上の一八世紀」が幕を開ける。言い換えれば、フランスが、七二年にも及んだ太陽王ルイ一四世の古典時代の終焉とともに、政治的、経済的、社会的に「一八世紀」のアンシャン・レジームの混沌へと分け入った時代である。それはまた時代精神のドラスティックな転換を準備した「ヨーロッパ精神の危機（一六八〇～一七一五）」（アザール）の時代でもあった。著作家としてのサン＝ピエールを育み、鍛えたのはこの危機の時代が生み出した新思潮にほかならない。

サン＝ピエールはカーンのジェズイットのコレージュで教育を受けた。最初、デカルトの科学論考に傾倒し、やがて倫理学にも関心を持つようになる。パーキンスはヌーシャテルの市立図書館が所蔵するルソー文書を用いて、サン＝ピエールの青年期（一六八〇年から一七一七年にかけて）の思想形成を詳らかにしているが、それによると、彼はニコル、モンテーニュ、アバディ、ラ・ロシュフコーに、なかでもニコルに傾倒し、三年間にわたって毎週ラ・クレーシュにニコルを訪ねるほどであった（1737c, pp. 86–89, 1737f, p. 287）。一六九二年に宮廷に入り、統治の理論の構築に没頭し、商業・貿易に関する研究に従事した。そして一六九五年に文法学者としてアカデミーに加わったが、『永久平和論』の初版が出た一七一二年頃には、守旧的なアカデミーに対する共感を失っていたと言われる。一七一八年に『ポリシノディ論』の出版によりアカデミーから追放されてのちは、活動の場を「中二階クラブ」（一七二四年〜一七三一年）に移し、この啓蒙的知識人の集まりにおいて指導的役割を果たすことになる[1]。

サン＝ピエールにとって、人間の行動原理と社会の結合原理はともに「利益」であり、統治の目的もまた臣民に利益をもたらすことである。統治を担う国王権力が持っていた宗教的、神秘的な影響力はすでに失われ、統治への臣民の信頼はもっぱらその利益の実現によって、すなわち世俗の幸福を求める彼らの期待に応えることによって得られる。この点で言えば、ルイ一四世の治世下の専制的統治や戦争を招いた対外膨張主義は、そのような臣民の期待に逆行するものにほかならない。商業の時代にあって臣民の期待に応えるべく求められるものは、専制的統治ではなく効率的行政であり、また対外膨張主義ではなくヨーロッパ諸国の間で平和的共存の関係を築くことである。彼はこの危機の時代に現れた新思潮をどのように継承し、その上でこのような諸課題にどのように応えようとしたであろうか。ここでは本章の主題との関連で、おもに『政治論集』（Saint-Pierre 1729–1741）に収められた諸論説を用いて、人間本性、道徳、商業の三つの論点を中心に、サン＝ピエールの立ち位置を明らかにしよう。この『論集』は科学、倫理学、宗教、統治、経済学、法などに関する、執筆の日付も定かでない諸論説の雑多な集成ではあるが、これにより、本節が探求しようとする諸論点に関してサン＝ピエールの思考を断片的ながら把捉しうるであろう。

（1）人間本性 ── 快楽と苦痛

これまでの章でみてきたように、ラ・ロシュフコー、パスカル、ニコルなどのフランスの新思潮を担った人々は、アウグスティヌス主義の影響下において、人祖アダムの堕罪によって原罪を背負うことになった人間の根本的堕落と無力を強調した。救いに至る道としての人間の自由意志や功績の意義を否定し、人間の救いはもっぱら恩寵によるほかはありえないと説き、そして人間の理性の力を拠り所にするストア的美徳、栄光の希求・英雄の賛美などのあらゆる理想主義を、人間の邪悪さや無力さへの無自覚による虚飾・虚栄とみなして徹底的に批判した。そして彼らはこのような悲観的な人間理解に基づいて、自己愛・利己心に駆り立てられ、ひたすら「利益」を求める人間の功利的情念をクローズアップした。パスカルやサン・シランは世間からの隠棲を説いたが、同じジャンセニストでもニコルやドマは世俗の人々の「普通の暮らし」に眼差しを向け、世俗の社会の維持存続に関して、すなわち自己愛に発する功利的情念はいかにして社会的効用を発揮して秩序の形成に寄与しうるか、という「情念と秩序」の関係に光をあてた。これらの人々をサン＝ピエールはどのように評価するだろうか。彼らへの評価を通じてサン＝ピエールの人間本性への理解を浮き彫りにしよう。

彼はラ・ロシュフコーに批判的である。ラ・ロシュフコーの箴言は「読者に欠点を改めさせたり、称賛に値する活動を喜んで行わせたりするのではなく、単に、必ずしも軽蔑に値しない人々を軽蔑するように追いやる」(1741c, p. 265) にすぎず、読者を幸福の増大のために有益かつ重要な方向へと導かない。「この著者が堕落した人間や悪人や不正な人物に正しい評価を与え、そうした人々に憎悪を向けさせていることは確かだが、しかし

（1） アベ・ド・サン＝ピエールの生涯について、Perkins（1959）と本田裕志（2013）を参照されたい。

正義や善行には十分な評価を与えていない」（p. 266）。また原罪説に拠って人間の弱さを論証しようとしたパスカルに対して、「原罪の必然性を証明しようとして、最も完全な人間からパスカルが取り出すその偉大さと同時に弱さの証拠は、結局、非常に間違った議論であり、純然たる詭弁にすぎない」（1741d, p. 273）と辛辣な批判を投じている。サン＝ピエールにとって、そもそも人間は完全さと不完全さが入り混じった限定的な存在である。一方、彼はピエール・ニコルをアルノーなどの「他のジャンセニスト以上に才能豊か」であり、「他の人々を説得しようとして追放の苦しみに耐えようとしたほど、彼らの意見を、あるいは彼らが真実と呼ぶものを好まなかった」（1737f, pp. 287–288）と述べている。(2) パーキンスによれば、若い時期の草稿では、サン＝ピエールはニコルを「道徳に関する最も巧みな著述家」であったと高く評価しているようであるが（Perkins 1959, p. 22）、『政治論集』に収められた論説では「私は当時、ニコルの著作やマルブランシュの著作に敬服していた。私の精神は成長した、私は彼らが同業の人々を凌駕していることは十分に理解するが、しかし今ではそう考えるからと言って、彼らに敬服しているわけではない」（1737f, p. 289）と、やや距離を置いた評価に転じている。ちなみにサン＝ピエールは、ニコルと出会った頃の様子を次のように記している。「彼は当時私が自然学や道徳を研究していたことを知っていたので、彼は私を神学者やジャンセニストにするつもりは決してなかったし、私にジェズイットの兄弟がいること、私がジェズイットの学院で勉強したこと、そして私がモリニストではないにしてもモリーナの意見に賛同していることを彼は十分に知りながら、私がスパイではないかと疑うことも決してなかった」（1737f, p. 288）。

　新思潮を担った人々への以上のようなサン＝ピエールの批判は、「私悪は公益」という挑戦的な逆説を呈示して新思潮の一つの収斂点を示したマンデヴィルへの批判に集約されている。マンデヴィルは『蜂の寓話』（一七一四年）において、あらゆる情念は不正な悪徳であり、しかもこの不正な情念は幸福の増大に貢献し、有益であると述べたが、サン＝ピエールは、これは「半分真実で半分間違った原理から大いに間違った結論を引き出す」ものであると批判する。そもそも情念が求める快楽には、一、誰も傷つけない無害な快楽、二、称賛に値する有徳な快楽、三、他人に不快や苦痛を与える不正な快楽がある（1741a, pp. 143–145）。

無害な快楽とは、「音楽の快楽、食卓の快楽、読書の快楽、愛しい人と結婚する快楽、遊びの快楽、感嘆の快楽、さまざまな娯楽の快楽」（p. 144）のことであり、さらに自分自身や家族のために利益や名声を求める商人、弁護士、詩人、画家、船長、学者の情念・自己愛をこれに含めることができる。ただこうした快楽は無害であってもとくに称賛に値する訳ではない。称賛に値する有徳な快楽とは、公共的利益への奉仕・善行に伴う喜びである。人はこのような奉仕・善行によって他人が喜ぶ姿をみることをみずからの喜びとし、またそれによって世間から称賛され、評価や栄誉の印を受け取ることを喜びとするが、この喜びこそ公共的利益・善行に伴う快楽であり、称賛に値する有徳な快楽にほかならない。マンデヴィルにとって善行に伴う喜び・快楽など欺瞞にすぎなかったが、サン＝ピエールは善行への他者の称賛から得られる喜びは創造主が人間に与え給うた自然の性向によるものと考えている。この点で、彼はマンデヴィルを含む「若干の著者」を「人間を評価することを好まず、称賛すべきものを称賛するよりは軽蔑すべきものを軽蔑する方を好む、いささか人間嫌いの道徳論者」（p. 147）であると揶揄している。一方、不正な快楽とは、悪人、暴君、泥棒、中傷家、嘘つき、詐欺師などが

（2）　一六五四年から一六六八年までアルノーの最も近い協力者であったニコルは、一六七九年にポール・ロワイヤルの最大の保護者であったロングヴィル公夫人が死去して修道院への迫害が再び始まったのを機に、アルノーと袂を分かってパリに移り住む。サン＝ピエールは党派的争いを好まないニコルの小心な性格とともに、自由と恩寵に関する意見をニコルが変えたことがその背景にあると考えている（1737f, p. 289）。ニコルはパリの大司教と友好な関係を結びつつ道徳論の著述に打ち込み、成功を手にすることになる。

得る快楽のように、「他人を害し、他人に不快や苦痛を与える」ことによって、あるいは「自分にしてほしくないことを他の人に行う」ことによって得られる快楽である。このような不正な情念もまた人々を労働へと駆り立て、社会に利益をもたらすことがあるが、しかしこの場合は、利益よりもそれがもたらす害悪の方が遙かに大きいとされる（p. 151）。

サン＝ピエールにとっても、「一般に人々の大きな仕事や事業は、何か大きな欲望や情念の結果であることは確かである」（p. 145）が、しかし彼はそのような大きな事業は無害な快楽と有徳な快楽とによって十分になされうるとし、悪徳が公共善を導くというマンデヴィルの逆説を否定するのである。ジャンセニストのニコルの論説には、堕落した人間の快楽主義の傾向を凝視するリアリズムの視点と、絶対的価値の実践を求める宗教的視点との対立的緊張が孕まれていたし、一方、マンデヴィルにはそのような対立的緊張は無縁であったとは言え、彼はアウグスティヌス主義のリゴリスティックな人間理解を引き継いだから、快楽を求める利己的情念はなんであれ悪徳であり、その悪徳が公益（公共善）を導くという逆説を弄せざるをえなかった。これに対し、原罪説を拒否するサン＝ピエールは、そのようなリゴリズムの呪縛から完全に自由である。したがって、「評価、栄光、大きな栄誉、良き名声、そして賞賛がもたらす快楽への愛」（p. 154）は祖国への最大の善行の原因となりうるし、また「大きな富、大きな権力への愛は、害のないまた有徳な用い方をするためであれば、責められるどころか称賛されるべきである」（p. 150）。彼にとって、「道徳論者」のように、そうした「快楽への愛」を悪徳とするのは、世俗の幸福を実現しようとする人間のまっとうな努力を貶めることにほかならない。こうして彼は、商業社会に生きる世俗の人間のリアリティに即して、いわば曇りなき「啓蒙の功利主義」への道を照らし出す(3)。

サン＝ピエールによれば、自己利益・快楽を求める功利的情念に基づく行動であっても、結果として公共的利益を害さない、あるいは促進するのであれば、それは無害な、あるいは称賛に値する有徳な情念・快楽である。ここでは行為の善悪の判断基準はもっぱら公共的利益に照らしてその行為の結果が妥当であるかどうかに求められている。このような彼の帰結主義の立場は、リゴリズムの観点から行為の動機を重視する「道徳論者」たちの立脚点との大きな違いである。ただし、行為の動機の分析すなわち人間本性の基本的認識に関しては、サン＝ピエールは、彼が批判するマンデヴィルなどの「道徳論者」と変わるところはない。この点に注意を要する。

すなわち彼は言う、「一方で快楽への欲望、他方で苦痛への恐れが、社会においてあらゆる人間の行動を導く二つの一般的動因である」(1741b, p. 195)。あるいは次のようにも述べている。

一般に人間が大いに働くための十分な原動力を持たないような制度は何であれ、長続きしないし、成功もしない。自然はいつでもその道理 (droit) を取り戻す。苦痛を減じ、快楽を増大したいという欲望、すなわち各人の個人的利益がその原動力でないとしたら、自然とは一体なんのことだろうか (1733, pp. 308–309)。

もう少し長く快楽を持続させ、もう少し多くの快楽で満たされ、心身の苦痛はより小さくする、そのような手段にばかり心を配る人がどれほど多いか、驚くばかりである (1737g, p. 337)。

(3) コーヘンは、「サン＝ピエールは強い一貫性をもってこの［快楽と苦痛の］原理を固守した。彼はこれまで最も徹底した功利主義者であった」(Keohane 1980, p. 365) と評している。フランスの功利主義は、ベンサム功利主義の先蹤者として知られるエルヴェシウスのみが注目されてきたが、しかし、功利主義の源流とも目される一七世紀の新思潮の延長上に、世俗的幸福の実現という啓蒙の課題に応えるべく人間の功利的行動と公共的利益の関係を論じたムロンやフォルボネ、そしてさらにはビュテル・デュモンの功利主義などへと続く確固とした展開をみることができる。サン＝ピエールは、このような啓蒙の課題を背負った一八世紀のフランス功利主義の展開への道筋を整えたと言える。

このように、労働を含めて人間の行動を導いているのは快楽と苦痛である。そして快楽こそは人間の幸福の源泉である。「人間は快楽を求める、そして彼が行うこと、語ることのすべてにおいて快楽を求める。なぜなら幸福が存するのは快楽においてだからである」(1737d, p. 90)。引用文にもあるように、この快楽はときに「利益」あるいは経済的利益と一体のものである。彼は、フランスの交易について論じた論説で、インド会社の経営を政府が派遣する財務官が行う場合と請負契約によって民間に任せる場合とでは、経験上、後者の方が有利なことは明らかであるが、このことは「人間の本性」から説明できるとして、一、人間は大きな利益がなければ敵をつくることを望まない、二、人間は手に入れる俸給や利益が他の人と同じであるとき、苦労の多い、不安な、骨の折れる生活よりも、静かで平穏で怠惰な生活の方を好む、三、人間は他人の利益にかかわるときには、自分の利益にかかわるときほど労働や勤労の同じ努力を払わない、という三つの理由を挙げている(1733, pp. 312-313)。ほかにも彼は言う、例えば、サン・マロの人々は兵士や水夫として驚くほどの勤労を発揮するが、「このような驚異的なことを行わせることができた原動力は何かと言えば、それは栄光や栄誉と結びついた利益である」(1733, p. 274)。栄誉欲と利益とが結びついて人々を労働や勤労へと誘うのである。

ところで、サン＝ピエールによれば快楽それ自体には、一、感覚の快楽、二、栄誉に由来する快楽、三、好奇心の快楽の三種類と、さらにそれらの快楽を期待するという快楽がある(1737g, pp. 367-368)。「感覚の快楽」には最も多くの種類の快楽が含まれるが、これに関して、彼は次のような興味深い議論を展開している。人間は幸福を求めて快楽を追求するが、しかし快楽をもたらすものはやがて陳腐化する。つまり同じ対象が長い間、同じ仕方で魂に触れ続けると何も快楽を与えなくなる。しかし魂は常に快楽を渇望する、常に心が満たされない原因もここにある。そこで魂は他に快楽を求め、新奇の快楽または蘇った快楽を求める。このとき「満たされない心」の程度はさまざまであり、子供や一般の女性や若者の魂のように幼くて弱い魂の場合には、欠乏感はいっそう大きく、彼らは同じ対象を長く楽しむよりは表面的な嗜好に動かされて多くの対象を利用しようとする。サン＝ピエールはここで「一定の数の対象しかわれわれに快楽をもたらさない」として、快楽（あるいは欲求の満足）を感じる人間の能力には限りがあり、長期の不在・喪失の後にかつての快楽の対象が蘇るなど、快楽の享受には一定のサイクルが存在することに注目している（「われわれの快楽の対象は新奇なものよりむしろ復活したものの方が多い」1737d, 92）。このようなサン＝ピエールの認識には、人間の欲求の感受能力は常に一定であるとした上で、欲求の対象物の種類が増えても欲求満足の総量は同じままであるという特異な欲求理論を展開した、のちのグラスランの欲求理論を思わせるものがある。ほとんど注目されることはないが、功利的動機に導かれて行動する人間の欲求のあり様への関心は、一七世紀のニコルやパスカル以来、フランスにおいて脈々と受け継がれていくこと、それはまた、商業社会の一面を欲求の社会として捉えるフランス起源の経済学の特徴的傾向でもあったことを、ここで改めて指摘しておこう。

彼が言うには、こうした快楽への期待は「想像力の幻想」によって膨れあがる。快楽と幸福にとって重要なのはその大きさと持続性であるが（1737g, p. 360）、想像力がわれわれに快楽を実際以上に大きく持続的であるように思わせるからである（p. 395）。そしてこの想像力は将来のもっと大きな、もっと持続的な快楽を思い描いて、現在の快楽を顧みないことがある（p. 377）。人間は通常、理性によってよりも感覚的印象に発する情念に導かれてみずからの意思を決定するのであるが、しかし、この想像力の幻想が生み出す錯誤を打破しうるのは理性のほかにはない。サン＝ピエールは、幻想を引き起こすのは将来を予測する知性の欠如であるから、理性が情念にまさるようになれば、想像力が快楽を「粉飾する」ことは少なくなるとし、さらに千年もすれば快楽の実際の価値を評価する理性の働きが強まって、快楽、富、財産を求める今日の情念はそれほど強いものではなくなる、と述べている（p. 379）。ついでに言えば、このとき至高の快楽として理性が勧めるのは、来世の快楽である。幸福は快楽の大きさと持続性に規定されるが、来世の快楽は無限に持続するから最大の幸福をもたらす。このような来世の快楽をもたらすものは、現世における善行、寛大さ、礼節など神を喜ばせる諸行為である。逆に来世の苦痛は永遠であるから、その原因をなす事柄（迫害、中傷、傷害、侮辱、あらゆる種類の不正な行為）は、現世の苦痛をもたらす不摂生、極端な貧困、視覚や聴覚を失うといった事柄に比べて、比較にならないくらいの恐怖に値する。したがって、来世の無限の快楽の原因を人々に教え、それを求めるように仕向けることが重要である、とされる（1737g, pp. 362–363）。ここで彼の功利主義は宗教的次元にまで引き延ばされている。

一方、「栄誉に由来する快楽」は虚栄心がもたらす「精神的快楽」であり、この快楽もまた人間にとって本源的である。「われわれは生まれつき、称賛に値する性質に関して仲間に優越しようとする強い志向性と、欠点によって仲間から軽蔑されることへの強い嫌悪を有している」（1737a, pp. 109–110）。すなわち栄誉欲や称賛への欲求、他の仲間に優越を許すことへの嫌悪と恥辱は人間本性に発するところであり、この「栄誉欲は現世の快楽に関してわれわれが持つ最も高度の感受性である」（1737g, pp. 375–376）とされる。ただし、サン＝ピエールの栄誉欲の論じ方にはアンビバレントな評価が伴っていることに注意を要する。一方では、栄誉欲は「他人ほど金持ちではないという嘆かわしい恥辱を免れたいとか、他人よりも金持ちだと見られたい、また家には他人の家よりももっと豪華な家具が揃えられ、身なりも他人よりももっと立派で贅沢だという軽蔑すべき栄誉の快楽を手に入れたい」といった動機に導かれるときは、「感覚の快楽の欲求や苦痛の恐怖」以上に破滅の原因となりうるから、教育を通じて「さまざまな栄誉への軽蔑」を教えねばならない（1737e, pp. 275–276）。しかし、他方で栄誉欲は「最大の公共的利益のために発揮されるときには非常に立派で好ましい自己愛である」（1737b, p. 26）。つまり個々人の破滅の原因となりうるこの自己愛は、しかし社会的観点から言えば、公共的利益を促進し、かつ秩序形成の一原因となりうるのである。この論点において、彼の議論が向いている方向はニコルやマンデヴィルのそれと基本的には同じである。サン＝ピエールの道徳論の検討を通じて、その次第を明らかにしよう。

（2）道徳論 ── 私欲と公共的利益との一致

利己的情念に駆り立てられてみずからの快楽の追求にいそしむことは、それ自体ではもはや罪でも悪徳でもないが、それにしても、どのようにして、このような私益を求める人々の功利的行動を秩序あるいは公共的利益の実現へと導くことができるだろうか。ここで彼が注目するのが、上述の「栄誉に由来する快楽」あるいは栄誉欲の感情である。栄誉欲は、前述のように労働や勤労の一原因であったが、さらには良き市民の条件でもある。すなわち、自己愛の剥き出しの発露によって安楽や快楽をひたすら求めることは野蛮な行為というべきであり、しかも「社会に何も与えない、［そのとき］人はただちに良き市民であることをやめてしまう」（1737b, p. 27）が、このような自己愛を自己抑制させ、人々を良き市民となす礼儀、礼節、誠実の大部分は、栄誉欲や、育ちが悪いと見られることとの恥辱への恐れから生まれるからである。また愛想、寛大さ、鷹揚さ、技芸や実業への専心、行政官の公平さ、役人の勇敢さや謙遜、女性の貞節や慎み、これらもまた栄誉欲あるいは栄光への欲求によってわれわれにもたらされる。さらに「この同じ欲求がよきコメディ、よきコメディアン、よきオペラをわれわれに与える。この同じ原動力が、テュイリュリの散歩道に大群衆をもたらし、新奇なものの取引、科学や精神の見事な作品をもたらす。ほとんどすべてのことが、人々が今よりもさらにもう少し栄誉を得たいと期待することから生じるのである」（1737b, pp. 27–28）。

このように、栄誉や栄光への願望と、その裏返しとしての恥辱の感情は、自己愛の剥き出しの発露を抑制して秩序形成の一要因となりうるばかりか、社会における人間の活動水準を高める動因ともなりうるのである。情念によって情念を抑制しつつ、情念を活用する。これは人間本性としての功利的情念に着目するこの時代の秩序論の一つの典型的なビジョンであり、ここに道徳的秩序の自律的形成の可能性が含意されていると見ることができる。パーキンスはサン＝ピエールの秩序論を全体としてホッブズの政治学に引き寄せながら、そこには「情念の外部的ブレーキ」は社会の法のほかにはない、それゆえ人間の幸福は「道徳」からはもたらされず、統治の科学だけが自己愛の情念を公共的効用の発揮へと導くことができると述べているが（Perkins 1959, p. 46）、しかしサン＝ピエールが、ニコルと同じように、栄誉の快楽と恥辱の苦痛がもたらす自己愛の自己抑制作用によってある種の道徳的秩序が成立しうると考えていたことは明らかであろう。彼にとって、快苦の感情や、礼儀、礼節、誠実さを導く栄誉欲は本性的なものであったのだから。ただし、この道徳的秩序は、排他的な自己愛がその原因であるという意味で逆説的ではあるが、しかしニコルやマンデヴィルの場合とは違って、徳を偽装した悪徳による欺瞞的な秩序というわけではない。

栄誉への欲求と言っても想像力が生み出す幻想にすぎない場合がありうる。しかし彼はこれについて、幻想が社会に有用であるときには評価されるべきであり、「無理に確実な快楽にこだわり、幻想を追い払おうとする人々は、これらの幻想が生み出すきわめて現実的な無数の有利を失ってしまうことがありうるであろう」（1737b, p. 28）と述べている。前に見たところでは、想像力が生み出す幻想は快楽の「粉飾」であり、千年かけてでも理性の力によってこの「粉飾」を打破しなければならないとされていたし、「栄誉への愛」は破滅の原因でもあって、そのような栄誉欲への「軽蔑」を教えなければならないとされていた。しかしここでは逆に、彼は、栄誉欲は社会的観点から見れば公共的利益の原因となりうるから、そのかぎりで、栄誉欲を駆り立てる「幻想」を追い払ってはならないし、むしろ栄誉への愛を、教育を通じて推奨すべきであるとさえ述べている

(1737b, p. 31)。彼はまたこの文脈において、そもそも栄誉欲の激しい熱情は自己愛に発する個人的利益すなわち現在の快楽への欲求から生じるものであり、これを排除することなど到底できるものではないと断じてもいる(1737b, p. 29)。

ただしサン=ピエールは、だからと言ってこのような栄誉への愛を無条件に容認・推奨しているわけではない。栄誉への愛は徳によって導かれないときには、個々人の破滅の原因となるばかりか、社会に害悪をなすことがありうるからである(1737b, p. 27)。彼は別の論説で、「当を得た、十分に制御された自己愛(l'amour propre bien entendu & bien conduit)」こそ、真に称賛に値する有徳な自己愛(栄誉欲)であると述べている。彼が言うには、巧妙で慎慮に富んだ人間は善行がもたらすさまざまな無害な善(biens)や、悪行がわれわれにもたらすさまざまな害悪を正しく判断するのに対して、巧妙さに欠ける無分別な人々は将来のさまざまな善や害悪を正しく判断できず、これらの善を獲得するための最も有効な手段について、またこれらの善と害悪のさまざまな原因がどれほどの効果を発揮するかに関して間違った判断をしてしまう(1741b, p. 196)。彼の言う「当を得た、十分に制御された自己愛」とはニコルやドマの言う「開明的な自己愛(un amour propre éclairé)」と同じものであり、真の利益・快楽がどこにあるかを見抜き、他者・世間の怒りを買ってみずから苦痛を招くことのないように理性的に振る舞うことのできる巧妙で思慮に富んだ自己愛である。彼はこうも述べている。「自己愛は一般に幸福や快楽への欲望にほかならず、最も巧みで最も当を得た自己愛はわれわれに最も大きな幸福、最も多くの快楽、そして最も大きな無害な快楽を勧める」(1741b, p. 195)。このように、「この有徳な私欲(intérêt)はそれが十分に開明的であれば、果実、報酬、名誉、称賛、そしてわれわれがこの世でもあの世でもそれから期待すべきあらゆる快楽を包み隠さずわれわれに示す」(1741b, p. 206)のである。

しかしながら、このような開明的な私欲は一般に期待すべくもない。そうだとすれば、巧みな統治によって情念を秩序へと向かわせるほかない。どのようにしてか。一つは、顕彰制度を設けて、社会に善をなすあらゆる階層の人々に栄誉の外見的な証しを与えること、すなわち彫像、絵画、メダル、碑文、記念碑などによって顕彰し、善行に報いることである（1734b, p. 38）。

例えば、彼は奢侈批判の文脈において、この顕彰制度を、公共的利益を促進する方向に富者の支出を向けさせるための方策と考えている。富者が個人の快楽のために一五〇〇万リーブルを支出すれば、一〇〇種類もの職人たちが一五年から二〇年もの間、このお金を手に入れることになるにしても、しかしこの同じ支出が公共的利益のために、すなわちセーヌ川をもっと航行しやすくするために、橋に備え付けられたポンプによってパリ近郊のセーヌ川の水を汲み上げる水くみ場を設けるために、あるいは、各地方に無数の人々の富を大いに増やすであろう舗装道路や橋や港や学校や病院を建設するために用いられるならば、その方がずっと望ましい。「最大の公共的利益のために大勢の労働者を働かせること、称賛に値する気前の良さとは、そうしたものである」（1734b, p. 41）。彼によれば、富者の消費支出が人々の雇用を維持するという一点だけで、その奢侈的消費を容認するわけにはいかないのである。富者の支出は公共的利益を促進するものであることが望ましい。サン＝ピエールは、そのために、公共的利益のためになされた支出を顕彰するなど、さまざまな顕彰の制度を設けて、個々人の栄誉心を刺激することが必要であると考えた。「社会的名誉、碑文、外見的な証しによって社会への善行の実践者たちに報いるための法を制定」するのである。そうすれば市民たちは余分な富を「あまり有益でない支出に用いるよりは、国家に非常に有益な支出に用いる方を選ぶようになる」（1734b, p. 38）。生活に余裕のある裕福な市民はほかに使い道がなくて富を下らない奢侈に浪費するが、法によって、道路の舗装、運河の開削、病院、学校などの建設に私財を投じた人々に敬意や栄誉を与えるさまざまな顕彰制度を設ければ、「余剰が国家に有用な事業」に用いられるようになり、奢侈品をもたらすインド交易の大部分は不要となるだろう（1733,

p. 258)。また顕彰には、彫像、絵画、メダル、碑文、記念碑など栄誉の度合いに応じてさまざまなクラスが設けられ、どの程度の顕彰に値するかは、さまざまな階層の市民の投票によって決められる。[4] ただし、サン＝ピエールは以上のような奢侈批判で一貫しているわけではない。

彼は「余分なものの悪しき利用」を奢侈と呼ぶ。それは「まったくの見せびらかしの空疎で無駄な、あるいは他の人にはほとんど役に立たない支出によって仲間のなかで際立つことだけを目的とする人々の奢侈である」(1734b, p. 33)。彼はそれを「有徳な支出」と対比して「恥ずべき不正な無為の支出」とも呼んで、激しく批判している。

豊かな大国には余分なものを一杯持った実に沢山の家長がいる、彼らは良き法が欠如しているため、身体の便宜や快適さを超えて、他の無駄で下らない空虚な栄誉を強いて求める、それは奢侈、つまり建物、家具、インドの織物、衣服、テーブル、数多くの家僕や馬などへの過度の支出によってはじめて得られるものである(1733, p. 258)。

---

(4) ちなみにこの「投票」という制度は、サン＝ピエールにとっては重要な意味を持っている。川出良枝によれば、アベ・ド・サン＝ピエールの『ポリシノディ論』の課題は「功績によるヒエラルヒーの形成、メリトクラシーによって社会秩序を再編すること」(川出 1996, 一二六頁)であったが、この「功績」の評価を行うのも同輩間の「投票」に拠るものとされている。そしてこのような投票による意思決定の一つの前提は公論の成立であろうが、彼は政府の政策の具体的な決定プロセスにおいても、また政治的諸課題に立ち向かう上でも、討議に基づく公論の成立が重要であると考えている。サン＝ピエールにとって、「世論は政治的権威の本質的要素をなし、それは実際『世界を統治する』基本的な力」であった(Kaiser 1983, p. 624)。人々が混ざり合う公共空間において他者の視線を意識することから自己愛の自己抑制、すなわちある種の道徳的自律性が生まれるという認識はニコルなどにも見られるが、サン＝ピエールはさらにその公共空間に政治的権威としての公論の成立の可能性をみたのである。ムロンにも引き継がれていく論点である。

そのような不正な支出を阻止するために奢侈取締法が制定されてきたが、しかし彼が言うには、それは手腕の乏しい立法者の願望の現れにすぎず、その内容に問題があったため実効性を持たなかった（1734b, p. 35）。このように彼は奢侈を批判し、奢侈取締法の必要性でさえ説いている。しかしながら、他方で彼は「食卓、馬車、衣服、建物、身なりに関して身分を限り、各身分の支出を制限するのは難しい」ことを認めざるをえない。そもそも虚栄心と見栄に発する栄誉欲は人間の自然的な性向であり、しかも人々を労働へと駆り立てる動因であり、また良き市民の条件でさえあったのだから、伝統的な奢侈批判者のように、この虚栄心と見栄に基づく顕示的消費を無為な不正な支出であると断罪してすむものではない。そして宗教道徳の超越的規範とは無縁のサン＝ピエールの道徳論においては、「各人は、自分が気に入ったものに自由にその富を用いることができることは確かである」（1734b, p. 39）。したがって消費の自由の原則は維持されねばならない。奢侈の是非の問題は私欲・私益と公共的利益とがせめぎ合う典型的な論点であったが、公共的利益の観点を前面に押し出して奢侈を批判し、これを制限しようとするのは、一方で「消費の自由」に抵触することになる。こうして彼の奢侈批判は、奢侈の欲求を人間本性の属性と捉える功利的人間観の前に屈折せざるをえない。

ムロンやのちのフォルボネは奢侈の欲求・消費を労働の原因であり消費需要の源泉であるとして、その経済的効用に着目し、奢侈を積極的に容認した。これに対して、サン＝ピエールは奢侈的欲求・消費の経済的効用を十分に認識できていないし、また奢侈をむしろ怠惰や柔弱さと結びつけるなど伝統的な奢侈批判を踏襲している面もある。しかしながら、人間と社会に関する功利主義的な理解という点でムロンやフォルボネと同じ地平に立ちながら、公共的利益の観点から、私欲の自由あるいは消費の自由に一定の制約を課そうとする彼の奢侈批判は、フェヌロンなどの伝統的な批判とは異なっており、ムロンやフォルボネには見られない独自の論点に基づくものであったと言えよう。

情念を秩序へと導くもう一つのやり方は、法による処罰の可能性が与える恐怖の情念に訴えることである。法的秩序に関しても、情念によって情念を相殺する制度が求められるのである。

不正な情念の働きに駆り立てられる人を誰が押しとどめ、引き留めることができようか。唯一のやり方は、欲望であれ、恐怖であれ、もっと強い情念によって引き起こされる反対の動き［を喚起すること］である。……大きな恐れが最も活発で最も激しい情念を沈黙させ、社会のこの成員を彼の意に反して平和の方向へと、すなわち彼自身の利益へと導くのである（1713, t. 1, pp. 20–21/1, 33–34）。

このように、サン＝ピエールの秩序論において、情念による情念の相殺という秩序原理が道徳的、法的秩序の要をなしている。それはまた『永久平和論』において、国際平和の要をなす国家連合の原理にまで拡張されるであろう[5]。さらに彼はこの秩序原理の延長上で、賞罰の制度によって私欲と公共的利益の一致を図ろうとしたが、これもまた功利主義に特徴的なやり方であった。

（3）商　業

利益・快楽を増大し世俗の幸福を増大するという啓蒙の課題に応えうるものは、商業や製造業の発展をおいてほかにない。サン＝ピエールは、フランスは商業（交易）の有利性に関して無知のままで、一〇〇年前のイギリスとほとんど同じ状態であるが、イギリス人の例に倣えば、少なくとも三〇年で追いつくことができると

（5）サン＝ピエールの『永久平和論』に関しては、Perkins（1959）の第四章、磯見辰典（1957）、吉田映子（1966）、本田裕志（2013）を参照されたい。

述べている（1733, pp. 242–243）。では商業の有利性とは何であろうか。彼が述べているところを整理して示そう。まずは、商業がもたらす資金力である。フランスの取るべき道は、カルタゴを従属させたローマのように、軍事的な優越性によって商業国民を屈服させることであるという議論がなされるが、これは、「ヨーロッパの一般的状況にまったく無知な、取るに足らない人々の言うことである」。軍事的に優越しなくても、同盟を結べば敵国に対抗できるし（「防衛同盟は今では三か月もあれば結ばれる」）、そもそも軍事的な優越性を担保するのは資金力であるが、この資金力を与えるのは商業の繁栄にほかならない（1733, pp. 244–245）。

そして彼が力説するのが「商業（交易）による平和」の効用である。交易によって繁栄する国は平和を持続させようとするより強い意向を持ち、「交易によって繁栄するほど国家は戦争を恐れ、征服を望まなくなる」。また現在あるいは将来の紛争の解決の手段として戦争ではなく同盟の力に頼ろうとするから、「国家の相互的保存のために一般的同盟に向かう傾向が増す」（1733, p. 222）。こうして、戦争によらずに国家間の現在と将来のあらゆる紛争に決着をつけ、分裂の時代にもかかわらずその君主国を保持するための恒久的な調停がなされるであろう。諸国家の一般的同盟（社会的結合）によって「現状の国際的未開状態を解消し、これを社会状態へと転ずる」（本田裕志 2013, 三九三頁）ことで恒久的な国際平和を実現しようと目論んだ『永久平和論』以来の主張をここにも見ることができるが、彼の「永久平和」の構想は、このように「商業による平和」の論理を一つの論拠としているのである。のちに見るように、ムロンもまた、治政の目的は領地の拡張ではなく、商業の精神に基づいて商業・交易の発展を図ることであり、この事情はヨーロッパ各国とも同じであるから、この点で、商業・交易の必要性が戦争の必然性を疑わしいものにすると述べている（Melon 1736, pp. 142–143）。モンテスキューもまた商業活動における相互依存が人々の習俗を穏和にし、平和の維持に貢献すると考える（「商業の自然の効果は平和へと向かわせることである」Montesquieu 1748, p. 585/II, 139）。商業による平和の効用は、彼らの商業社会の賛美論や容認論の重要な根拠であった。

また商業（交易）の進歩は技芸や科学の進歩を生み出す。一、豊かな国王は巨額の年金によって外国の優れた製造業者や技芸や科学に通じた最も優れた学者を獲得することができる、二、国王は、絹、木綿、羊毛、絵画、陶器などの外国製品のフランス国内での製造を援助することができる、三、大規模な海上交易はわが国の植民地において、天文学、自然学、地理学、農業、医学などの知識を増やすのをおおいに容易にする（1734, p. 217）、という次第である。(6)

また商業の原理的な有用性を、いわば効用価値の観点から次のように論じているのも興味深い。

交換する人は、自分が持たない、もっと大きな価値があると評価するものを手に入れるために、自分が過剰に持ち、より小さな価値しか持たないと評価するものを与える。交換当事者はそれぞれお互いの評価を比べて、最小のものを与えて最大のものを手に入れる。これが、あらゆる売りと買い、そして交換の基礎であり、商業全体を一言で表す。その結果、お互いに商品を交換する二人の優れた商人は、二人とも、この交換やこの取引がなければ得られなかった利益を手に入れる。貨幣での販売は交換と同じことである。家を売る人はその家よりも高く評価する一定量の貨幣を交換に手に入れる。また買い手は、彼が買う家よりも低く評価したこの貨幣を与える（1734a, pp. 29–30）。

サン＝ピエールがここで述べているのは、価値評価の点で交換は常に不等価であるから、売買によって、交換当事者は双方とも利益（効用）を得ることができるということである。このような交換の不等価性への着目は、

(6) モンテスキューもまた、明快に、商業と富と技芸の進歩、この三者の因果連鎖に奢侈を加えて「商業の成果は富である、富に続くものは奢侈である、奢侈に続くものは技芸の完成である」（1748, p. 605/II, 162）と述べるであろう。

のちのコンディヤック、グラスラン、チュルゴなどの効用価値説（あるいは主観価値説）の萌芽として興味深い。カンティロンやスミスなどの場合、商品の価値は市場での消費者の評価以前に生産過程において生産費などの客観的要因によってあらかじめ決まっており、市場での商品の交換は等価交換であるが、しかし商品の価値は市場における消費者の主観的評価によって決まると考える効用価値説では、与える財と受け取る財の主観的評価が異なる場合にのみ交換が行われるから、この意味で、効用価値説において交換は常に不等価である。サン＝ピエールの上の言説はこのような効用価値説の重要なエレメントを的確に捉えている。

彼の関心は流通過程だけでなく生産部面にも及んでいるが、労働（travail）や勤労（industrie）が多い国ほど豊かであり幸福であるとして、その手段をできるだけ多く国民に提供しなければならないと労働・勤労の重要性を強調している点が注目される（1733, pp. 203–204）。彼のあげる労働の利点は次の四点である。一、労働は富と便宜をもたらす、二、労働が辛い分だけ快楽への感受性が高まるから、労働がもたらす富はより大きな快楽をもたらす、三、苦労の多い労働は別の小さな苦労をそれほど感じさせなくする、四、労働はルールや規律や正義の遵守に慣らさせる、言い換えれば、労働は注意深さを養うが、勤勉で注意深く豊かな人間は失うものが何もない怠惰な人間よりもいっそう正義を行う傾向がある。大規模交易が行われているところでは民衆はいっそう勤勉で熟練するばかりか、金持ちでさえ他よりもいっそう勤勉となる。しかも勤勉な金持ちは仕事の上での富の価値を十分に承知しているから、無用な支出をしない。すなわち労働は怠惰や奢侈の支出という国家の病を減ずるのである（1733, pp. 210–211）。またサン＝ピエールは、モンテスキューに先駆けて、風土・環境が人間の労働や勤労に及ぼす影響を論じている。すなわち、寒冷地の住民は温暖な地方の住民よりもいっそう切実に衣服や暖炉や雨や寒さをしのげる建物を必要としているし、また寒冷地では道路を維持するのもいっそう困難である、「したがって彼らが温暖な地方の住民よりもいっそう勤勉であり、労働は温暖な地方よりもいっそう骨が折れるのは驚くにあたらない。したがって、赤道に最も近い住民は、赤道から離れた風土に暮らす住民に比べて怠惰であまり勤勉ではなく、それゆえあまり熟練していないのも驚くにあたらない」(1733, p. 209)。

労働と勤労は富や国民の幸福を増大し、市民をいわば有徳にする。このような見方はムロンやモンテスキューも共有するところであったが、ここでは労働は私的、社会的幸福の手段であって、もはやアウグスティヌス主義者の言うような神の懲罰による苦役などではありえない。「自分の労働による快楽を期待するのは快楽を感じることである。ところで怠惰は哀れむべきであり、それは自分の労働や事業のどのような快楽も期待しない」(1737g, 376)。苦役を自己目的とする労働から快楽を期待する労働へ、このような労働観の転換もまた啓蒙の功利主義を特徴づけるものであった。

サン＝ピエールはこの文脈において商人とりわけ貿易商人の有用性を強調し、交易の発展のために貿易商人の仕事を名誉あるものとし、さらには貴族が商業に従事することを可能にするべきであると述べている。前者に関してはこうである。これまで卸商人とくに貿易商人の仕事に十分な敬意が払われてこなかったが、この重要な仕事を名誉あるものとするため、業績のあった貿易商人を貴族にする制度を設ける、そうすれば彼らの名誉心と競争心を刺激して、売官制度やいまいましい恩顧のやり方によらずに海上交易を改善することができる、と言うのである。授爵状を誰に与えるか、つまり業績の評価は商人仲間の投票によって行われるものとされている(1733, pp. 228–230)。あとで見るように、モンテスキューは売官制を前提に、「金銭を対価として貴族身分を獲得しうるようになっていると、大商人はこれに達しうる地位に自分を置くために大いに努力する」(1748, p. 599, II, 154)として、商人は貴族身分に伴う名誉を獲得する手段として富を得ようと仕事に精励すると考えたのに対して、売官制を批判するサン＝ピエールの場合、貴族身分に伴う名誉は同業者の投票によって得られる。この違いは大きいが、しかし貴族身分の獲得を目指す社会的な上昇志向を、勤労のインセンティブとして重視している点では同じである。

一方、後者はいわゆる商人貴族の擁護論である。当時、貴族が商業に従事することは禁じられていたが、彼は、貧しい貴族の生計手段として、また交易業への旧貴族からの人材供給によって交易の発展に資するためにも、イングランドにならって、フランスでも貧しい貴族が商業・交易に従事することを可能にするべきであると考えた。具体的に、彼は第二子以下の三〇人の青年貴族からなる二つの貿易会社の設立を勧奨し、そこからやがて船長や支配人などの人材が輩出することを期待している（1733, pp. 225–226）。のちにグルネ・サークルの一員であったアベ・コワイエ（Abbé Coyer, 1707–1782）が『商人貴族』（Coyer 1756）において、貴族が商業に従事することを積極的に推奨して本格的な論争に火をつけることになるが、サン＝ピエールの議論がこの商人貴族擁護論の先駆けをなすものであったことは明らかである(7)。商人貴族を認めるか否かは、この「商業の時代」におけるフランスの社会的、政治的秩序の在り方にかかわる本質的問題であり、思想の方向性を試す試金石でもあったが、貴族の復権による政治的自由と安定を求めたモンテスキューが、商人貴族を、政治的秩序を揺るがすものとして容認しなかったのと比べて対照的である。上述の投票制度と合わせて、ここに「功績（mérite）による差異にもとづく新しいヒエラルヒー」（川出 1996, 一二六頁）を構築しようとしたサン＝ピエールと、モンテスキューとの違いが鮮明に浮き彫りにされる。サン＝ピエールにとって貴族身分は功績に伴う名誉の証しにすぎず、それ自体に何か格別の意義や価値が伴っているわけではなかった。

ところで、彼は海上交易により多くの人間を用いれば、それだけ土地の耕作、製造業、戦争に従事できる人員が不足することにならないか、という反論を想定し、これにイングランドの例をあげて次のように答えている。

海上交易は一定数の人間しか雇用することができない。イングランドでは海上交易のために一〇万の家族で十分である、この王国では製造業に労働者が不足することはないし、土地は耕作者に不足することはない。いたるところに人民がいる、他の二〇〇万の家族が他の仕事に就いている、職業の選択は臣民の自由に任せるほかない、必要なことはただその職業で成功する手段を与えてやることである、すべての職業はそれが個々人に、したがって国家に利益（utilité）をもたらすかぎり、人員で満たされる（1733, pp. 251–252）。

商人貴族を含めてより多くの臣民に就業機会が与えられねばならないが、政府の役割はそれぞれの就業で利益が出るようにしてやることであり、そうであれば利益がおのずから臣民をそれぞれふさわしい就業へと導く。このように就業にかかわる商業社会のダイナミズムを司っているのは利益原理であり、この原理は「自由」と一体のものである。ここに彼の商業社会観の一断面がよく現れている。ただし、このような就業の自由が全般的な営業の自由へとストレートに敷衍されていくわけではない。国内における通行税などの厄介な税はかえって国家の収入を減らすことになるとしてその撤廃を求める一方で（1734a, p. 30）、彼は、対外交易に関しては伝統的な重商主義政策を支持している。

フランスでどのようなインド産の織物も、白地の綿布でさえも、スカーフでさえも販売してはならないことに同意する、わが国の製造業を維持することがなによりも重要であるからである。しかしそれらを製造するためにわが国に絹や木綿をもたらすのはきわめて適切である（1733, p. 254）。

私欲を公共的利益に一致させるために巧みな統治技術が必要であったが、このような保護関税政策こそは公共

（7）この論争については、川出の前掲書のほか、木崎（1979–80）と森村（2004）を参照されたい。

的「利益」に適った統治技術であると彼は考えるのである。公共的利益の観点から自由の規制と貿易の統制を唱え、そしてこの貿易統制を、貿易差額を獲得する手段ではなく、国内製造業を保護する手段とみなすこのような考え方は、ムロンに引き継がれていく。

アベ・ド・サン＝ピエールは、人間の幸福の源泉は快楽であり、労働や勤労を含めて人間の行動を導いているのは快楽と苦痛の感覚あるいは快楽を求める利己的情念であると考えた。社会の秩序もまたこの情念の働きを通じて生み出される。栄誉欲や恥辱の恐れという利己的情念が自己愛の剥き出しの発露を抑止して、ある種の道徳的秩序をもたらすとともに、処罰の可能性が与える人々の恐怖の情念が法による秩序の拠り所となる。私欲・情念はこのように道徳的、法的にその強い発露を抑止されつつ、公共的利益の実現に向かわねばならない。行為の善悪を判断する基準も、それが結果的に公共的利益を促進するか否かであった。利益を求める人々の私欲・情念こそは商業社会を動かす原動力であったが、しかし私欲や消費の自由はおのずから公共的利益に向かうわけではない。そこで彼は懲罰の一方で顕彰制度を設けることを勧めたが、このような帰結主義や賞罰の制度などを考え合わせるとき、サン＝ピエールは、人間と社会に関するニコルなどの新思考をいち早く功利主義として定式化し、功利主義のリアリズムに基づいて、商業社会の進展がもたらす新時代の諸課題に向き合ったと言うことができる。

すなわち、みずからの功利・効用を優先する人間本性の悲観的な姿をあぶりだした、ラ・ロシュフコーやニコルなどの悲観的なアウグスティヌス主義は、ボワギルベールやマンデヴィルの、いわばシニックなエピクロス主義に転化するが、さらにこれがリゴリズムの呪縛を逃れたサン＝ピエールの曇りなき啓蒙の功利主義へと引き継がれたということである。そしてこの同じ軌道上に、ムロン、フォルボネ、ビュテル・デュモンなどへと至る啓蒙の経済学あるいは功利主義的なフランス経済学の系譜が形作られていくことになる。

第二節　J・F・ムロンの商業社会論――啓蒙の経済学

フランス啓蒙の先駆者であったアベ・ド・サン＝ピエールは、前節でみたように、功利主義の視点から、政治的、社会的な旧弊の打破という啓蒙の諸課題に向き合ったが、サン＝ピエールと同じ軌道上で、世俗的倫理が求める晴れやかな文明化の道筋を示してみせたのが、ムロン（Jean François Melon, 1675–1738）であった。ムロンの狙いは、近代経済（商業社会）の基本構造の解明の上に、最大多数の人々の安楽な暮らしを実現しうる条件を探求することであり、経済学の知見をもって啓蒙の課題に応えることであった。

ムロンの『商業についての政治的試論』（Melon 1736, 以下『商業論』と略記）[8]は、ボワギルベールの論説のように、価格形成や市場機構の分析を通じて私欲と公共的利益とが一致するメカニズムを解明しようとするものではないから、そのアプローチは近代経済のミクロ的構造にまで届いていないにしても、近代経済のマクロ的構造の全体像を捉えた初めての経済書であったと言うことはできよう。近代経済の基本的ファクターは、生産（供給）と消費（需要）、そしてそれら両局面の規定要因としての貨幣・信用システムであり、政府の統治システム

（8）『商業論』の初版は一七三四年である。一七三六年に全七章が増補された第二版が出版され、その後、アムステルダムで一七四二年に第三版、一七五四年に第四版、一七六一年に第五版が出版された。一八四三年のデール版（Daire 1843）が最終版である。本章では第二版の増補改訂版を用いている（Melon 1736）。

をこれに含めることができる。ムロンは、生産の局面を勤労・産業活動（industrie）の視点から、消費の局面をおもに奢侈の視点から、そしてこの両局面を結合する流通・交換システムを貨幣・信用システムの視点から、それぞれ論じるとともに、それらの相互関係に光をあて、「商業の精神」に導かれる商業社会の全体像を照らし出した。ただしムロンにおいて、勤労・産業活動と奢侈は、数量に還元される単なる生産活動あるいは消費活動を意味しない。これらは商業社会の発展、文明の進歩を導く両輪であり、経済のダイナミズムの動因であって、いわば近代経済における生産と消費の本質を捉えた表現であり視点であったことに注意を要する。貨幣・信用システムについては、伝統的な貿易バランス論や貨幣の貶質の是非論と関連させつつ、近代経済における信用秩序の必然的展開として論じられ、政府の統治システムについても、「商業」の新たな段階に対応しうる新たな「システム」として示されている。

『商業論』の出版を契機として、貨幣・信用の機能をめぐる「貨幣論争」が惹起され、また一方で、マンデヴィルの奢侈容認論を敷衍したムロンの奢侈論は、ヴォルテールがただちにこれに肯定的な評価をもって応じるなど、奢侈の是非をめぐる「奢侈論争」においても歴史的な役割を担った。また各国語訳が次々と出版されるなど、『商業論』はフランス以外でも大きな関心をもって迎えられた(9)。一方、ムロンが『商業論』でみずからの思想的源泉として直接言及しているのは、歴史家や貨幣史の著述家を除けば、イギリスのチャイルド（Josiah Child, 1630–1699）、ペティ（William Petty, 1623–1687）、ロー（John Law, 1671–1729）、そしてフランスのヴォーバン（Sébastien Le Prestre de Vauban, 1633–1707）、アベ・ド・サン＝ピエールといった著作家である。とくにサン＝ピエールの影響は全編に及んでいる。また、ムロンは明示していないが、彼の奢侈論はマンデヴィルの奢侈容認論を受けたものであるし、このほか、相互依存の観念、穀物輸出論、釣り合い（proportion）の用語が多用されている点などに、ボワギルベールの影響を見ないわけにはいかない。そして、第二版の増補改訂版で追加された章には、ところどころで、当時まだ出版されていなかったカンティロンの『商業に関する一般的試論』(Cantillon 1755)の内容が投影している。ムロンへの関心は、カンティロンと比べても、これまで十分なものではなかった。しかし、当時の英仏経済学の成果の上に商業社会について独自の総体的把握を試みたムロンの『商業論』は、ムロンを経済学の生成史上のキーパーソンの一人として重視したロバートソン(Robertson 2005)の指摘を待つまでもなく、その影響力から言って、フランス経済学の文脈を超えて、経済学の生成史上の一つの重要な結節点として歴史的な意義を担っていたと言うことができよう。

ムロンの啓蒙の経済学は、経済的利益や経済進歩を至上命題とする経済(至上)主義の全面開花への道を準備するものであり、産業活動と奢侈を両輪とする商業社会の進展の先に開けている展望はどこまでも曇りがない。人間と社会の新たな理解を踏まえ、いち早く近代経済の総体的把握を成し遂げたムロンは、経済学の知見を用いて啓蒙あるいは文明の向かう先をどのように照らし出すであろうか。本節では、商業の精神、産業活動(industrie)、奢侈の三つの論点を中心に、ムロンが商業社会のあり様をどのように捉えたか、その一端を明らかにして、ムロンの「啓蒙の経済学」の意義を浮き彫りにし、それが内包する問題性にも触れよう。

(9) 外国語訳は、一七三八年にアイルランドのデヴィッド・ビンドンによる英訳(初版からの翻訳)が現れたほか、一七四〇年にイエナで独訳が出版され、一七五六年にはコペンハーゲンで独訳第二版が出版されている。このほかスウェーデン語(一七五一年)、デンマーク語(一七五九年)、イタリア語(一七七八年)に訳されている。イタリアについては、「『商業論』が出版されるや、ナポリの所謂近代派は熱狂的にこれを歓迎した」との指摘があり、ジェノヴェージやガリアニなどに影響を与えたようである(奥田 1987, 九〇頁)。

（1）商業の精神と進歩の観念

『商業論』の立論の全体を貫いているのは、今や一国は「内政の賢明さ」によってしか強大にはなりえない、というムロンの時代認識である。「平和の精神」がヨーロッパに行き渡り、勢力の均衡に至ったため、一国が他国の征服によって力を増すことなどできない時代にあっては、国家の自己保存を保障しうるものは「商業の精神」のほかにはない(10)。「征服の精神」の対極にある「商業の精神」は「保存の精神（l'esprit de conservation）」と一体のものであり、さらに「治政の精神（l'esprit de Police）」と不可分である。ムロンがいう「内政の賢明さ」とは、このような商業の精神に基づいて商業・交易の発展を図ることにほかならない。モスクワの国力の増大をもたらしたものも領地の拡張ではなく、治政と交易の発展であった（Melon 1736, p. 86）。ヨーロッパ各国とも事情は同じであるから、この点で、商業・交易の必要性が戦争の必然性を疑わしいものにするとムロンは述べている。

先の戦争が始まったとき、参戦した諸国間であらゆる交易が禁止された。しかし、一般的な必要性が、フランス人とオランダ人の間の戦時通行証によって、またそれを通じてヨーロッパの他の地域において、交易を復活させた。……敵同士、お互いに必要とし合っているのだから和解すればよい。交易を続けることによって、必要な戦争などあるものかどうか疑わせればよい（pp. 142–143）。

このようなムロンの「商業による平和」の構想は、前節でも見たように、アベ・ド・サン＝ピエールやモンテスキューの共有するところであり(11)、商業文明の進展こそが封建的な旧体制が内包する野蛮性の克服を可能にすると考える一八世紀フランス啓蒙の特徴的な論点の一つであった。経済的「利益」の実現を至上命題とする価値規範のもとで、利益の要請によって自己愛の情念はその排他性を弱め、さらに利益をめぐって緊密な相互依存の関係が生まれるが、これらが相俟って戦争を抑止しうると考えられたのである。ムロンはさらにこうした視点から、世界交易の覇権を争うがごとき貿易競争の愚を論難して、「フランスは、このようなつまらない常軌を逸した野心を持つどころか、常に、各商業国に割り当てられた限度内に甘んじることを望んでいる。……このような相互の交易は等しくあらゆる国民の幸福に貢献する」(p. 357) と述べている。これは伝統的な重商主義とは一線を画す認識であるが、他方でムロンは、国内産業の保護育成という現実の視点に立って、原料輸出の禁止や外国産製造品の輸入制限などの伝統的な重商主義の貿易統制を強く求めてもいる(12)。

(10) フランスはスペイン継承戦争後のユトレヒト条約(一七一三年)とラシュタット条約(一七一四年)によってそれまで保持していた圧倒的な政治的優位を失い、これ以降は、「勢力均衡」を求めて対英協調路線に転換する。これを押し進めたのが外務卿のデュボワであり、彼は秘密交渉の結果、ジョージ一世とオルレアン公との協調路線の樹立に成功した(一七一六年一一月)。これをカール六世も受け入れて勢力均衡によるヨーロッパの平和が実現する。ブジナックは、ムロンがデュボワに雇われたのはこの外交交渉のためであったと推測している(Bouzinac 1906, p. 25)。「平和の精神」あるいは勢力均衡という彼の認識は、彼自身も関与したと思われるこのような当時の英仏協調あるいはその結果としてのヨーロッパの相対的な平和を反映したものであろう。英仏の友好関係は一七四〇年まで維持される。

(11) 順番から言えば、サン＝ピエールの『永久平和論』(一七一三年)と『政治論集』の第五巻(一七三三年)、ムロン『商業論』(一七三四年)、モンテスキュー『法の精神』(一七四八年)ということになる。なお、野原は、サン＝ピエールの永久平和構想やムロンの「商業の精神」論は、国家存立に必要なのはスパルタ・ヴェネチア型の専守防衛かローマ型の征服による帝国化かというマキャヴェッリの問題提起を意識したものであると述べている(野原 2013, 九二―一〇六頁)。

(12) 貿易を統制するか否かは統治システムにかかわる問題であった。ムロンは摂政期のポリシノディ(多元的な顧問会議制)を念頭に、商業の新たな段階に対応しうるために、外交、商業、財政などの諸システムからなる「系統的秩序」を備えた複こうして立法者は、容易に損なわれうる軍事的な栄誉を求めるのではなく、時代の支配的精神である「商業の精神」に立脚し、賢明な内政によって人々の安楽な暮らしをこそ目指さねばならない。そして、そのような考え方の基礎にあってこれを支えているのは、進歩の観念である。「社会は、もっぱら最大多数の人々（la plus grande Généralité）が最大の便宜を手に入れる程度に比例して野蛮な習俗から遠ざかる」（p. 25）のであり、郵便制度、街路灯、ポンヌフ（新橋）による生活の便宜の増大に、また贅沢な古代ローマ人でさえも知らなかった砂糖、絹、コーヒー、タバコが新たな奢侈として人々の欲求の対象となっている現状にこそ、文明の進歩を見出すことができるとされる。あるいは「モスクワの人々は約二〇年前から、ヨーロッパの他の文明国の英知を利用し、彼らの広大な君主国がこれまで続いてきた間に成し遂げたよりもはるかに大きな進歩（progrès）を遂げた」（pp. 389–390）のである。

このように経済的便宜の増大をもって文明の進歩とみなす考え方は、「安楽な暮らし」という「利点を伴わずに栄誉だけでは大勢の人々にとって十分な刺激にはならない」（p. 115）、という彼の人間観と一体のものである。人々が労働に励むのは安楽な暮らしへの期待からであり、「自分の分け前を増やし、労苦を減じることができるという希望」（p. 115）に駆り立てられてそうするのである。したがって、立法者は、正義と公共的効用を犠牲にしかねない人々の功利的欲求を、公共的利益を増大する方向へと導き、「誰も特別扱いせずに、いつも最大多数の幸福」（p. 123）の実現に努めねばならない。このように「内政の賢明さ」が求めるところは、時代の支配的精神に沿って最大多数の人々の安楽ないし世俗的幸福を増大することであり、そのことは欲求の対象物すなわち富を増大し、人々の経済的厚生を高めることによって実現されるのである。

アベ・ド・サン＝ピエールも同じく、サン・マロの兵士や水夫を例にあげて、人々を労働や勤労へと誘うのは「栄誉欲と結びついた利益である」と述べていた（Saint-Pierre, 1733, p. 274）。この点で、ムロンがサン＝ピエールの功利主義を引き継いでいることは明らかである。あるいは、『商業論』にも登場するニコルやドマから直接に、またニコルなどの影響を受けたボワギルベールやマンデヴィルを通じて同じ性格を受け継いだと言えるかも知れない。いずれにせよ、彼らの論説は、人間の行動原理や社会の秩序原理を「利益」（快楽）にみて、功利・効用の価値基準に着目した点で、等しく功利主義的な性格を持っていた。ムロンもまた彼らと同じ地平に立って、すなわち一七世紀後半以降のフランスの新思潮の延長上で商業社会とそこに生きる人間のリアリティを捉えようとしたのである。

合的な統治システムを構想したが、このうち「商業のシステム」とかかわって「自由か保護（規制）か」をめぐる問題が論じられる。彼は自由と保護のどちらを選ぶかという選択において、保護を除く方が害は少ないとするが、しかし彼にとって自由は決して無際限のものではありえない。自由に任せればおのずから「一般的利益」が形成されるわけではないからである。一般的利益の実現のためには事情に応じて政府の関与が必要であり、「統治において、自由とは、自分が適当だと判断したことを行なう許可を各人に与えることにあるのではなく、単に、公共の利益に反しないことを行う許可を与えることにあるにすぎない」（p. 151）とされる。こうして、ムロンは一般的利益の視点に基づいて、すなわちこの場合、国内産業の保護育成という現実の視点に立って、原料輸出の禁止や外国産製造品の輸入制限などの伝統的な重商主義の貿易統制を主張する。ほかにも、植民地の開拓時や、競争がかえって植民地を損なう場合には、交易の独占的特権が与えられるべきであるとし（p. 59）、イギリスの航海条例をイギリスの海運と交易の隆盛の要因であったとして高く評価してもいる（p. 153）。ところで、運河などの公共事業を勧奨するとともに、一方では通行税の撤廃による国内流通の自由化と就労の自由を奨め、他方では国内製造業の保護の観点から貿易統制を求めるという、このような「自由と規制」の両面政策は、『政治論集』第五巻の「フランスの交易を完全なものにするためのプラン」（Saint-Pierre, 1733）と題された論説でアベ・ド・サン＝ピエールが述べているものと基本的に同じものである。ムロンは「アベ・ド・サン＝ピエール氏の覚書は優れた準則で一杯である、とくに［『政治論集』の］第四巻、第五巻、第六巻の諸考察においてそうである」（p. 240）と述べており、サン＝ピエールのこの論説の影響は明らかである。

ではムロンの商業社会はどのような特徴を持っていたであろうか。彼は商業社会を交換の連鎖あるいは購買力の連鎖からなる相互依存の体系と捉えている。「社会の構成部分の間には非常に緊密な結びつきがあり、ある部分に打撃を与えれば、他の部分にその影響が及ばないでは済まない」(p. 8)、あるいは「全体のまとまりのなかですべての事柄が結びついている」(p. 206)。社会のどの部分に打撃が生じても波及的に全体にダメージが及ぶ、このような相互依存の観念を、ムロンは表現の仕方を含めてボワギルベールからじかに受け継いだものと考えられる。ムロンもまたボワギルベールと同じく交換・流通過程に立脚し、過不足を補いあうcommerce(商業・交易)の視点に立って、商業社会を構成する諸要素の相互依存に注目するのである。commerceとは余分品と必要品の交換のことであるが(pp. 8–9)、交換の連鎖がどこかで断ち切られてその部分に無価値が生じれば、経済は連鎖的に縮小均衡に陥るよりほかにない。このように経済の基本的ファクターである生産、消費、貨幣信用システムは相互に緊密に結び合っているという理解に導かれて、ムロンは近代経済のマクロ的構造の総体的把握へと向かうことができたと言えよう。

では、交換経済の安定と成長の条件、言い換えれば、余分品と必要品との安定的な増大によってcommerceを拡大していくための条件とは何か。ムロンが強調するところによれば、それは、一、小麦の確保、二、就労人口の増加、三、必要な交換手段の確保である。これらの三条件は同時に立法者が留意すべき立法の三つの目的でもあり、立法者の賢明な治政を通じて初めて満たすことのできる条件であった[13]。

(2) 勤労・産業活動、就労人口

三条件のうち小麦は絶対的な必要品であるから、小麦の確保は相互依存の体系を維持する基本的条件である。言い換えれば、農業こそは産業活動と商業の基礎であるが、ムロンによれば、パンの確保はフランスではきわめて容易であり、「過度の豊富による価格の低落を防ぐことの方がずっと難しく、また同じくらい重要である」(p. 17)。しかしながら、業者の濫用と独占による穀物の高価格を防ぐ手立ては講じられているのに、過剰による穀物価格の低落は、穀物輸出が一般に禁じられるなど、放置されている。そこでムロンは、農業国フランスは、穀物生産に関して国内需要をまかなって余りある過剰な生産力を有しているとするシュリー以来の伝統に基づいて、穀物輸出の自由化を求めるのである。各地方間の穀物の過不足を調整し、極端な高価格と低価格を防ぐために国内取引の自由化を求めた点を含めて、ここにもボワギルベールの影響を見ることができよう。

しかしながら、国民の富を構成するのは穀物などの土地生産物だけではない。最大多数の人々の「最大の便宜」とは、土地生産物という「基本的富」の上に、二次的必要品や奢侈品などを最大限に享受することであるが、このような生活上の便宜(「人々の現実の安寧」p. 341)を増大しうるのは技芸と産業活動にほかならない。こうして、ムロンにとって、商業社会において技芸と産業活動は農業に劣らず重要な役割を担っていた。

技芸の進歩(progrès)に従って、人間はまず手を使って、次に道具を使って大地を耕した。人間が道具から得た手助け

---

(13) ムロンは「人々の関心と才能を、交易、信用、土地の耕作などに向けねばならない」(p. 321)として、富の生産にかかわる技術や実学の尊重を訴える一方で、立法者についても、その「栄光を算術的に表現するものは、彼が幸福にした人間の数であり、その数は、彼が障害を乗り越えるほどに増える」(p. 347)と述べている。彼は、立法者の賢明な治政を実現するための新たな「統治システム」の研究は、歴史的事実を含めて観察しうる事実に基づいて「一歩ずつ進めるべきであり、大きく飛躍してはならない」(p. 371)として、事実の観察の上で、ペティの用いた「政治算術」の方法の有効性を高く評価している(「最良の計算家が最良の立法者となる」p. 321)。この文脈から言えば、『商業論』は、「商業の精神」や「治政の精神」に基づいて商業・交易の発展をもたらすべき新たな政策科学の必要性と可能性を論じたものであったと言える。ムロンの統治システム論について、拙著(米田 2005)の第二章を参照されたい。

は最初のうちはささやかなものであったが、経験が次第にこの手助けを大きなものにした。こうした産業活動（industrie）の進歩には際限がない。産業活動は常に増大する、そして常に新たな欲求（besoins）が生じ、［その度に］新たな産業活動がこれに応じうると思われる（p. 89）。

安楽な暮らしを求める人々の際限のない欲求に応じて際限なく産業活動が拡大し、生活上の便宜が増大していくのである。このような着目によってムロンは独自の光彩を放っている。なぜなら、一八世紀啓蒙の精神は未開と対置して文明化を人類の進歩と同一視するが、ムロンは、文明化の動因は何より技芸と産業活動であると看破することで、未開から文明へという進歩の観念に明快な根拠を与えたと言えるからである。ムロンは、この意味で一八世紀啓蒙の目指すところを、いちはやく経済学によって、いわば根拠づけたのである。

ただし、このような進歩思想が啓蒙の時代を覆っていたわけでは決してない。同時代のカンティロンは、経済学の観点から、貨幣数量の自動調節機能に着目して、豊かな国はやがて貧しくなると考えた。貨幣が潤沢で豊かな国は、しかし物価の上昇によって交易条件は不利となり、輸出は減少し輸入が増大するが、これとともに貨幣は流出していき、産業活動は停滞する。そしてカンティロンによれば、貨幣数量の自動調節作用の行き着く先は、流通貨幣量と商品の価値総額との世界的な平準化あるいは均衡の実現ではない。他の現実の諸要因がそこに作用する結果として、生じうるものは均衡ではなく「循環」であった[14]。こうして豊かな国と貧しい国との交替が必然であった。また野蛮・未開から文明への流れを称揚しながらも、古代ローマなどの歴史的事例に基づいて国は繁栄の絶頂において衰退の芽を宿すとする循環史観は、啓蒙の文脈においても十分にリアリティを持っていたことを指摘しておかねばならない。それは奢侈批判の論拠でもあったが、この次第は次章で述べよう。しかしいずれにせよ、「産業活動（industrie）の進歩には際限がない」として、曇りなき文明の進歩を展望する一直線の進歩思想が、ムロンによって啓蒙のコンテキストに刻み込まれることになった。
それではムロンにとって、生活上の便宜・安楽をもたらす富の増大の条件は何であろうか。立法の第二の目的、すなわち就労人口の増加がそれである。あらゆる就労者は産業活動の担い手として国家に必要な存在であり、国家は各職業で就労者が増加すればそれだけ豊かになりうるし、また生産性の向上によって一人の就労者が二人分の仕事を行うことができるようになれば、実質的に就労人口を倍増することもできる。

水夫、農業者、職人は誰もが必要であり、それぞれの職業で、地域、人々の気質、利益に応じて働き手の数が増えるときだけ国家は強大となる。以前には二人で行われていた仕事を、一人の水夫、一人の農業者、一人の運送業者によって行うことができるようになれば、市民の数を二倍にすることができる、というのは常に同じく真実である。この意味で、働き手の数を増やし、労働［の辛さ］を和らげることは、人間の叡智の極みである（p. 96）。

ムロンはこのように、富の生産における人口の機能に関して、多人口それ自体ではなく就労人口に着目した。この点で彼の人口理論はポピュレーショニズム（多人口主義）の一ヴァリアントとして位置づけることができよう。多人口よりも産業労働の潤沢を重視したカンティロンの場合と同じである。ケネー、チュルゴ、スミスの資本理論・蓄積論の出現によって生産要因としての人口機能が相対化されるまでは生産力理論の中核は就労人口論であったと言ってよいが、ムロンも同じく、富の生産における就労人口の重要性を強調するのである。ここで、ムロンの就労人口論では勤労大衆はもっぱら生産主体として捉えられていることに注意を要する。彼は穀物の低価格を、購買力の連鎖を断ち切り、経済を縮小均衡に陥れる元凶として問題視したが、だからと言っ

（14） カンティロンの詳細は、拙著（米田 2005）の第三章「カンティロン経済学の複合性」を参照されたい。

てボワギルベールのようには、穀物需要の担い手である勤労大衆の消費者としての側面にはほとんど関心を示していない。ムロンの就労人口論はカンティロンのそれとともにグルネやフォルボネによって受け継がれていくが、グルネやフォルボネが生産と消費の両面から就労人口の生産的効果を論じたのと比べても[15]、ムロンの就労人口論は、生産力の理論としては十分なものではなかったと言わなければならない。

就労を重視する、以上の見方は、他方で、勤労に従事することは健全な市民の務めであり、勤労に従事することで犯罪や悪徳から逃れることができるという彼の勤労観によって支えられていた。「労働者は自分を養う労働のことを考える。無為の人々は、無為の申し子である放蕩や賭博により、あらゆる種類の犯罪へと導かれた」、ローマ帝国の没落の一因も、民衆にはパンと見せ物を与えておけばよい、とパンを無償で配布したため、大勢の民衆が農村を放棄してローマに集まったことにある、という次第である(pp. 99-101)。こうして、無為徒食の人々に有用な仕事を与えて勤労者にすることができれば、彼らを有徳な市民に生まれ変わらせ、しかも国家は生産力を高めることができる。ただし一方で、彼は小麦を生産する農業者や工芸品を生産する工場主の重要性あるいは優位性を指摘し、大勢の若い男女が小売などの流通業に就業している現状を憂えている。「座ったままの仕事や簡単な仕事に従事する」のでは人間性は涵養されないし、そこでは「放蕩がお金を手にして現れ、その誘惑に屈しないのは難しい」として、若い男女に小売などではなく生産現場での就業を求めるのである(p. 98)。同じ視点から、彼は「怠惰な人々、つまり身分上、働かずに消費する人々を容認する」(p. 332)のは治政の欠陥であり、そうした人々や彼らに仕える人々の数はもっと少なくてもよいとも述べている。いずれにせよ、サン＝ピエールの場合と同様に、ムロンにとって労働や勤労は個々人の私的な幸福の重要な手段であった。

ムロンは就労人口の増加のために、結婚の奨励、貧しい父親への援助、孤児への教育、聖職者の独身制度の廃止、さらに二五歳になるまで修道僧になることを禁止する措置などを求めている（pp. 30–32）。これらの主張はチャイルドやサン゠ピエールの議論を踏まえたものであり、グルネやフォルボネによって引き継がれていくが、しかし他方で、ムロンの就労人口論の要諦は、就労人口の増加の必須の条件である雇用の確保の問題を植民地論や奢侈論と結合し、余剰人口を植民地あるいは奢侈品製造業に吸収しようとしたところにある。すなわち、彼は、植民地へは本国の人口減少を招かないように、本国で「余った人々」が送り込まれるべきであるとして（pp. 35–36）、「立法者は奢侈を植民地のようなものだと考えることができる」、すなわち国家がその土地、戦争、製造所に必要なだけの人間を保有しているとき、余った人々が奢侈の仕事に用いられるのは有用である、なぜなら、彼らにはこのような仕事に就くか、もしくは無為しか残されてないからである、と述べている（pp. 107–108）。

ところで、彼は第二版で増補された第一〇章「輸入と輸出について」において、就労人口を規定するのは雇用と食料であることを改めて強調し、この観点から国内製造業の保護と食料の確保を求めている。若干の原料

(15) グルネは、国力の源泉は「貿易商人、製造工、農業者、職人、水夫」（Gournay 1993, p. 291）であり、これらの人々の増加は生産ばかりか消費をも増大し、両者の相互的増大を通じて生産力の拡大を可能にするとしている。あるいは「一人の競争者は一つの販路」（p. 227）であり、「働きかつ消費する人は確実な販路であり、他の人の絶えざる仕事の対象である」（p. 74）として、生産と消費の観点から国力の源泉をなす就労者の増加を求め、就労人口論を生産力主義の理論的基礎に据えた。一方、フォルボネは、「生産を生じさせるためには一国に消費者や大勢の人口をかかえるだけでは十分ではない、この人口は能動的（active）でなければならない」（1767, I, p. 7）として、交換の等価物をもつ「有効な消費者」であるとともに生産者でもある「能動的人口」の増加によって、生産と消費の相互的拡大が生じることを期待した。彼は販路の相互性を根拠とする素朴な販路説に基づいて、就労人口論を生産力主義の理論的支えとした。詳しくは、米田（2005）の第四章「グルネとフォルボネの自由と保護の経済学――草創期のフランス産業主義」を参照されたい。

は職人の手によって著しく価値を高め、一リーブルの亜麻は二、三倍の値段の亜麻布となり、上質のレースになると一〇〇倍以上の価値を生み出すが、このような労働による価値の付加は、雇用の確保のために国内でこそ行われるべきであり、外国産製造品を輸入することは、いわば自国民から雇用機会を奪って他国民に与えるに等しい。こうして彼は、雇用ないし就労人口の観点から、外国産原料の輸入と国産製造品の輸出の促進および外国産製造品の輸入の制限・禁止を唱えるとともに、農産物の輸入を推奨しさえしている(「土地生産物は持っていても受け取っても有効でありうる。というのは、それは住民を養うからである」p. 144)。労働が価値の源泉であることを一つの論拠として、就労人口論と貿易論とを結合するこのような論じ方に、同じ観点から国産製造品の輸出と食料の輸入(あるいは食料輸出のマイナス)を唱えたカンティロンと同じ論理構造を見ることができる。[16] ここでムロンが、前述の穀物輸出論とはまったく異質な視点に立っていることは明らかである。なぜなら、前にみたところでは、余剰は価格の低下を招く要因にすぎず、フランスは恒常的な穀物の過剰生産の圧力にさらされているとして、ボワギルベールと同じ論理に基づいて「過度の豊富による低価格を防ぐ」ために、むしろ穀物輸出の自由化が強調されていたからである。増補された章によって、彼の就労人口論はより豊かな内容を与えられたが、しかし同時に初版の内容と整合的でない異質な要素がもち込まれることにもなったのである。

(3) 奢　侈

世俗的倫理が求める安楽な暮らしへの希求は、ムロンにとって、奢侈の欲求と同義である。商業の発展の結果である奢侈こそは未開・野蛮の克服の象徴であり、文明の果実そのものの享受にほかならないからである。しかも奢侈の欲求は「商業の精神」の支配する商業社会にあって、技芸の進歩と産業活動の発展を内発的に導いていく動因でもあった。前述のように産業活動の際限のない進歩を導くのは、次々と現れる人間の欲求（besoins）であったが、この欲求は改めて奢侈の欲求として捉えられ、その効用が称揚されるのである。この点で、彼の奢侈論は、単なる消費論でも、あるいは単に生産に対する消費の主導性を論じているのでもない。ムロンは商業社会を動かす人間のエトスに着目し、奢侈的欲求・消費に、経済の成長・発展という時間的変化を主導する動因を見出すのである。言い換えれば、奢侈への欲求は宗教的くびきから解き放たれた人間本性に発するところであり、文明の進歩に向けて社会のダイナミズムを導いていく原動力そのものであった。

「奢侈は富と統治の安定がもたらす並外れた豪奢であり、治政が良好なあらゆる社会に必然的に伴うものである」（p. 106）が、しかし「並外れた豪奢」と言っても、それは常に相対的であって、絶対的な基準があるわけではない。「このような洗練（cette recherche）は常に時代と人に応じて相対的である」として、ムロンは次のように述べている。

豊かさのなかにいる人はその豊かさを享受しようとする。そのうえ、彼は最も貧しい者には買えない洗練された品々（recherches）を持っている。この洗練は常に時代と人に応じて相対的である。われわれの父親にとって奢侈であったものが、今ではありふれている。われわれには奢侈であるものが、我々の子孫にはそうではないであろう。絹の靴下は、アンリ二世の時代には奢侈であった。磁器は陶器に比べれば奢侈であり、同じく陶器はありふれた陶土の器に比べれば奢侈である。農民は村の資産家のところに奢侈を見る。村の資産家は近隣の町の住民のところに奢侈を見る、この町の住民は首都の住民と比べて自分のことを粗末だと思い、宮廷人の前ではなおいっそう粗末だと思う（pp. 107–108）。

（16）ムロンはカンティロンの『商業に関する一般的試論』（一七五五年）の草稿を読んでいた可能性があることは津田内匠によって指摘されている。津田内匠（1993）の七頁、および米田（2005）の五八頁を参照されたい。

彼にとって奢侈とは「洗練」と同義であり、この洗練の度合いは時代とともに高まっていくから、奢侈取締法など無効である。「なぜなら、その法が流行の奢侈を排除する前に、商業が、最初の奢侈を容易に忘れさせるほどのもっと著しい新たな奢侈をもたらすからである」(p. 116)。この意味で、奢侈という言葉は曖昧で混乱した観念を生みだしかねない「空虚な呼び名」であり、「濫用すれば、産業活動そのものを根本から停止させかねない」(p. 113)と彼は言う。ムロンによれば、人間を導いているのは情念であり、軍人が野心に駆り立てられて勇敢であったり、貿易商人が貪欲に駆り立てられて一生懸命働いたりするのは、なにより安楽な暮らしへの期待からであり、「享楽的に人生を享受する」ためである。こうして「奢侈は彼らには労働の新たな動機となる」(p. 106)。すなわち洗練された安楽な暮らしを求める奢侈の欲求こそは、労働や勤労を促すインセンティブであった。

しかもそうした奢侈の欲求は、他方で消費需要に転じて人々に雇用を与え、産業活動の展開を導く外部的要因となりうる。常軌を逸した奢侈の支出であっても、さまざまな効用をもたらすと彼は言う。例えば、「庭師がそのお金を受け取る。庭師は新たに頼まれた仕事を通じてそれを手に入れたのである。裸も同然であった彼の子供たちはそれで身繕いをする。彼らはたっぷりパンを食べ、元気になり、明るい希望を胸に働く」。もしこのお金が金庫の中に保管されたままであれば、「それは社会にとって死んでいることになる」し、物乞いに施されたとしたら、「彼らの無為とその軽蔑すべき不品行を維持することにしか役立たない」(pp. 123–124)。このように、奢侈は二重の経済的機能を通じて技芸の進歩と産業活動の発展を内発的に導いていくのである。このような奢侈の経済的効用への着目は、ムロンが伝統的、通俗的な奢侈批判に反論する場合の拠り所であったことは言うまでもない。一方でムロンは、奢侈の進展が経済社会の自然的な構成を転倒することもありえないと考えている。すなわち、人間は欲求の序列に従ってより下位の欲求を順に満たそうとするが、これと同じく、職人は一次的な必要品が満たされるときにのみ二次的必要品のために用いられ、二次的必要品が十分にあるときにのみ奢侈に用いられるから、奢侈のために一次的必要品などの生産が損なわれることを懸念する必要はないとするのである（p. 121）。

ところで、ムロンは消費者にすぎない有閑階級の存在を批判しながら、他方で奢侈の効用あるいは機能を論じるとき、彼が念頭に置いているのはおもに富者の奢侈であったことに注意する必要がある。労働のインセンティブとしての機能に関して、奢侈の欲求によって勤労意欲を駆り立てられるのは、羨望の視線にさらされる贅沢な富者であるし、「享楽的に人生を過ごす」ために勤労に励む人々として彼が例示しているのは、軍人、貿易商人、船主に限られているからである。消費需要の機能に関しても、上述のようにムロンが述べているのは、おもに富者の奢侈的消費の機能である。このことは、就労人口論において勤労大衆はもっぱら生産主体として捉えられていたことに対応している。そしてこの富者の奢侈的消費の機能は、第二版で増補された第二二章（「交易バランスについて」）において、首都と諸地方との国内バランスという空間的レベルに敷衍されて、次のように論じられている。

首都と地方との間で常になくてはならないのが国内のバランスであり、これこそ最も重要なバランスである。……首都はあらゆる富が集まる中心である。王家の支出のほかに、領主や年金受給者が土地や年金や政府の俸給からの収入を首都で支出する。……これほど多くの年々の出費を負担しているのは地方である。……地方が、タイユ税、塩税、一〇分の一税などの年々の支払い分を補充すべき貨幣を手に入れるのは、主に首都の消費からである。税が増えれば増えるほど、さまざまな事業や徴収などから得られた利益を用いて、ますます大きな消費が必要となる（pp. 285–287）。

このような富者の支出を起点とする首都と地方との貨幣循環の構想は、カンティロンのそれと酷似しており、その影響が窺えるところである。[17]

ただし、ムロンは勤労大衆の奢侈を必ずしも排除しているわけではない。「一国の奢侈はおよそ千人に限られる、そのほかに二〇〇〇万人の人々がいるが、彼らは良好な治政により自分たちの労苦の成果を安心して享受できれば、その約千人の人々に劣らず幸福である。農業者や職工が大いに奢侈にふけるとしても、それは農業者や職工の労働が盛んに行われたことの結果にほかならない。……それゆえ奢侈は一国においてほとんど恐れる必要のないものとなる」(p. 110)、あるいは「パンには二〇〇〇万の買い手がいる、毛織物の買い手はもっと少なく、亜麻布の買い手はさらに少ない。農民は、いっそう差し迫った欲求が満たされてのちにはじめて、葡萄酒とタバコを買う」(p. 121)[18]。そして何より、彼が言うところによれば、産業活動の拡大とともに相対的レベルで人々の消費水準が向上していくであろう。フォルボネのような「国民の奢侈」の視点を明確に見出すことはできないにしても、農業者や職工が労働に励んだ結果として奢侈に浸りうる可能性は排除されていないのである。

以上のムロンの奢侈論は、マンデヴィルの『蜂の寓話』(一七一四年)に触発されたものであることは明らかである。ブジナックは、ムロンは一七一七年に外交使節の一員として渡英した際にマンデヴィルの『蜂の寓話』とそれをめぐる喧騒に触れる機会を持ったと述べている(Bouzinac 1920, p. 25)。『寓話』が激しい反発を買って一大センセーションを巻き起こすのは一七二三年の増補版の出版以後のことであったから、その真偽は不明とせざるを得ないが、いずれにせよ、その出版からほぼ一〇年ののちに現れたムロンの奢侈容認論に『寓話』の内容が大いに投影していることは間違いない。

ムロンは、サン゠ピエールと同じく、マンデヴィルを捉えて離さなかったリゴリズムの呪縛から完全に自由であり、サン゠ピエールと同じ軌道上で、何の屈折もなく、商業社会に生きる世俗の人間のリアリティを踏まえて、マンデヴィルの奢侈容認論を引き継いだ。[19] ムロンにはもともと奢侈の道徳的な当否は問題ではなかった。彼は「人間が宗教によって導かれることはめったにない」と断じ、続けて「奢侈を一掃しようと努めるのは宗

(17) ムロンは富者の奢侈的消費の主導性に着目するなど、生産に対する消費の規定性を十分に認識していたが、しかし彼にとって問題は、消費水準それ自体ではなく、消費活動の前提として、交換の媒介手段である貨幣が財と財の交換の水準に対応して必要かつ十分に存在しているかどうかであった。交換の連鎖が順調に機能するためには、貨幣が人体における血液のように経済体の隅々まで十分にいきわたらなければならないが、これが不足すれば、経済体はただちに機能不全を引き起こす。こうして交換・流通手段の払底という現状認識に立って、ムロンの関心は必要な流通貨幣量をどのように確保しうるか、という論点に集約されていく。必要な貨幣の確保は、小麦の確保と就労人口の増加に続く立法の第三の目的であり、技芸・産業活動と奢侈を両輪とする社会進歩は、もっぱら必要な貨幣を確保するための立法者の賢明な施策を通じて実現される。このことは「ローのシステム」の瓦解を内部からつぶさに目のあたりにしたムロンの強く意識するところであり、インダストリー論や奢侈論と並んで『商業論』に独自の陰影を与える重要な論点であった。ムロンは流通貨幣量の一般的な増加策として信用創造を推奨し、この観念によって重商主義の外貨獲得政策を相対化し、信用の流通による通貨量の増加のメリットを論じた。こうしてムロンは近代経済における信用秩序の必然的展開に着目しつつ、信用創造の新たな問題領域を切り開いたと言える。ムロンの貨幣・信用論およびそれが惹起した当時の貨幣論争について、詳しくは拙著（米田 2005）を参照されたい。

(18) ワンベックはムロンのこの言説を重要視して、マンデヴィルと異なって、ムロンは消費における貧者の経済的機能を理解していたと踏み込んだ評価を行っている（Wahnbaeck 2004, p. 29）。ただしワンベックは、大衆消費がもっとも貢献するのは農業生産に対してであることから、ムロンは農業部門の優位性を強調したとしているが、この点は、ムロンのインダストリー論の重要性を思えば、首肯できない。

(19) ただしいくつかの点で重要な違いもある。ムロンは、奢侈を悪徳としたマンデヴィルとは違って奢侈の道徳的当否は問題にしないし、マンデヴィルの慈善批判や低賃金論には同調していない。

教の役目であり、国家の役目は奢侈を国家の利益に変えることである」（p. 124）と述べている。奢侈を論じた多くの論者が非難の鉾先を向けた虚栄心や自負心に発する顕示的消費に関しても、「愚かな虚栄心が隣人の身なりを妬む一個人を破産させることが国家に問題だろうか。それは彼が当然受けるべき罰であり、彼よりも尊敬すべき職人が、それよって自分の身を養うのである」（p. 121）として、問題にはしていない。このように道徳的判断は彼の関心の埒外であり[20]、その関心は、道徳的、政治的理由から奢侈の欲求を抑制するのではなく、逆にこれを国家の利益のために積極的に利用することに向けられていた。すなわち「立法者がなすべきことは、その情念を社会の利益になるように導くことである」（p. 106）。

ムロンの奢侈容認論は、奢侈の欲求を、マンデヴィルと同じく人間本性に発する本源的欲求の発露と捉えた上で、この奢侈の欲求と産業活動を両輪とする商業社会の発展と、それによる際限のない経済進歩の可能性を前提とするものであり、功利主義の人間理解に立脚しつつ経済的利益や経済的繁栄の実現を至上命題とする経済主義的なムロンの経済思想の特徴をよく表している。ただし、進歩思想が啓蒙の時代を覆っていたわけではなかったように、道徳的判断をいったん棚上げして人間の世俗的幸福の実現に向けて際限のない経済進歩を展望する、ムロン（やフォルボネ）の経済主義がこの時代のフランスの思潮を支配していたわけではなかった。このこともまた奢侈の是非論を通じて明らかとなる。次章で詳細に検討するが、ブロー・デスランドやサン・ランベールなどは、文明化への志向それ自体は是とする一方で、人々の私欲の追求が社会の退廃をもたらすことを懸念し、共同体の精神を尊重し公共的利益を優先する見地から、私欲の自由に歯止めをかけようとするであろう。いわば私欲の自由を制約する徳の観点から、進歩思想や経済主義的な思考が相対化されることになる。

ムロンは奢侈と産業活動による際限のない経済進歩の可能性を展望することで、「安楽な暮らし」による世俗的幸福の実現という啓蒙の課題に応えようとした。ムロンの試みは、近代経済のマクロ的構造の総体的把握という点で、同時代の誰よりも抜きん出ていたが、ムロンの経済論説を特徴づけているのは、私欲に従うことを人間の普遍的本性とみる功利主義の視点であり、これに即して快楽をもたらす経済的利益や経済的進歩を至上命題と考える経済主義とでも言うべき一傾向であった。このような性格は、経済学の観点から、文明化を志向する「啓蒙」の潮流がたどり着くべき一つの到達点を示したフォルボネに受け継がれていく。こうして、サン＝ピエールの啓蒙の功利主義と同じ軌道上でムロンの啓蒙の経済学が照らし出したものは、功利主義を徹底したところに成立する経済主義の全面開花への道であったと言うことができよう。

ただし、ムロンの経済主義は、徳の原理を完全に棚上げするものではなかったことに注意を要する。勤労は人を犯罪や悪徳から逃れさせ、市民を有徳にするという彼の勤労観や、商業による「利益」の要請が自己愛の情念を弱めるとする「商業による平和」の論理に、モンテスキューに見られるような、秩序原理としてのいわゆる「商業ヒューマニズム」に通じる構想を読み取ることができよう。この意味で、ムロンの経済主義においても、富を求めることが私欲の自制としての徳に通じていないわけではない。しかしながらそれでもやはり、次章でみる奢侈の批判論がその論拠として取り上げているところであるが、快楽を求める私欲はしばしば個々人を腐敗・堕落させ、公共善、公共的利益、共同体の精神を顧みずに社会を腐敗・堕落させることがおこりうる。ムロンが表明するような楽観的な経済進歩の観念や経済主義の傾向への疑念もまた、そうした懸念から生る。

(20) もっとも、彼には奢侈という「洗練」を享受することが徳性の腐敗をもたらすとは思えなかったに違いない。なぜなら、彼はそのような洗練からほど遠いスイス人の社会（ジュネーブ）を「自由な人間の社会というよりも隠遁者の共同体に似ている」（p. 112）と揶揄しているからである。

じるであろう。さらに経済的利益、経済進歩を何より優先する経済主義の傾向は、啓蒙の経済学において示された未開・野蛮から文明への進歩の展望を曇らせることになる。[21] その典型例が奴隷制の問題である。最後に、この点に一言触れておこう。

ムロンは「野蛮の観念は常に奴隷制の観念と結びつけられてきた」(p. 53) としながら、一方で、経済的利益の観点から植民地経営にとっての奴隷制の有用性を強調し(「植民地は国家に不可欠であり、奴隷制は植民地に不可欠である」p. 51)、法によって奴隷の境遇の厳しさを緩和できれば「野蛮という見方はただちに消え去るであろう」(p. 53) と述べている。ここでいう法とはルイ一四世が定めたと言われている黒人法典 (Code Noir) のことである。ムロンはこれを「賢明な規則」であると高く評価するが、黒人奴隷の法的身分や処遇を定めたこの勅令は、奴隷をカソリック教徒に仕立て上げようとするなど奴隷を人間的に扱っている反面では、単なる動産として家畜同然に売買の対象とするなど、奴隷制度の根幹にかかわる根本的な矛盾を伴っていた。この矛盾はムロンの矛盾でもあったことは明らかであろう。ちなみに、フォルボネもまた一八世紀中葉の段階にあってなお、植民地の最初の開拓には国家の支出において船舶、食料、道具や奴隷を最初の住民に与える必要があるなどと、植民地における奴隷の積極的な活用を説いている (Forbonnais 1755, t. 1, p. 226)。彼らのこのような奴隷制の容認論は、ムロンと同じく「商業の精神」を称揚し商業と奢侈の効用に目を向けながらも、決して商業の利益を優先させることのなかったモンテスキューが、「すべての人間は平等に生まれついているのだから、……奴隷制なるものは自然に反している」(Montesquieu 1748, p. 496/中 29) と断じたのと対照的である。[22]

第三節　モンテスキューの商業社会論――富と名誉

モンテスキューもまたサン＝ピエールやムロンと同じく一七世紀後半以来の新思潮に掉さし、利益を求める私欲や自己愛に従うことを人間の普遍的本性とみて、商業の時代の到来や商業社会の進展を肯定的に評価した[23]。とはいえ、モンテスキューの基本認識は、政体や環境などの諸条件に応じて法的、政治的、社会的秩序の

---

(21)　第二章の注(8)で触れたセルジュ・ラトゥーシュの批判的言説を念頭に置いて言えば、他方で、経済主義は新たな野蛮の芽を内包させてもいる。ラトゥーシュは経済学の起源を功利主義の起源と重ね合わせ、フランスの新思潮に由来する功利主義的な経済学の誕生を論じたが(Latouche 2005)、彼の狙いは、このような経済学あるいはその拠って立つ経済主義を批判することにあった。彼は、経済優位の価値観(経済想念・経済主義)は西洋近代に特徴的なものにすぎないとしてこれを相対化し、その上でその必然的帰結としての成長論理と発展パラダイムは伝統文化や人間の共同性の破壊の元凶であったと、経済主義(およびその延長上にあるグローバリズム)を批判しているが(ラトゥーシュ 2010)、このような批判的言説は、まさしくフランスの新思潮の延長上に位置するムロンやフォルボネが整えた道に対して向けられていることになる。

(22)　ただし、モンテスキューはこの引用文の少し前で、「ある国々では、暑さが肉体を弱め、また、勇気をもはなはだしく失わせてしまうので、懲罰の恐れによってでなければ、人々が困難な義務を果たす気にならないということがある。そういうところでは、奴隷制はそれほど理性に反しない」と述べており、奴隷制が容認される場合がありうることを認めている。文脈からいって例外的なケースではあるにしても、そこにモンテスキューの奴隷制論の曖昧さを見ることができよう。ただ奴隷制の例外的容認の根拠を経済的利益に求めていない点で、ムロンやフォルボネとは違っている。

(23)　モンテスキューの人間本性や情念についての捉え方に、ジャンセニストやモラリストの影響を見る見方は比較的最近の傾向である。例えば、スペクトールは、モンテスキューを「アウグスティヌス主義の伝統」に位置づけ、「彼は自己愛の効果への道徳的非難から社会的・政治的賛美への移行に寄与した、……私悪の公共的徳への転換を主張することによって、モン

多様性や文化的な多様性がもたらされるという相対主義にあり、こうした観点から見れば、商業社会としての社会のあり方やそれへの評価も多様でありうる。モンテスキューは、人身と財産の保全を保障しうる政治的自由を確保し専制へと堕落しないためには、権力が均衡した穏和な国家・君主政の政治構造を維持する必要があると考えた。しかしながら、商業の発展がもたらす富の生産・分配・流通にかかわる新たな社会的諸関係は、そのような政治構造を損なう可能性がある。すなわち商業社会のあり様は一般に君主政体の構成原理と相性がよいが、しかし場合によっては両者の折り合いは困難となりうる。彼は、折り合いが困難なとき、優先されるべきは商業の利益ではなく政治的利益であると考えた。商業社会の評価に関して、サン＝ピエールの啓蒙の功利主義やムロンの啓蒙の経済学と一面で大いに共鳴しながら、しかしモンテスキューの論説が示す方向性はサン＝ピエールやムロンが目指したものとは異なっていたのである。モンテスキューの商業社会論には捉えがたいところがあるが、それは彼の構想する政治的秩序とどのような関係を結ぶであろうか。

（1）商業社会 ── 国民の一般精神と奢侈

モンテスキューによれば、人間的事象のあり様を規定する条件は「風土、宗教、法律、統治の格率、過去の事物の例、習俗、生活様式」（19–4）であり、これらの複合的な作用によって国民の一般精神が形成される。[24]彼は一方では政治的、経済的、社会的、宗教的、文化的、自然的な諸関係の「すべてが全体として法の精神と呼ばれるものを形成する」（1–3）と述べており、この意味で、国民の一般精神こそは法のあり方を規定する法の精神にほかならない。国民の一般精神は諸条件の多様性に応じて多様でかつ相対的であり、立法者の統治のあり方はこの一般精神に規定される。

国民の精神が政治の諸原則に反していないとき、それに従うべきなのは立法者の方である。なぜなら、われわれは、自由に、しかもわれわれの生来の天分に従って作り上げるもの以上によいものを作り出すことはないからである。本性的に快活な国民に衒学的精神を与えても、国家は内に対しても外に対しても何も得るところはないであろう（19-5）。

本性的に快活な国民に衒学的精神を与えても無用であるように、国民の一般精神に沿わない統治は無効である。この意味で、モンテスキューは「われわれをあるがままに放任しておいて欲しい、……自然はすべてを修復する。……われわれをあるがままにあらしめよ」（19-6）と自由放任を説いている。一七世紀末にいち早く「自然の働きに任せよ」と説いたのはボワギルベールであったが、彼のレセ・フェールの主張は、市場の強制力という自己愛の抑制装置に基づく自律的な経済秩序の存在を想定するものであったから、モンテスキューのそれと同じではない。ただし、以下に見るように、私欲・自己愛に基づく行動であっても、「自然」の調整作用の結果として、そこからある種の秩序・公共善がもたらされるという構図は同じである。

「自然はすべてを修復する」というとき、モンテスキューがまず注目するのは、人間に本来的に備わっていると彼の考える社交的気質（l'humeur sociable）と、社会的な交わりのなかで生じる虚栄心の情念である。彼によれば、この社交的気質は人間同士の結合の基本原理であり、この気質に導かれて相互の交流が進むにつれて生活様式が変化し、変化への愛好が生まれ、良き趣味がもたらされる。なぜかと言えば、他者と交わることで他者の視線を意識する感情が生まれ、そこから虚栄心の情念が生まれるからである。そしてモンテスキューはマ

テスキューは「見えざる手」のパラダイムの創成に関与した」と述べている（Spector 2006, p. 21）。また川出良枝（1996）、一七九頁をも参照。

（24）『法の精神』からの引用は、Montesquieu（1748）による。引用箇所は通例に従って編と章の番号で表している。岩波書店版の翻訳を参考にしたが、訳文は必ずしも同じではない。モンテスキューの他の著書については出版年によって表示している。

ンデヴィルの『蜂の寓話』を参照するように指示しながら、この虚栄心の効用を次のように述べている。

女性の社交は習俗を軟弱にし、趣味を育む。他人よりも気に入られたいという欲望が装飾を生み、本来の自分よりももっと好感を与えたいという欲望が流行を作り出す。流行は重要なことである。軽薄な精神を身につけているおかげで、商業の諸部門はたえず増大する（19-8）。

良き趣味や流行の原因は虚栄心であり、この「軽薄な精神」こそは商業の発展の原動力であった。したがって、「虚栄心は政府にとってはよいバネ」であり、「奢侈、勤労（industrie）、技芸、流行、慇懃さ、趣味」の源泉であり、この意味で、まさしく「労働は虚栄の一帰結」であった。そして、彼によれば「フランス人はその虚栄心によって、他の国民よりもよく働きうるように仕向けられるであろう」（19-9）。フランス人は虚栄心に動かされやすいから、その一般精神は他国民よりも勤労に向いているというのである。虚栄心と勤労とを結びつけるこのような見方は、『ペルシャ人の手紙』（Montesquieu 1721）以来一貫している。そこで彼はこう述べている。「労働に対するこの熱意、金持ちになりたいというこの熱望は、身分の上下を問わず、職人から貴顕にまで通有のものだ。だれも、いままで自分のすぐ下にいた人間より貧乏になるのを好まない」（p. 289/194）。

さらに彼は、他者の視線や世間の評判に由来し、虚栄心と裏腹の関係にある「恥辱や非難に対する恐怖」が「抑制的動機」となって利己的情念の行き過ぎを抑止し、「多くの罪を阻止する」ことに注目している。モンテスキューは、このような秩序が存在するところでは、立法者は秩序維持のため厳しい刑罰を科すことを考えるよりは、むしろ「恥辱や非難に対する恐怖」によって悪しき行為を自己抑制しうるような習俗の確立に努めることが肝要であると述べている（6-9）。こうして、社交的気質の赴くままに任せておけば、他者の視線を意識する虚栄心などの情念が働いて、道徳的自制による秩序がもたらされる一方で、この「軽薄な精神」は、労働、勤勉、流行の原因となって経済活動を活発化する。こうして「自然はすべてを修復する」。それゆえ社交的気質を阻害するような法は無効なのである（19−6）。モンテスキューは『わが随想』（Montesquieu 1991）において、「社会とのつながりをもたらすのは、他者に気に入られたいという欲望である。社会を解体させるはずの自己愛が、逆にそれを強化し、揺るぎないものにするということは、人類にとって幸いであった」（p. 305）と述べている。

社交的気質や虚栄心に駆り立てられて「商業の諸部門が増大」していくが、こうした商業の拡張は消費を拡大し、雇用を増大し、技術的により洗練された物資の享受を可能にする。この点で彼は言う、「一国が余分なものをもつことは困難である。しかし余分なものを有用なものにし、有用なものを必要なものにするのが商業の本質である。したがって国家は必要なものをより多くの臣民に与えることができるであろう」（20−23）。要するに、必要・有用・余分の区別は相対的なものにすぎず、商業の発展とともに変化するということである。モンテスキューは、洗練された消費財の享受の可能性を拡げるこのような商業社会のダイナミズムを、さらに奢侈の観点から次のように論じている。

奢侈論は、ムロンの場合と同様に、モンテスキューの商業社会論においても中核的な位置を占めており、商業社会と奢侈との緊密な相互関係について、彼は端的に「商業の成果は富である。富に続くものは奢侈であり、奢侈に続くものは技芸の完成である」（21−6）と述べている。では奢侈とは何か。「生存上必要なものが一定量に等しいと仮定すれば、必要なもの以外をもたない者の奢侈はゼロに等しいであろう」（7−1）とされているところからみて、必要なもの以外のものはすべて奢侈である。そして「奢侈は常に資産の不平等に比例している。一国において富が平等に分配されていれば、奢侈は決して存在しないであろう。なぜなら奢侈は他人の労働によって得られる便宜に基づくものにすぎないからである」（7−1）。また、彼は「奢侈は国家の富と個人の資産の不平等と一定地域に集まる人間の数という三者に複比例する」(7-1)とも述べている。奢侈が「一定地域に集まる人間の数」に比例するというのは、人間が一定の地域に集中するほど、他者の注目を集め、目立ちたいという虚栄心が刺激され、奢侈を求める動機がより強く生じるからである。相互の眼差しが、「欲望や必要や幻想」を刺激して人々を奢侈へと誘うのである。前に見たところでは、他者の眼差しは利己的情念の自己抑制の原因でもあったが、ここでは、それは情念が求めるところを押し進める役割を果たす。いずれも虚栄心のなせるところである。

不平等が存在するところでは奢侈は必然であり、より多くの富の分配に与る富者が必要を超える余剰を手に入れ、富者はこの余剰を貧者の生産する奢侈品と交換することによってみずからの奢侈の欲求を満たす。したがって、このかぎりでは奢侈は富者に限定され、富者は資産の不平等に比例した支出を行って貧者の奢侈品生産労働を養わねばならない。このとき富(土地)の分配から排除された貧者の方は、富者の奢侈の欲求に応じることができる奢侈的工芸品を生産し、それと交換に必要品を手に入れることができなければ、生存さえ危うくなる。

富者がそこで多くを支出しないならば、貧民は餓死してしまうであろう。ここでは、富者は資産の不平等に比例して支出し、そしてすでに述べたように、奢侈はこうした比率で増加することさえ必要なのである。個人の富は、公民の一部から生存上必要なものを奪うことによってのみ増大した。それゆえ、必要なものは彼らに返されねばならない(7-4)。

ただしモンテスキューは、一方で「君主国が維持されるためには、奢侈は、農夫から職人、商人、貴族、行政官、大領主、大徴税請負人、君主へと次第に増大していかなければならない。そうでないと、すべては失われるであろう」(7-4)としているように、とくに君主国では、奢侈を享受する富者と言っても、それは常に相対的であり、ときに誤解されるように富者と貧者の別が固定されているわけではないことに注意を要する。必要・有用・余分の区分内容それ自体が商業の発展に応じて相対的であったように、余剰を手に入れ、奢侈を享受しうる富者の立場もまた、商業の発展いかんに応じて相対的なのである。

同じく、貧者と富者との間で行われる奢侈品の生産と消費とをめぐる循環もまた、生産力一定のもとで単純に繰り返されていくというものではない。それは常に拡大への契機を秘めていることに注意すべきである。彼は言う、「一緒にいる人間が多くなればなるほど、人間はますます虚栄的になり、つまらぬことで自分を目立たせようという欲望が生じてくるのを感じる」、あるいは「人々が一緒になれば、ますます多くの欲望や必要や幻想をもつようになるものである」(7-1)。要するに、富者ないし土地所有者は人口が集中した都市で多くの他者の視線にさらされるほど、ますます虚栄心(「軽薄な精神」)を刺激されて、いわば消費競争に身を投じ、より洗練された奢侈品の獲得を目指して余剰の生産にさらに励むであろうから、これにより生産力は拡大していくのである。そのためには、富者ないし土地所有者の奢侈の欲求を満たしうる洗練された製造品が提供され続ける必要がある。

農業者や手工業者によって果実が消費されるためには、工芸(arts)が確立しなくてはならない。一言で言えば、これらの国では、多くの人々が、自分たちに必要である以上に耕作する必要がある。このために彼らに余剰を持ちたいという欲望を起こさせねばならない。しかしそれを起こさせうるものは手工業者しかいない(23-15)。

農業者は手工業者の生産する製造品への欲求(奢侈の欲求)に促されて農業生産を増大する。『政治論集』(Hume 1752)のヒュームは、農産物余剰を軍隊ではなく商工業者の維持にあてる文明社会では、洗練された奢侈的な製造品を享受しうる可能性が農業者の生産意欲を駆り立てると考えたが、ヒュームのこの展望は、基本的にモンテスキューのそれと同じものである。モンテスキューによれば、一方で、下位の階層への転落を恐れて、あるいは致富によるより上位の階層への上昇を目指す上昇志向によって労働に励むモチベーションが生まれ、そして他方では、相対的な富者による奢侈的消費——それは虚栄心（「軽薄な精神」）が生み出す流行に左右される——によって奢侈的製造品を生産する手工業者に労働機会が与えられ、こうして生産活動が活発化していく。このように奢侈の欲求と消費こそは経済発展の原動力にほかならない。ここには、マンデヴィルやムロンの奢侈容認論に基づいて、奢侈が社会進歩の原動力である次第が典型的に示されていると言えよう。スペクトールが言うように、モンテスキューの場合も、自己愛に発する奢侈の欲求という「神を持たない人間の弱さや不幸を示すものがその偉大さの源泉となる」（Spector 2006, p. 135）のである。

奢侈と貨幣との関連について一言触れておこう。モンテスキューは、貨幣は余剰を蓄積し奢侈の欲求をふくらませていく手段であり、貨幣の効能は「自然が設けた限界を越えて人間の福徳（fortune）を大きくし、無益に蓄積したものを無益に保存することを教え、欲望を無限に増大させ、そして、われわれの情念を刺激する極めて限られた手段を与えた自然に取って代わり、われわれを互いに腐敗させてしまうことにある」（4–6）と述べている。大きな社会では貨幣の使用は必然であるから、そこでは貨幣の使用に伴う腐敗もまた必然であり、それゆえ、大きな社会では「悪事を働くさまざまの新しい手段や方法」を阻止するために、よき民事の法律が必要になるとされる（18–16）。

（2）商業の精神と穏和な商業

以上のように、商業→富→奢侈→技芸の因果連鎖を通じて商業社会は高度化していくが、社交的気質や虚栄心という「軽薄な精神」に導かれて進むこのような高度化は、貨幣の使用と相俟って欲望の無限の拡大を惹起し、腐敗を深化させる可能性を孕んでいる。しかし他方で商業活動を導く人間の情念に「商業の精神」という合理的表現が与えられるとき、それは公共善・秩序の原因ともなりうる。

商業の精神の影響しか受けていない国では、あらゆる人間の行動やあらゆる道徳的徳が取引の対象となる。人間性が求めるどんなにささやかな事柄でも、そこでは貨幣と引き換えに行われたり与えられたりする。商業の精神は人間の中に厳密な正義についてのある感情を生み出す。この感情は一方で略奪と対立し、他方であの道徳的徳、すなわち人に自分の利益を必ずしも執拗に主張しないようにさせ、他人の利益をはかって自分の利益を顧慮しないようにさせるあの徳と対立する（20–2）。

このようにモンテスキューは、商業の精神は人間のあらゆる行動や徳をも取引の対象とし、商品化する傾向を持っているが、しかし商業の精神に導かれるときには「人間の中に厳密な正義についてのある感情」が生み出されると言う。虚栄心と裏腹の「恥辱や非難に対する恐怖」が「抑制的動機」となって利己的情念の行き過ぎを抑止することは前にみたが、ここではそれ以上に、この利己心の発露の結果として「厳密な正義」の感情が生まれるとされるのである。このことは民主政と商業の精神との関係をめぐる文脈のなかでも強調されている。

もともと公共の利益を優先し、平等・質素への愛に貫かれた「徳」を原理とする民主政は、利益を求める利己心の発露であり、利他的な徳と対立する商業の精神とは相容れないように見えるが、しかしモンテスキューは民主政のもとでの商業の精神について、次のように述べている。

資産の平等が質素を支えるように、質素は資産の平等を維持する。……民主政が商業を基礎とする場合、個人が巨富をもちながらも習俗は腐敗しないということが大いにありうることは確かである。これは商業の精神が、質素、倹約、節度、労働、賢明、平穏、秩序および規則の精神を導くからである。したがって、この精神が存続するかぎり、それが生み出す富はなんら悪い結果をもたらさない(5−6)。

彼は民主政においては平等が維持されねばならないと強調しながら、民主政が商業を基礎とする場合、不平等であっても商業の精神が存続するかぎりは、それが生み出す富は何の問題もないと言うのである。しかし彼は続けて、この精神が「過度の富」によって破壊されると、「無秩序が不平等から生まれ」、さまざまな弊害が生じるから、豊かな市民といえども働かなくてすむほどに大きな資産が蓄積されることのないよう、商業が各人の資産を大きくするにつれてこれを分割する手立てが必要になる、と述べている(5−6)。また彼は他方で、「民主政においては実質的平等が国家の神髄ではあるが、それは打ち立てるのが非常に困難であるから、この点については極端に厳密であることは必ずしも常に適当とはかぎらない」(5−5)として、不平等な民主政のリアリティを述べている。要するに、商業を基礎とする不平等な民主政はありうる、しかしその不平等の程度が許容範囲を超えると、つまり働かなくてもすむほどの大きな資産を持つ者が現れると商業の精神は破壊され、民主政は無秩序に陥って崩壊する、と彼は述べているのである。したがって「商業国たる共和国」では「父からの相続に際して、すべての子に平等な割当分を与える法律は極めてよい法律である」(5−6)。

このようにモンテスキューの言う「商業の精神」は、際限なく自己利益を求める剥き出しの私欲とは相容れず、不平等が「過度」に及ばない程度において、そのかぎりで、「質素、倹約、節度、労働、賢明、平穏、秩序および規則の精神」を導き、商業活動の自律性を担保しうるのである。アベ・ド・サン=ピエールやムロンは労働や勤労はおのずから人々を有徳にすると述べていたが、モンテスキューはこの見方を敷衍し、条件付きながら、商業活動の道徳的自律の可能性に着目していると言えよう。

彼はまた、商業はおのずから「破壊的な偏見を治し」、「野蛮な習俗を磨き、これを穏和にする」(20−1)という商業の効果を強調している。すなわち、ハーシュマンが「穏和な商業（doux commerce）」と呼んだ事柄である（Hirschman 1977）。「習俗が穏やかなところではどこでも商業が存在し、また商業が存在するところではどこでも、穏やかな習俗が存在するというのがほとんど一般的な原則である」（20–1）。上で述べた商業の精神による道徳的自律の観念の延長上で、しかも商業の一般的傾向として、商業それ自体が人間性を陶冶し習俗を穏和にする効果を持ちうるとするのである。社交的気質と虚栄心に基づく自己抑制や、この虚栄心と裏腹の「恥辱や非難に対する恐怖」という「抑制的動機」は、ニコルやマンデヴィルが述べていた利益を動機とする欺瞞的な秩序――商業活動において利益を求める利己的情念は、その実現のためにかえって自己抑制的となりうる――と同じものであったと言ってよい。モンテスキューは秩序形成の要因として、さらに、商業の精神に涵養される「正義」の感情や「秩序および規則の精神」、そして商業活動による習俗の馴化という人間性の陶冶の可能性を加えたのである。これらは、言うまでもなく、商業の道徳的、社会的、政治的効果に着目するいわゆる「商業ヒューマニズム」の観念に繋がるものである。

　モンテスキューは、さらにこれらの議論を踏まえて「商業・交易による平和」の効用を論じている（「商業の自然の効果は平和へと向かわせることである」20–2）。商業がこのような効用を持ちうるのは、商業においては「すべての結合は相互の必要に基づいている」（20–2）からである。

> 君主は隣国の破滅によっていっそう強大になれると考えている。逆である。ヨーロッパにおいて、さまざまな事物は諸国同士でお互いに依存しあっている。フランスは、ギュイエンヌがブルターニュやアンジューを必要としているように、ポーランドやモスクワの富を必要としている。ヨーロッパは数々の地方からなる一つの国家である（Montesquieu 1991, 318/p. 281）。

> 貨幣、銀行券、為替手形、会社の株式、商船、あらゆる商品といった動産は世界全体に属しており、世界はこの関係に

おいては、そのなかのすべての社会を構成員とするただ一つの国家をなしている（20-23）。

世界経済は必要に基づいて相互に依存関係にあるから、これを毀損するような振る舞いはかえって自己利益を損なう。モンテスキューの平和の論理は、交易によって繁栄する国は平和の持続に強いインセンティブを持つと考えたサン＝ピエールや、商業・交易の必要性が戦争の必然性を疑わしいものにすると述べたムロンの「商業による平和」の論理と基本的に同じであるが、世界経済における相互依存の関係に着目したところに独自の視点をみることができる[25]。

ところで、モンテスキューは、利益追求という利己的情念の織りなす経済世界において、権力による人為を寄せ付けない自己充足的な経済メカニズムが存在することに注目している。彼はユダヤ商人の発明した為替手形について、「この手段によって商業は暴力から身をかわし、いたるところで身を守ることができた」ことに注目し、それゆえ君主はこの発明以来、経済的繁栄は大がかりな強権発動によってではなく、立派な政治によってのみ可能であることを思い知るようになったと述べている（21-20）。為替相場も同様であり、これは「大きな強権発動を、あるいは、少なくとも大きな強権発動の成功を遠ざけた」（22-13）。このように、モンテスキューは経済現象の法則性に着目し、政治権力によっては制御できない経済の独自の領域の存在に注意を喚起している。貨幣数量説として知られる彼の貨幣理論も同じ観点に立っている。「物の価格が定まるのは基本的には常に物の総体と表徴の総体との比に依存する」から、法令によって一対一〇の比例関係が一対二〇の比例関係に等しいなどと定めることができないのと同様に、君主や行政官は商品の価値を定めることなどできない（22-7）。「商業」あるいは経済世界に固有の人為の及ばない法則性が君主の恣意的な権力行使を抑止し、いわば君主政を穏和にするのである。こうして、このかぎりで経済が政治を規定する。しかし経済は一方で政治の論理に従うことを求められる。あとで詳述するように、モンテスキューの商業社会は、諸身分の質的差異に基づく社会的ヒエラルキーと政治的秩序の安定的な維持を何より優先する政治の論理の求めるところによって、その全面展開を許されないからである。政治的安定を求めるこうした政治の論理は、既存の社会的、政治的秩序を毀損したと彼のみるローの「システム」への批判の延長上で展開される、彼の貨幣・信用論にも反映していると見ることができる。

信用創造によって通貨量の増大と莫大な国家債務の償還を一挙に果たそうとしてローが引き起こした混乱について、若きモンテスキューは「荒療治をさんざんやったあとで、彼は患者をもとどおりに太らせたと思った、ところが患者を単にむくませたにすぎなかった」(1721, 138, p. 339) と述べた上で、さらに次のようにローを厳しく断罪している。「全国民の習俗を腐敗させ、最も高貴な魂を堕落させ、栄誉の輝きを曇らせ、徳さえも陰りを与え、最も高貴な生まれを世間一般の侮蔑とまぜこぜにしてしまうとき、大臣の犯す罪ほど大きな罪があるだろうか」(1721, 146, p. 362)。銀行券や株券の信用の肥大化を許したローの「システム」は、何よりフランス社会の秩序原理に打撃を与えるものであったから、この経験を踏まえてモンテスキューが論じる貨幣・信用論の要諦は、何より、安定した貨幣・信用システムの構築にほかならない。この点を一瞥しておこう(26)。

(25) モンテスキューのこの国際的な相互依存の認識は素朴なレベルにとどまっている。ボワギルベールの国内における経済的相互依存への着目を国際的な相互依存へと拡張し、交易上の嫉妬のナンセンスを論じたのがイザック・ド・ピント (Isaac de Pinto, 1717–1787) の『流通信用論』(Pinto 1771) であった。米田 2005, 三六一頁を参照。

(26) 浅田彰はモンテスキューに与えた「ローのシステム」の影響を次のように述べている。「モンテスキューの考えるシステムは諸要素間の複雑な関係の織りなす不透明な織物であり、さまざまな媒介の相互作用によって各部が正しい均斉を保ちつつ適度のリズムで動いていくような運動体である。社会を急激な変動に陥らせないこと、それによって質的な差異の織りなモンテスキューは、「貨幣はあらゆる商品の価値を表示する表徴」（22－2）であり、大量に存在してもその分だけ貨幣価値の低下すなわち物価の上昇をもたらすにすぎないとして、その中立性を強調する一方で、貨幣価値の安定を求め、貨幣の改鋳は有害であると批判した。貨幣は交換の担保であり価値尺度であるから、他の尺度の場合と同様にそれに手を触れてはならないとするのである（22－3）。「貨幣論争」において、改鋳を容認したムロンを批判して貨幣価値の安定を求めたデュト（Du Tot，生没年不明）の立場と同じである。ついでに言えば、彼は、貨幣量が二〇倍になっても、貨幣量の増大効果として商品量が二倍になれば、価格の上昇は一〇倍でとどまるとして、貨幣量増加の生産効果を捉えており、この点で彼の貨幣理論は単純な機械的数量説ではないことに注意を要する。「商品や物産の量は商業の増大によって増加する。商業の増大は次々と到着する銀の増加によって、また、われわれに新しい物産や新しい商品を与える新しい土地や新しい海との交通によって生じる」（22－8）。

信用に関してはこうである。「貨幣が商品の価値の表徴であるように、紙幣は貨幣の価値の表徴である。そして、紙幣が有効（bon）なものである場合には、それは効果に関して全く変わりがないほどに貨幣を表示する」（22－2）。「紙幣が有効なものである場合」とは、紙幣の発行総額が貨幣の存在量によって制約されている場合であろうが、そうであるかぎり、通貨としての機能に関して紙幣と金属貨幣とは基本的に無差別であるとされる。また商業上の流通証券（為替手形、約束手形）の類は有用であるが、国家の債務を表す国家証券（国債）は有利ではないとしている。彼はその理由の一つに「国家の真の収入が、活動的で勤勉な人々から奪い取られ、有閑者に移転される」（22－17）ことを挙げているが、しかし、だからと言って債務者保護のために債権者をないがしろにするのは間違っている、と暗にムロンの債務者保護論を批判している。例えば、もっぱら債権者である金利生活者は他の階層によって養われる受動的な階層にすぎないとはいえ、公信用は「一定数の公民〔債権者」に不足していれば万人に不足しているようにみえる」から、債務者が債権者に対して有利に立つようなことがあってはならない、そうなれば公信用そのものが損なわれる、と言うのである（22-18）。この議論もまたデュトが強調したところであった。信用貨幣の発行高を貨幣の存在量によって制約しようとし、ジョン・ローはこの原則を逸脱して信用貨幣の過剰発行に陥ったと批判している点でも、モンテスキューはデュトと同じである[27]。

（3）商業社会と君主政 —— 名誉

見てきたように、社交性と虚栄心の情念は、社会の秩序と繁栄、すなわち奢侈の進展に伴う商業社会の高度化を導いていく一要因であったが、このような見方は、政体論において、君主政を維持する原理である「名誉」の情念の社会的機能の問題として敷衍されていると考えられる。商業社会とこの名誉の情念との関係はどのようなものか、見てみよう。

すハイエラキーを保存すること、そして、量の運動のアナーキーを抑制し、それを質的な原点にしっかりと繋留すること。モンテスキューがローの経験から汲みとったこれらの教訓が、あるべき経済システムを考えるにあたって大きな役割を果たしたことは、疑う余地がない」（浅田 1984, 一七八頁）。

（27） デュトは『財政と商業に関する政治的考察』（Dutot 1738）において、いっそう厳密に紙幣の発行総額と貨幣供給量との一対一対応を求めている（ただし、彼は草稿で残したその第三巻では、一億のファンドがあれば七、八億もの信用を創造できるように「無限の信用」が可能であるとする信用創造の理論へと飛躍を遂げている。米田 2005 を参照）。モンテスキューとデュトとの間に直接の影響関係があるかどうかは不明であるが、両者の貨幣・信用論にはいくつか共通点があることは確かである。

名誉とは何か。端的に言えば、それは自己差別化によって得られる優越感情であり、不平等への願望と裏腹である（「名誉の本質は優先（préférences）と特別待遇（distinctions）とを要求することにある」3―7）。この優越感情は「各人、各身分の偏見（le préjugé de chaque personne et de chaque condition）」（3-6）であるとされるように、各身分に相応の名誉の領域がありうる。そして彼によれば、「名誉とは、宗教がときには破壊し、ときには規制しようとつとめるところの一つの偏見である」（4-2）から、宗教道徳に照らして言えば、自己愛に由来する名誉それ自体は悪徳あるいは罪の領域に属するが、しかしモンテスキューはそのようなことに頓着せず、ニコルのアウグスティヌス主義ともマンデヴィルのシニシズムとも無縁である。そして、君主政体は「優越、序列、さらに出自による貴族身分でさえ前提にしている」から、名誉の情念はこの政体と相性が良いことは間違いない（3-7）。むしろ君主政の原理として、名誉は「君主国において君臨する。そこでは、名誉は政治体の全体に、法律に、そして徳にさえも生命を与える」（3-8）とされている。また、

名誉は義務としてわれわれに命じられていることについて、自分の発意で規則を設ける。それは、われわれの義務を自分の意のままに拡大したり制限したりする。その義務の源泉が宗教にあろうと、政治にあろうと、あるいはまた道徳にあろうと、問うところではない（4-2）。

別の言い方をすれば、名誉は「みずからの法と規則をもち、屈服することを知らず、自分自身の気紛れに大いに左右され、他人の気紛れに左右されることはない」（3-8）。

このように名誉はいわば超越的な自我の発露でもあって、何ものにも縛られない自由をその本質とする。例えば、君主に従う戦場において名誉の感情を満たす絶好の機会が与えられるが、しかし君主が戦場において不名誉な命令を発するときには、名誉の感情ゆえに、人は命令を無視して戦場から離脱し、軍職を辞退しうる自

由を留保しているとされる（「君主は決してわれわれの名誉を傷つけるような行動を命じることはできない。そのような場合、君主に仕えることはできなくなるからである」4－2）。名誉が設ける「規則」からすれば、このような超越的な自我が求める何ものにも縛られない自由は、福徳（fortune）[28]よりも上位に位置し、福徳を重んじることは許されるのに対して、そのような自由を放棄し、「生命をいくらかでも重んずることは」絶対に許されない、とされる（4－2）。

モンテスキューはこうした名誉を、「真の名誉」と「偽りの名誉」とに区別している。この区別には判然としないところがあるが、みずからの発意で設けた規則に従って、ときに君主の命にそむき、死をも厭わない、いわば英雄主義的な感情の発露は「真の名誉」と言ってよいものであろう[29]。それゆえ、囚われない自由の発露としてのこのような名誉感情は、君主権力のカウンターパワーとして、君主政が専制に堕するのを防ぐ機能を果たしうる。彼は、「穏和な君主国においては、権力はそのバネをなすものによって制限される。私の言う意味は、名誉が君主と人民との上に帝王のごとく君臨しているということである。……君主に対しては常に名誉の法が引き合いに出されるであろう。この結果、服従において必然的な修正が生ずる」（3－10）と述べている。

一方、「偽りの名誉」とは何か。彼はそれ自体を説明しているわけではないが、それは、英雄主義的な、あるいは理想主義的な囚われない自由の発露というよりも、他者の視線を意識するところに生まれる自己顕示欲

(28) 岩波版の訳を尊重して、このfortuneに財産と幸福を意味する「福徳」の訳語をあてている。身分、財産、富およびそれらがもたらす幸運が一体となったイメージであろうか。
(29) この意味でそれはまた民主政の原理たる無私の「英雄的な徳」（3－5）と紙一重のものであろう。川出は「ここには貴族が王権に対する潜在的な対抗勢力であった時代に主流であった、英雄主義的な名誉観との連続性がはっきりと看取される」（川出 2000，一二一頁）と述べている。

や虚栄心を動機とする名誉のことであると考えてよいであろう。名誉感情の序列において戦場からの離脱の自由よりも下位に置かれた福徳の情念を含めて、礼儀、礼節などは「偽りの名誉」に属すると言うことができる。例えば、礼節（politesse）は純粋な感情つまり「自分自身に固有の偉大さ」からではなく、自己の優位性を他者に顕示する自尊心つまり「借りものの偉大さ」から生まれるとされるが（4−2）、「固有の偉大さ」が真の名誉であるとすれば、礼節を生み出す「借りものの偉大さ」とは偽りの名誉にほかならない。言い換えれば、礼節は自分を目立たせたいという自己顕示欲のなせるところであった（「礼節は普通それほど純粋な源泉から生まれ出てくるものではない。それは目立ちたいという欲念から生まれる。われわれが礼儀正しいのは自尊心のゆえである」4−2）。このような名誉の感情が他者の視線を意識するところから生まれることは言うまでもない。彼は「君主政においては、［風紀取締り］監察官（censeurs）は必要ない。君主政は名誉を基礎とするものであり、そして、名誉の本質とは、世間全体を監察官とすることである」（5−19）、あるいは「世間こそ、名誉と呼ばれるもの、すなわち、いたるところでわれわれを導いてくれるはずのあの普遍的教師の学校である」（4−2）、と述べている。

このように礼儀、礼節などの偽りの名誉は諸情念の行き過ぎを抑制し、ある種の道徳的自制を生み出す。そして名誉と裏腹の野心の情念が「君主政体に生命を与える」ように、この偽りの名誉は、他方で君主政国家において社会のダイナミズムを導く原動力となりうる。

君主政体は、すべての物体をたえず中心から遠ざける力とそれらを中心へと連れ戻す重力とが存在する宇宙の体系のようなものであると言えよう。名誉は政治体のあらゆる部分を運動させ、その作用自体によってそれらを結合する。そして、各人はみずからの個人的利益に向かっていると信じながら、共通善に向かっているといったことが生ずる。確かに哲学的にいえば、国家のあらゆる部分を導くものは偽りの名誉である。しかしこの偽りの名誉は、真の名誉を個々人がもつことができれば、それが個々人にとっては有益であるのと同じように、公共にとっては有益なのである。それに、困難で、しかも力を必要とするあらゆる行動をするように人々を強い、これらの行動が評判になること以外の報酬は与えないというのは、たいしたことではないだろうか（3-7）。

君主政においては、名誉の情念に導かれて自己利益の実現に向かいながら、結果的に秩序の維持という共通善がもたらされる。ピエール・ニコルは、デカルトの渦動説を応用し、自然的諸力がその相互の圧力によって安定状態に達するように、諸情念はその競合関係ないし相互牽制を通じて一定の秩序を維持しうると考えたが、ここではむしろニュートン力学の投影を見ることができる。その違いはあるが、いずれにせよ、私欲・自己愛は利己的情念の相互作用によって公共善に転化する。前に見たところでは、このような逆説的状況をもたらす「自然」の作用の動因は社交的気質や虚栄心の情念であったが、君主政を論じたここでは、その動因は「偽りの名誉」の情念である。モンテスキューはこれらの諸情念を重ね合わせ、商業社会と君主政との親和的関係を明らかにしていると見ることができる。彼は言う、「君主政の国々では、各人は優越することを目指す」（5-4）、あるいは「君主政においては、真の名誉であれ偽りの名誉であれ、名誉が格下げと呼ぶものを我慢することができない」（5-19）。すなわち、貴族にとどまらず各身分はそれぞれ相応に優越感情や不平等への願望に駆り立てられるが、こうした名誉の感情が政治体のあらゆる部分を運動させ結びつける。まさに「名誉はいたるところで混ざり合い、あらゆる考え方やあらゆる感じ方のなかに入り込み、そして、もろもろの原理原則でさえ指導する」（4-2）のである。

このとき名誉は、経済的利益や富とどのような関係を結ぶであろうか。上述の引用文では、個人的利益の追求が結果的に共通善をもたらすという趣旨と、公共的利益に寄与したとき、世間の評判以外の報酬を求めないという名誉心の気高さを称揚する趣旨とが混在していて、分かりにくいが、「国家のあらゆる部分を導く偽りの名誉」あるいは「各人・各身分の偏見」としての名誉という場合、それが富への希求（福徳の情念）を含んでいるのは間違いないところであるし、この意味でそれは利益を求める利己心の発露としての「商業の精神」とも矛盾しない。しかしながら、一方で彼は、名誉心の気高さを称揚するという趣旨とかかわって、名誉の報酬として富に眼もくれない貴族の名誉心を強調することを忘れない。「名誉だけが支配する君主政においては、……君主は栄達（fortune）に導く名誉によって賞するのである」（5–18）、あるいは「それぞれの職業には持ち前がある。貢租を徴収する人々の持ち前は富である。この富の報酬は富自体である。光栄と名誉は、それ以外に真の幸福を知らず、見もせず、感じもしないあの貴族のためのものである」（13–20）。こうしてモンテスキューの言う名誉という不平等への願望には、富への希求に解消されない、あるいは経済の次元に還元できない領域が確固として存在している[30]。

いずれにせよ、これらの名誉こそは君主政体を動かす「バネ」であった（3–6）。彼によれば、徳を原理とする民主政を維持するためには徳を涵養する教育が必要となるが、君主政を維持する名誉は、専制を維持する原理である恐怖と同様に、感情の自然の発露であるから、この情念を養うのに特別の苦心はいらない[31]（4–7）。したがって、

> この［君主政］国家は、祖国愛、真の栄誉欲、自己自身の放棄、もっとも貴重な自己利益の犠牲、および古代人の中に見出され、もはやそれについて聞いたことがあるというだけの、あのすべての英雄的な徳とは無関係に存続する（3–5）。

自己利益を犠牲にする利他的で英雄的な徳など存在しなくても、人間本性に由来する虚栄心や名誉の自然の感情の発露によって君主政の国家と社会は維持されうる、と彼は言うのである。ここに、商業の発展による社会の変容を眼前にしたモンテスキューの基本的な立ち位置が端的に表わされているように思える。国民の一般精

神を踏まえて「われわれをあるがままにあらしめよ」と彼が述べるときに想定されていたのも、このことであったであろう。

ところで、君主政は商業社会のあり様と親和的であるように、奢侈とも親和的である。前に見たように、奢侈の欲求は虚栄心に発する顕示的欲求とほとんど同義であったが、このような奢侈の欲求は、他者との差違を求める「名誉」を政体の原理とし、富の分配の不平等に基礎づけられる君主政のもとでのみ自己実現を遂げうるからである。これに対し、民主政のもとで奢侈が広まれば人心は個人的な利益に向かい、質素や「共和国の魂である平等」(5-15)を破壊し、民主政の原理である利他的な徳を腐敗させ、民主政そのものを危機に陥れることになる。それゆえ民主政において奢侈は禁止されねばならないが、一方、君主政では奢侈は必然であるから、「奢侈禁止の法律は不要である」。また奢侈とは所有物を自由に使用することであり、いわば消費の自由に属するが、このような自由を行使できるのも君主政の下においてのみであった。こうして「共和政は奢侈によって終わり、君主政は貧困によって終わる」(7-4)。このように彼の奢侈論は政体論と密接に繋がっており、奢侈の容認は君主政を前提にしたものであった。ただし、君主政と商業や奢侈とのこのような親和性は留保付きのものであったことに注意しなければならない。政治的自由を保障するための政治的秩序の観点がそこに組み

(30) 津田内匠はモンテスキューの「名誉」の観念について、「君主政の原理とされる『名誉』すなわち『各人・各身分の偏見』というのは、市民社会における個人の利益活動の完全な解放を意味するのではなく、君主政のもつ封建的性格と市民的性格の相互制御による共存をめざす原理」(津田 1965, 一三〇頁)であると述べている。名誉のこのような二つの性格が、重なり合いつつ「[君主政]国家のあらゆる部分」を導いていく。

(31) ただし、彼は一方で、礼儀を含めて君主政に必要とされるあらゆる徳と資質の体現者がオネットムであり、君主国の教育はすべてこのオネットムの養成に向けられねばならない、と述べている(4-2)。

込まれるとき、君主政と商業社会との折り合いは単純なものではなくなるからである。

（4）政治的秩序

彼は言う、「公民における政治的自由とは、各人が自己の安全についてもつ確信から生ずる精神の静穏である」（11−6, p. 397/211）。この自由は、民主政や貴族政においてではなく、君主政すなわち穏和な政体（les gouvernements modérés）でのみ見出すことができるが、穏和な政体であれば常に確保されるというものではなく、それは「そこで権力が濫用されないときにのみ存在する」。権力の濫用を阻止するためにはどうすればよいか。「事物の配置」によって、権力が権力を抑止する制度を設けることが肝要である（11−4）。ここに、よく知られたモンテスキューの権力分立論が展開されることになる。結論だけ言えば、政治的自由とは、この場合、何より人身と財産の保全が保障されることであるが、この政治的自由を制度的に保障するためには、君主の「権力がそこを通って流れるための中間の水路」（2−4）が必要であり、その担い手としての貴族の「従属的中間権力」が「君主の権力と人民の無力」との「紐帯」となることが不可欠である。こうして君主の執行権に対し、貴族の立法権と人民の立法権とが対峙することになる。のちにこのような権力分立はかえって膠着状態を招いて権力の行使を難しくするという批判を浴びることになるが、[32] モンテスキューはそのような批判をあらかじめ封じるかのように、「これら三つの権力は、休止または無活動の状態になることがあろう。しかし、これらの権力は事物の必然的な運動によって前に進むことを強制されるので、協調して進まざるを得ないであろう」（11−6, p. 405/221）と述べている。「事物の必然的な運動」が膠着状態による停滞など許さないのである。いずれにせよ、人身と財産の保全を保障するためには、このような権力分立の制度を組み込んだ身分制的ヒエラルキーからなる政治的秩序を維持することが肝要であった。

この政治的秩序の要は「出生、富、名誉によって際立った人々」つまり中間権力を担う貴族であり、立法においても彼らは「国内でもっている他の優越性に比例」した役割を担わねばならない(11-6)。このような優越性に比例した役割を果たすために、貴族には何が求められるだろうか。「利益は地上で最大の君主」で、「金持ちになりたいというこの熱望は、身分の上下を問わず、職人から貴顕にまで通有のもの」(Montesquieu 1721, p. 289/194)であり、しかも前に見たように、このような熱望や、それと裏腹の「商業の精神」が支配するところでは人間のあらゆる行動が取引の対象となり商品化されてしまうが、貴族はこのような熱望や商業の精神に身を任せることがあってはならないとされる。法の保管に与る法服貴族は「能力と徳」とによってのみ際立とうとし、蓄財よりは財産の蕩尽を旨とする大貴族(帯剣貴族)は、「富を望み得ないときには権勢を望み、それも得られないときには名誉を得たという理由で自らを慰める」、このような貴族の存在こそが君主国家の偉大さと力の源であるが、商業の精神が貴族に及べば、権力の行使あるいは政治的秩序を維持する彼らの義務は放棄され、君主政は危機に陥る。すなわち、権力が均衡した穏和な国家(君主政)の政治構造を維持し政治的自由を確保するためには、貴族中間権力が権力バランスの紐帯として機能し続けることが肝要であるが、商業の発展によって社会的諸関係が変化し、貴族中間権力が空洞化してそのような政治構造が損なわれるならば、国家の安定性は損なわれ、「君主政の卓越性」は失われ、専制政へと堕落してしまうというのである。こうして、法の制定、保管、執行など権力の行使にかかわる人々の精神は決して商業の精神であってはならない(20-22)。

(32) 例えば、ケネーは、専制政、貴族政、民主政はいずれも権力を握った階級による一方的支配であり、被治者を隷属させる傾向をもつことは明らかであるとする一方で、君主と貴族との間の、さらには君主と貴族と人民との間の権力の分立による混合政体も秩序の維持を危うくするとして権力分立論を批判した(「国家のさまざまな階級間に分割される権力は、濫用されやすく、調和を乱す」Quesnay 1767, p. 919)。

「商業」活動は、この政体の構造を損なわないかぎりで推奨されるにすぎなかったのである。[33]

こうして、貴族が商業に従事することは「商業の精神」にも、また「君主政の精神」にも反する（20–21）。言い換えれば、「君主政は商業を人民にしか許容しない」（5–9）のである。彼にとっては、あらゆる階層の人々を巻き込んだ「ローのシステム」によるバブルの狂熱は、社会階層を流動化させ、身分制秩序に立脚する君主政を危うくするものであったし（2–4）、貴族に商業への従事を許すなど「その政治的利益を常に商業の利益に譲歩させ」（20–7）、その結果、君主政体を弱体化させてしまったと彼の見るイングランドは、フランスが真似るべき模範ではありえなかった。[34]商業の時代の担い手として商人貴族を積極的に推奨したサン＝ピエールやムロンとは大きく異なるところである。

モンテスキューは、貴族が商人となるのではなく、むしろ商人に貴族に成り上がる機会を与えることが肝要であると考えた。売官制を利用して、富を、貴族身分を獲得する手段とし、これによって商人の経済活動にインセンティブを与えようというのである。

この国［フランス］で実際に行われていることは非常に賢明である。大商人はそこでは貴族ではないが、貴族になることができる。彼らは、それによる現実の不都合をもつことなく、貴族の称号を手に入れる希望をもっている。彼らがこの職業から脱け出すには、自分の職業を立派に果たすか、あるいは首尾良く果たすこと以上に確実な手段はないのである。……貨幣を対価として貴族身分を獲得できることから、これに達しうる地位に自分をおくために大商人は大いに励む（20–22）。

富裕な市民層が経済的利益の追求によってみずからの差別化をはかる方向として彼が示したのは、貴族身分の獲得という社会的上昇の可能性であった。ここでは富は貴族身分に伴う名誉を獲得する手段にすぎず、自己利益（富）を求める利己的情念は身分制秩序にいわば取り込まれてしまう。

以上のように、君主政の国家は、利他的で英雄的な徳など存在しなくても虚栄心や名誉の自然の感情の発露によって維持されうるとして、商業社会の現実に即して「われわれをあるがままにあらしめよ」とまで彼に言わせた君主政と商業社会との親和的な関係性は、政治的自由の確保を至上命題とする政治の論理の前に屈折を余儀なくされるのである。ケネーは、諸身分からなる多様な国民をそれぞれの経済的機能に応じて位置づけ直した上で、三つの階級（生産階級、地主階級、不生産階級）が紡ぎ出す再生産秩序を構想し、この経済秩序が政治的秩序を規定すると考えた。[35] モンテスキューもまた政治権力によっては制御できない経済の独自の領域の存在を認めたから、このかぎりでは、同じように経済が政治を規定する。しかしながら、モンテスキューの場合は、君主と宮廷の「常によみがえる欲求を満足させる」（5-9）ために、あらゆる商業を促進しなければならな

（33）この点では君主も同様であり、君主がみずから商業を営むことがあってはならないとされる（20-19）。

（34）モンテスキューは、イングランドでは「人間は浮薄な才能や属性によってはほとんど評価されず、実質的な資質によって評価され、……虚栄心の洗練ではなく、現実的欲求の洗練に基づく堅実な奢侈が存在する」（19-27, p. 581）として、イングランドを商業社会の発展型として評価する反面で、商業の利益を優先したため貴族の没落を招いた点を惜しんでいる（「イングランドで貴族に商業を許している慣行は、この国において君主政を弱めるのに最も寄与したことの一つである」20-21）。イングランドの国制に対する彼のこのようなアンビバレントな評価について、川出（1996）を、また『法の精神』においてイングランド国制論が占める位置について、定森（2005）を参照されたい。

（35）ケネーの構想する政治社会では、あらゆる中間権力は排除され、立法権と執行権とを一身に体現した後見的権力（l'autorité tutélaire）による一元的な権力行使が行われる。のちに合法的専制主義（le despotisme légal）と呼ばれる政治体制であるが、この体制が目指すものは、人間にとって最も有利だと彼の考える再生産秩序の実現であるから、この意味で政治の領域は経済の唯物的世界に完全に包摂されている。米田（2005）第六章を参照。

いとされるものの、商業の発展という経済的事情と政治的自由を保障しうる政治構造を維持するという政治的事情とが相容れない場合、後者が優先する。そしてこの政治構造の中核をなすのは貴族中間権力であったから、それは結局、おもに貴族の優位性を確保するという一点において政治の論理が経済の論理に優越する、ということにほかならない。こうした経済と政治の関係の不分明さは、富と名誉との関係にも投影されている。

一般に富の希求あるいは福徳（fortune）の情念それ自体は決して名誉と矛盾するものではなかった。モンテスキューが「君主政の国々では、各人は優越することを目指す」と言うとき、あるいは各人・各身分の名誉の感情が政治体のあらゆる部分を運動させ結びつけると言うとき、この名誉感情には経済的利益の獲得によって自己差別化を図ろうとする願望が含まれていると考えてよいであろう。しかし他方で、「真の名誉」は福徳よりも上位にあって富には眼もくれない。貴族の名誉に関しても、法服貴族の名誉よりも上位にあるとされる帯剣貴族の名誉は、財産を増やすよりはその蕩尽を旨とするところにある。このような真の名誉と偽りの名誉、各人・各身分の名誉、貴族の名誉、さらに帯剣貴族の名誉と法服貴族の名誉などの区別が、商業、富、奢侈などの観念と絡みついて、名誉と富の関係を不分明にし、商業、富、奢侈についての彼の評価にアンビバレントな印象をもたらしているのである。この不分明さがモンテスキューの商業社会論を分かりにくくしている原因でもあるが、いずれにせよ、彼が強調しているのは、人身と財産の保全という社会の存立の基本的条件を安定的に確保するために、少なくとも権力の行使に与る人々に関しては、名誉を望むことが経済的利益の追求によってみずからの差別化を目指すことであってはならないということであった。貴族中間権力の存在こそが、政治的自由を保障し、君主政が専制政に堕落せずに存続するための条件であり、したがって商業の繁栄と、これによる富の増大ないし奢侈や技芸の発展を可能にする制度的保障であったから、これが空洞化することは断じて許されないのである。

モンテスキューにとって、商業を基礎とする不平等な民主政は決して想定外であったわけではないが、しかし商業、富、奢侈、技芸の因果連鎖と調和的でありうる政体としては、身分制秩序に立脚した不平等社会である君主政を措いてほかにない。彼は、商業社会を動かす社交性や虚栄心・自己愛の情念と、君主政の原理たる名誉の情念とを重ね合わせ、商業社会と君主政との親和的関係を浮き彫りにした。他者に対する優越感情や不平等への願望をその本質とする名誉の情念は虚栄心や自己愛の表出であるから、この意味で、モンテスキューの人間本性の理解はアベ・ド・サン＝ピエールやムロンと同じであり、一面では、スペクトールが言うように、一七世紀以来のアウグスティヌス主義の伝統上に位置していると言えよう。しかし彼はサン＝ピエールやムロンのように功利主義のリアリズムに徹するわけではない。死をも厭わない「真の名誉」を固守する貴族の気高い情念が称揚され、また普遍的観点から奴隷制を批判するなど、彼の論説には、ところどころで、アウグスティヌス主義が虚飾・虚栄とみなして批判した英雄主義や理想主義の傾向が滲み出ている。またモンテスキューは、商業の精神が支配するところでは徳を含めてあらゆるものが商品化されてしまうとして、利益原理に立脚した商業社会の問題性を衝いてもいる。このような見方と、政治的自由の体制（穏健な君主政）の要をなす貴族の復権の要請とが相俟って、彼の商業社会論に独自の陰影を与えているのである。

以上のように、モンテスキューの商業社会論は、サン＝ピエールの商業社会賛美論やムロンの経済主義的な傾向とは一線を画すものであり、経済的機能には還元できない諸身分の質的差違を重視する彼の政治的論理によって、屈折を余儀なくされた。一方、サン＝ピエールやムロンの功利主義のリアリズムを継承したフォルボネは、これとは対照的に、社会の向かうべき方向は、人間の功利的情念あるいは奢侈の欲求に応じることのできる勤労や産業活動が活発な社会、いわば「産業社会」の構築であると見定め、その上で、諸身分の質的差違を経済的機能における量的差違に還元し、さらに機会の平等性の観点から不平等の流動化さえも展望してみせる（「法が実質的に平等にしている市民相互の間の無数の手段を通じて、この不平等はわずかの時間に変化するに違いない」Forbonnais 1755, II, p. 134）[36]。モンテスキューが屈折させたベクトルはフォルボネによってもとの向きに引き戻される。そしてサン＝ピエールやムロンの商業社会論を敷衍した彼の「産業社会」の構想とともに啓蒙の経済学は一つの到達点に至ることになる。

(36) フォルボネは言う、商人を通じて富の「分配が繰り返されるにつれて、農業者や職人はより多くの快適な便宜を知るようになり、その便宜の利用によってそのほかの無数の人々も同じ能力を高める。各階層において彼らの間になお残る不平等がかれらを意気阻喪させることはない。なぜなら、不平等の原因は明らかであり、だれにも手の届くところにあるからである。すなわちそれはインダストリーである」(pp. 138–139)。フォルボネにとっては、人々が意欲と勤労に応じて不平等を流動化しうる可能性こそが、ムロンやモンテスキューの言う「商業の時代」の際立った特徴であり、経済のダイナミズムを導いて国民的富裕を実現する原動力であった。

第四章　奢侈論争とフランス経済学

はじめに

世俗化の進展とそれに伴う商業社会・消費社会への社会の変容をどのように評価するか、奢侈の是非論がそのことに密接にかかわっていたことは、これまでも繰り返し述べてきた。新時代の現実を受け入れるかどうか、受け入れるとして、富をめぐる新しい状況と伝統的な宗教道徳や市民的徳・公共的精神との折り合いをどのように考えるべきか。こうした問題は、文明化の証しであり社会の変容の象徴であると見なされた奢侈の是非をめぐる論点に集約され、文学、哲学、宗教、道徳など多くの知の領域を巻き込んで大規模な論争を引き起こすことになる。多くの著作家はこの論点を通じて、変貌著しい社会の現況をどう見るべきか、この本質的問題について、いわば態度表明を迫られることになったのである。そしてこの論争はとりわけ経済学の領域と密接にかかわっていた。これまでの各章で見てきたように、一七世紀の新思潮を起源とする経済学の目的は、何より功利的人間の消費欲求に応じうる富裕の条件を探求することであったが、この新興科学は、一面では、奢侈の是非をめぐる論争に鍛えられてみずからを形成していくと言ってよいからである。

論争の直接の契機となったのは、私悪は公益というマンデヴィルの強烈な逆説に基づく奢侈容認論の出現であったが、この逆説あるいは彼の奢侈容認論に一定の説得力を与えたのは、彼の経済学の認識であった。ここでいう経済学は、商業社会を功利的人間の織りなす「欲求の社会」であると見立て、功利や効用の視点に立って消費・消費欲求の主導性や規定性を強調する消費主導の経済学であり、こうした経済学と奢侈容認論は、功利的人間のリアリティを浮き彫りにしたフランスの新思潮の延長上で、重なり合って展開していく。ただし奢侈容認論の内容それ自体は多様である。マンデヴィルは寄生的な富に基づく顕示的な華美や贅沢をも含めて奢侈の欲求・消費の経済的効用に着目したが、しかし大抵の場合、文明の果実をもたらす商業社会の現況を承認し、奢侈をその動因として容認するとしても、決して無条件の容認ではありえなかった。虚栄心や自負心に基づく顕示的消費が積極的に推奨されたわけではなかったし、顕示的消費が公共善や公共的精神に抵触するのであれば、そのような「消費の自由」は制約されねばならないと考えられたからである。この視点から言えば、サン＝ピエールの奢侈論がそうであったように、奢侈の限定的容認論と奢侈批判論とはほとんど紙一重であり、容認論か批判論かで明確な線引きをすることは難しい。

一八世紀の中葉以降には、パリなどで大衆的奢侈が広まりを見せる一方で（Fairchilds 1993）[1]、言論の世界では、ミラボやルソーに先導されつつ、商業社会批判に相伴って奢侈批判の声が高まっていく。ミラボは、商業社会・奢侈の進展は身分の混淆などを招いて既成の道徳的、社会的秩序を危機に陥れるとするなど、彼の批判はいわば不平等な身分制秩序を維持しようとする復古的な色調を帯びていたが、逆にルソーは商業社会・奢侈を不平等の源泉と見なしてこれを批判した。両者の向いている方向は正反対であるが、しかし、そこに共通して含まれている道徳的な奢侈批判は、公共善のために私欲の自由（消費の自由）を抑制する徳の観点に立つものであり、農村社会を徳の源泉として賛美し、農業の再生を企図する農本主義とでも言うべき一傾向と結び合っていた。

これは独自の理論体系によってフランス農業の再生への道を指し示したケネーの重農主義とも重なり合いつつ、奢侈論争に新たな内実を与えることになる。農村回帰の思想は伝統的なシビック的徳の観念を一つの拠り所にしていたが、これに対して、例えば商業社会を称揚し奢侈容認論を説いたフォルボネは、ヒュームに倣って、商業活動によって習俗は洗練され人間性は陶冶されうるとして、商業社会における新たな徳の成立に着目した。二つの思潮の対峙は、このように一面では、徳の観念の変容あるいは対立の反映でもあったが、いずれにせよ、そうした対峙は世俗化や商業社会の進展がもたらした時代の混沌を象徴的に示すものであり、この点では、それぞれ奢侈の批判論と容認論に見事に対応している。

そして一方で、富裕の条件として、奢侈の欲求ではなく節約の論理とモラルを強調する議論が現れる。マンデヴィルやムロンの奢侈容認論が拠り所にしたのは、富裕の条件としての奢侈の経済的効用の認識であったが、逆に富裕の条件として奢侈よりもむしろ節約が重視されるのである。ここに奢侈論争と経済学との関係に転回が生じ、経済学の認識に基づく奢侈批判の新たな地平が開かれることになる。それは消費需要という生産の外

(1) フェアチャイルズはパリおよびその近郊で作成が義務付けられていた財産目録の一七二五年からの六〇年間分を分析し、パリの下層階級の間で、大衆的奢侈財(populuxe goods)すなわち「職人や家僕にちょっとした上品さをもたらす扇、嗅ぎ煙草入れや傘などの貴族が用いる奢侈品の廉価版」が、貴族の生活スタイルのシンボルとして大衆に求められ、次第に広く普及していく事実を指摘している。彼によれば、消費革命は決してイギリスに固有の現象ではなく、「一七二五年から一七八五年までの六〇年間にフランスはイギリスが一六六五年から一七二五年にかけての消費革命で経験したのと同じ消費パターンの変化を経験した」(Fairchilds 1993, p. 229)。なお、一八世紀ヨーロッパにおける奢侈の普及や奢侈産業の勃興の状況について、ゾンバルトの古典的著作(Sombart 1967 [1912])が今日でも参考になる。ゾンバルトは「奢侈の市場形成力」に着目し、「近代資本主義の発生にとって、奢侈の発展、すなわち奢侈需要の発生がいかに大きく関与したか」(一九三頁)を明らかにした。

部的要因よりも、利得の節約による投資の増大という生産の内部的条件に目を向けるものであった。こうして奢侈か節約かという択一的問題が奢侈論争の重要な一論点としてクローズアップされ、この論点を通して生産と消費にかかわる経済学の基幹的な諸理論が精錬されていく。ビュテル・デュモンの注目すべき消費理論や、ケネーやチュルゴの資本理論から、節約による資本形成によって生産力の自己増殖を展望したスミスの資本蓄積論への展開もまた、このような文脈に照らしてその意義が捉えられねばならない。

前著ではおもにムロンからビュテル・デュモンまでの奢侈容認論の系譜を取り上げ、これとフランス経済学の形成との関係を論じた。本章では、引き続き経済学との関係に留意しつつ、ブロー・デスランド、ブティーニ、プリュケの奢侈批判や重農学派の奢侈論など、一七七〇年代、八〇年代の論説までを含めて、いっそう広い視野から、フェヌロン以降のほぼ一世紀にわたる奢侈論争の成り行きを展望しよう。(2)

(2) 奢侈論争全体の見通しを得るために、本章では、フォルボネ、ケネー、ビュテル・デュモンなどについて前著の内容の一部を要約的に再録していることを最初に断わっておきたい。モリーゼ (Morize 1909) は不完全なリストだと断りながら、フランスにおいて一七三六年以降、革命までの五〇年あまりの間に奢侈を論じた七三人の著者による九九点もの文献を数え上げた。ドミニック (Dominique 1999) はさらにさまざまなデータを用いて、一八世紀のフランスで奢侈を論じた著作家は一六〇人を超えること、しかもその九〇パーセントがこの世紀の後半に集中していること、一七四八年のモンテスキュー『法の精神』が論争を再開する上で画期となったこと、『学問芸術論』などのルソーの諸論説や、ビュテル・デュモンの

『奢侈論』への反応が目立っていることなどを明らかにしている（p. 31）。本章は言うまでもなくその全体をカバーしているわけではない。ちなみに本章では扱っていないエルヴェシウスの奢侈論については森村の優れた研究がある（森村 1993）、またディドロの奢侈論については Terjanian（2013）が論じている。奢侈論争のこの重要な研究分野は、Morize（1909）以降、長らく未耕の沃野のまま放置されてきたが、近年になって大いに関心を集めるようになった。拙著（米田 2005）の第二章と第八章で一七点の研究文献を紹介したが、ここでさらに、Galliani（1976）, Clark（1998）, Dominique（1999）, Kwass（2003）, Wahnbaeck（2004）, Hont（2006）, Shovlin（2006）, Terjanian（2013）の八点を追加しておく。Galliani（1976）は、一七七〇年から七一年に奢侈批判が高まる一方でビュテル・デュモンの容認論が登場する背景などを素描している。Clark（1998）は、革命直前期のプリュケの奢侈批判とそれへのモルレの反論・奢侈擁護論を分析した興味深い論考である。Kwass（2003）は、マンデヴィルやムロンの奢侈容認論を「漸進的消費主義（progressive consumptionism）」と名付け、これに対するミラボの批判を徳の経済学の観点から特徴づけている。Wahnbaeck（2004）は、イタリアにおける啓蒙と経済学の展開に多大な影響を与えた一八世紀の奢侈論争を、マンデヴィル、モンテスキュー、ヒューム、ルソー、サン・ランベール、重農主義、スミスなど英仏の代表的な思想家の議論に焦点を当てて、論争の成り行きを多面的に考察している。ムロンが農業部門の優位性を強調したとするなどの著者の主張に疑問がないわけではないが、経済学の視点を前面に押し出して論争が辿った道筋を手際よく整理している。Hont（2006）は、マンデヴィルがフェヌロンの議論に対抗して呈示した奢侈容認論が英仏でどのような論争を巻き起こしたかを整理し、Shovlin（2006）は、Kwass（2003）の問題意識を引き継ぎ、拙論とは逆の視点から、フランスにおいて奢侈批判の論調と結びつく形で「シビック的徳の経済学」のトレンドが脈々と息づいていたと述べている。この見解の妥当性を含めて筆者の書評（米田 2007）をも参照されたい。Terjanian（2013）は近年盛んになった奢侈に関する社会史や経済史の研究（例えば Jones and Spang 1999）で得られた知見に基づき、七年戦争後から革命までの時期（一七六三―八九年）には「奢侈」と「必要」との関係が流動化・複雑化し、実際の消費を奢侈か否かで区分することが難しくなっていた状況を踏まえて、奢侈論争の多様性を強調している。このように、かつては未耕であったこの沃野はかなり耕されてきた。ただ、奢侈論争の本質、とくに容認論の意義は、経済学の視点を組み込んで初めて明らかとなるように思えるが、そのような視点から論じたものは Wahnbaeck（2004）を除いて見当たらない。そのせいか、フォルボネとビュテル・デュモンの注目すべき論説を奢侈論争史の脈絡で論じた研究は筆者によるもの以外、いまだに現れていない。

第一節　奢侈と消費――一七五〇年代までの奢侈容認論の系譜

（1）奢侈容認論の背景――世俗的倫理の普及

ドミニックやホントが指摘しているように[3]、奢侈論争はフェヌロン（François Fénelon, 1651–1715）の『テレマックの冒険』（Fénelon 1699）にはじまると言ってよい。マンデヴィルの奢侈容認論は、徳の理想を掲げて奢侈を排除しようとしたフェヌロンに向けた批判でもあったと考えられているし、他方で、フェヌロンの奢侈批判の言説はそれ以降の道徳的なマンデヴィル批判・奢侈批判の立脚点であり続けたからである。

フェヌロンはこの冒険譚において、テレマックの父オデッセウス探索の冒険の旅に付き添う賢者マントールの口を借りて、理想の国家像を語り、フェヌロンが実際に師傅を務めるブルゴーニュ公に教訓を与えたが、その要諦は、人口の豊富と農業の繁栄がもたらす必需品の豊富こそが「真の富」であるとして、その対極にある奢侈を排除することであった（「かくてマントールは、果樹の木立から不要の木を抜き取る腕のよい庭師のように、習俗を堕落させる無益な奢侈をとりのぞこうと努力した。彼は、すべてのことを、気高く、慎ましい簡素さへ引き戻した」pp. 98–99/ 下 27）。マントールは言う。大勢の人口を抱えながら食料に不足することのないクレート島では、

彼らは、決してねたみ合ったりする必要がない。……母なる大地が賜物の数を増やしてくれるからだ。彼らが不幸に陥るとすれば、人間の野心と貪欲さだけがその原因である。人間は、何でも自分のものにしたいという望みを起こしがちだから、物がありあまるほどになると、欲望をかきたてられ、不幸に陥ることになる。簡素に暮らし、これだけは絶対に必要というものだけで満足していれば、いたるところに豊潤と喜悦と平和と一致和合がみられるであろう（pp. 187–188/ 上 96）。

そして奢侈が排除された徳高い理想の国家、サラントでは子弟の教育のために公共の学校が設立され、「神々への崇敬、祖国愛、法の尊重、歓楽を超え、生命までも超えて名誉を選び取ること」（p. 124/下 36）が教えられる一方で、「行政官」が家族や一人ひとりを監視する。[4] フェヌロンにとって幸福の条件は「絶対に必要なものだけで満足」することであり、人々を簡素や徳へと導くためには教育ばかりか行政官による監視が必要であったのである。

これに対し、まさしく監視によって風俗の紊乱を正そうと目論んだ風俗改善協会による改革運動の欺瞞性を厳しく批判したマンデヴィルにとって、「額に汗して彼らの土地から得たパンと果実のみで満足すべき」（p. 121/下 35）というフェヌロンのサラントは、非人間的であって、なにより幻想にすぎない。なぜならマンデヴィルは、心中の情念に発する「世俗的な享楽から生じる満足」（1729, pp. 18–19/18–19）への希求こそは、宗教とは無縁のところで人間を内部から突き動かす根元的な動因であると考えるからである。この情念こそがマンデヴィルにとっての人間のリアリティであり、その発露が奢侈にほかならない。この情念は、一面で生活状態の改善の欲求として表出し、洗練された消費財の享受を求める。このような功利的情念の自己実現に世俗的な幸福を見出す見方は、ヴォルテール、ムロン、フォルボネなど、マンデヴィルの影響を受けた論者の共有するところであった。彼らにとっては、このような世俗の幸福が大衆にまで広く及ぶことが政治の目標でさえあった。これに対し、フェヌロンがいう奢侈の排除は、復古的な幸福のイメージに基づくものであり、マンデヴィルな

（3） Dominique 1999, p. 26, Hont 2006, p. 382.
（4） フェヌロンの奢侈批判およびその背景としてのキリスト教道徳と貴族イデオロギーに関して、森村（1997）を参照されたい。

どから見れば、キリスト教の愛徳や古典的なシビック的徳の観点から、人間本性に反して心中の情念を自己抑制するよう求めるに等しい。この意味で、フェヌロンとマンデヴィルの世代を超えた対峙は、古代にモデルを求める復古的な理想主義と、近代の商業社会の現実を写し取った功利主義のリアリズムとの対峙であったとも言えよう。

奢侈容認論を導いたのは、このような幸福観の転換、あるいは人間の心中の情念の本源性への着目であり、この意味でそれは序章でみた一七世紀フランスの新思潮の延長上に位置している。言い換えれば、奢侈の容認論は、欲望を自己抑制するのではなく、その満足によって世俗の幸福を実現しようと求めるのは決して罪ではないとする世俗的倫理と、人間を、本性的に快楽を求める欲求の主体と捉えて、私欲に従うことは、抗いがたい人間の普遍的本性の発露であるとする世俗化の論理によって支えられていた。また世俗的価値の追求はそれ自体、罪ではないどころか、各章で見てきたように、一方で商業社会に適合的な新たな倫理を生み出すと考えられた。例えば、ピエール・ベールは有徳な無神論者の可能性を指摘した上で、宗教道徳とはまったく無関係に、「もっと儲けたい」とか「人にもっとほめられたい」といった自己愛の発露によって利己的情念が抑制され、そこにある種の道徳性が生まれると考えたが（Bayle 1683, pp. 437–440/233–34）、マンデヴィルも同じく、宗教心とは無縁の、精神の高揚や満足に最大の喜びを感じる人間の普遍的本性が生み出す道徳的秩序の可能性を述べていた。また、アベ・ド・サン＝ピエールやムロンは商業による「利益」の要請が自己愛の情念を弱めるとして「商業による平和」を構想し、モンテスキューはこの構想に、さらに秩序形成の要因として商業の精神に涵養される「正義」の感情や「秩序および規則の精神」、そして商業活動による習俗の馴化という人間性の陶冶の可能性を加えた。

こうして、世俗的価値に基づく、商業社会に適合的な新たな倫理が生み出される可能性が示される一方で、世俗的価値や世俗的倫理の浸透とともに、「情念のヒエラルキー」が変化する（Meyssonnier 1989, p. 79）。英雄崇拝は批判され、栄光への愛は重視されなくなり、代わって経済活動の活発な展開という状況下で貨幣愛が他の情念を規制するより上位の情念として正当化されるようになる。

ヴォルテール（Voltaire, 1694–1778）もまた、『世俗の人』（Voltaire 1736）と『世俗の人の擁護あるいは奢侈の弁護』（Voltaire 1737）の二つの詩編とそれに続く小論『商業、奢侈、貨幣そして課税に関するジョン・ロー、ムロンそしてデュトについての考察』（Voltaire 1738）で、文明の果実を手放しで称揚し、世俗の幸福を求める人間本性を伝統的な宗教・道徳の桎梏から解き放ったが、そのことは彼には奢侈の積極的擁護とイコールであった。アダムとイブの「楽園」なるものは実際には未開社会にすぎず、むしろ衣食住の洗練、すなわち奢侈を享受しうる「わたしのいるこの場所こそが地上の楽園」（1736, p. 139）であって、「奢侈は一般に強力で尊敬すべき帝国の確実な標章」（1738, p. 364）にほかならない。ここに自然状態や「よき野蛮」を賛美する後のルソーへの先取り的批判を見ることができる。このようなヴォルテールの文明の称揚や奢侈の擁護は、パスカル批判さらには原罪思想批判と裏腹の関係にあった。

パスカルは『パンセ』で言う。「人間の盲目と悲惨とを見、沈黙している宇宙をながめるとき、人間がなんの光もなく、ひとり置き去りにされ、宇宙のこの一隅をさまよっているかのように、だれが自分をそこにおいたか、何をしにそこへ来たか、死んだらどうなるかをも知らず、あらゆる認識を奪われているのを見るとき、私は、眠っているあいだに荒れ果てた恐ろしい島につれてこられ、さめてみると［自分がどこにいるか］わからず、そこから逃れ出る手段も知らない人のような、恐怖におそわれる。それを思うと、かくも悲惨な状態にある人がどうして絶望に陥らないかを、私はあやしむ」（1670, p. 265/II, 96）。この言説に対するヴォルテールの批判は辛辣きわまりない。

パリかロンドンを眺めているとき、パスカル氏の言う絶望に陥る理由はいっこうに見つからない。私が見ているのは、無人島とは似ても似つかない、人のたくさん集まった豪奢で洗練された都会であり、ここでは人は人間性が許すかぎりの幸福を知っている。……われわれは自分の存在をどうして嫌悪しなければならないのか。われわれの生活は、われわれにそう思い込ませようとするほど不幸なものではない。宇宙を牢獄とみなし、あらゆる人間をやがて処刑されようとしている罪人とみなすのは、狂信者の観念である（1734, p. 290/272–274）。

彼はわれわれすべてを悪者として、不幸な存在として描こうとして躍起になっている。……この卓越した人間嫌いに対抗して私はあえて人類に味方しよう（*ibid.*, p. 273/263 –264）

ヴォルテールにとって、楽園は存在しなかったし、原罪思想など放棄されねばならない。「人間たちの最初の父が庭園で果実を食べたという理由で、神が人間を永劫の責苦で悩ますためにあらゆる世代をつくった」、という主張は、「冒涜的な言いがかり」であり、「理性的な神学者はその驚異の神秘をけっして見いださないであろう、と断言できる。この奇妙な考えを初めて用いたのが聖アウグスティヌスであることを認めよう。それは放蕩者で悔悛者、マニ教徒でキリスト教徒、寛容者で迫害者、生涯を自己矛盾のうちに過ごした一アフリカ人の熱い空想的頭脳に適した考え」（Voltaire 1764, pp. 151–152/328–329）にすぎない、と彼は言う。

アウグスティヌス主義とエピクロス主義は対極にあって私欲に従う同じ人間の姿を捉えたが、サン＝ピエール、ムロンそしてヴォルテールの言説に明らかなように、今や、原罪思想に立脚する悲観的なアウグスティヌス主義は後景へと退き、代わってエピクロス主義的な世俗的倫理が際立つことになった。こうして洗練を求める私欲を満たすことは、今では少なくとも罪ではない。ちなみに、奢侈の積極的擁護は他方で質素の美徳の幻想性を暴くことと同義であったが、マンデヴィル、ヴォルテール、ムロンはこれに関して、禁欲的なスパルタモデルと享楽的なアテネモデルという古代の二つのモデルを対比し、前者を否定して後者を称揚している。例えば、ムロンは言う、「禁欲的なスパルタ人は、享楽的なアテネ人ほど征服的でもなければ、よく統治されてもいず、偉大な人間をそれほど生み出しもしなかった」(Melon 1736, p. 114)。

ところで、このように世俗的倫理の広がりや経済優位の価値観への転換を推し進めたのは、何より商業の発展による文明の果実という眼前の事実であった。サン・ランベールは次のように述べている。

商業がまだ知られず、また大産業が製造業者を富ますこともない時代には、……富は貴族の手に維持された。しかるに、商業や、産業や、奢侈の発展が、いわば平民の得た分け前にほかならない新しい種類の富を創り出したので、これまでお上の人々の裕福を尊敬することに慣れていた人民は、自分たちと同等の人々の裕福さをも尊敬した。これらの同等の人々は高官たちの栄華をまねることによって、かれらに匹敵しうると信じた。高官たちは、自分たちを人民の上に引き上げている位階制度が倒れると思って、区別を保つために出費を増大させる(Saint-Lambert 1765, pp. 41–42/269)。

かつて領主の富や豪奢は人々の尊敬の対象でさえあったが、商業の発展が生み出した「新しい種類の富」によって平民の分け前が増大すると状況は大きく変化し、今では、商業活動などで富を得た新たな富者の顕示的な消費は、たんに人々の羨望や嫉妬の対象にすぎない。しかも商業の発展は奢侈が普及しうる条件を与えたから、欲求の満足による世俗の幸福を求める多くの人々に、顕示的消費によってみずからの虚栄心や自負心を満たしうる可能性が開かれた。これとともに社会の階層秩序は揺らぎ始めるが、そのことは同時に、より多くの人々が世俗的幸福の証しとして、あるいは心中の情念の自己実現の証しとして、欲求のおもむくままに常により高次の多様な消費物資(奢侈)を求めてうごめく、新たな時代が出現しつつあることを意味してもいた。

以上のように、奢侈容認論の源泉は、幸福観の転換をもたらした世俗的倫理や世俗化の論理であり、そうした新思潮を推し進めたものは、「平民」にまで衣食住の洗練をもたらしつつあるかに見える商業社会の現実であった。奢侈容認論の要諦もまた、奢侈の普及はこうした思潮に沿うものであること、しかも奢侈は商業社会の進展の原動力でありうることを強調することにあった。すなわち奢侈容認論に有力な論拠を与えたのは、その経済的効用を析出し、奢侈は商業社会の進展の原動力でありうるとみる経済学の知見であった。

（2）奢侈と消費 —— 商業社会の原動力

奢侈の経済的効用とは何か。一つは奢侈の欲求が人間の労働や勤労のインセンティブとなって人間の活動水準を高めることであり、今一つは、奢侈的な消費欲求が消費需要に転化して産業活動の水準を高めることである。前者は奢侈の生産活動に及ぼす主体的機能であり、後者はその外部的機能であるが、マンデヴィルが刺激的な逆説によって論証したように、このように二重の機能を発揮する奢侈的な欲求・消費こそが、商業社会を進展させ文明化を進める原動力であった。このうち後者の機能に着目するとき消費主導論が導かれる。資本や資本蓄積という生産の内部的条件を重視する理論的立場が影響力を持つようになるまでは、概して消費は生産の規定要因として重要な位置づけを与えられていた。ただし、生産に対する消費の主導的役割といっても、その内容は多様であり、大別すれば、地主などの富者の消費に格別の意義を認める場合と、おもに大衆消費の意義を強調する場合とがありうる。

マンデヴィルは、「欲求の体系」を維持するためには、誰であれ、人々が消費欲求を満たすために旺盛な支出を行い、これによって貨幣の循環的流通が順調に持続することが肝要であり、消費・消費欲求の減退によってこの循環が収縮すれば、この体系は立ち行かなくなると考えた。しかし彼は一方で境遇の改善は労働貧民の労働意欲を減退させるから有害であり、彼らには低賃金こそが望ましいとして奢侈的欲求の主体から労働者を排除したため、結局、文明社会を構成する人々は「国家の豊穣や奢侈」を享受する一部の富者（消費者）とそれを生み出す大多数の労働貧民（生産者）とに分裂せざるをえなかった。したがって、この点では、労働貧民は生産主体にすぎず、消費に関しては、労働貧民に仕事を与える富者の奢侈的消費が際立つことになる。第三章で見たように、ムロンもまた、同じく奢侈は二重の機能を通じて技芸の進歩と産業活動の発展を内発的に導いていく原動力であるとしながら、消費欲求と産業活動の二つの動因を一体のものとして捉えきれず、それゆえおもに富者の奢侈的消費の効用が称揚された。

カンティロン（Richard Cantillon, ?–1734）は（奢侈品の輸入によって）貨幣の流出を招くような富者の奢侈を非難する。しかしその一方で、「ひとが上等のラシャ地や上等の亜麻布等を身につけ、清潔で上品な食事をする国の方が、何もかもが粗野な国よりも富裕で、かつ評価が高いこと、しかも前者のように生活する住民の多い国の方が比較的こういう住民の少ない国よりも評価が高いということは、やはり事実である」（1755, p. 50/59）として、国民的富裕による消費水準の向上を期待し、そしてこのような富裕へ至る道として彼が強調したのは地主の消費支出の主導性であった。地主は地代収入を消費支出に用いるが、裕福な借地農、親方職人、その他の企業者はいつも衣服の点でも料理の点でも、また生活様式の点でも地主たちを見習うから、結局、地主の支出パターンが社会全体の需要構造を決定し、これに応じて、生産構造（土地の利用の仕方）や社会構成（農村と都市の人口比など）のあり方でさえ決まるとされた。このような地主の主導性にかかわる議論は彼に独自のものであり、『経済表』のケネーに引き継がれていく。またカンティロンは、地主などの不労所得の取得者が主導する首都と地方との貨幣循環に着目し、次のように述べている。「この貨幣の流通は、借地農たちが地主たちにまとめて支払った地代を地主たちが都市で小口に支出し、……こうして大きな額の貨幣はすべて少額ずつに配分され、これらの少額の貨幣は全部、後で再び寄せ集められて、直接あるいは間接に、借地農たちに対する大きな額の支払いに当てられる」(p. 71/84)。このような富者の支出を起点とする首都と地方との貨幣循環の構想は、第三章で見たように、ムロンによって引き継がれるが、カンティロンのこの議論もまた富者の消費に着目した消費主導論の系譜に含めることができるであろう。

一方、おもに大衆の消費に目を向けたのが、ボワギルベール、グルネ、フォルボネ、プリュマル・ド・ダンジュールであった。ボワギルベールの大衆消費論については第一章で述べた通りである。彼にとって、消費性向の高い大衆の旺盛な農産物需要こそは過小生産の解消と経済循環の順調な運行の条件であり、この点で地主はこの循環の「仲介役」にすぎなかった。また生産力の拡大によってイギリス経済に対する劣勢を挽回しようとしたグルネ(Vincent de Gournay, 1712–1759)は、「一人の競争者は一つの販路」(Gournay 1983, p. 227)であるとして、就労者の増加によって生産と消費を相互的に拡大しようとし、就労人口論を彼の生産力主義の理論的基礎に据えたが、この意味で、消費に関して彼が生産力の拡大のために求めたものは就労者大衆の消費の増大であった。フォルボネの同年生まれのいとこのプリュマル・ド・ダンジュール(Plumard de Dangeul, 1722–1777)は、「二万リーブルのラントを手に入れる一家庭は、それぞれが一〇〇〇リーブルのラントを手に入れる二〇世帯ほどには消費をしない」から、過度の富が他方で過度の貧困を引き起こすような過度の不平等は一般消費水準を低下させ、それゆえ「耕作を停止させ、インダストリーを減少させる」(Plumard de Dangeul 1754, pp. 59–61)として、ボワギルベールと同じく消費性向の視点から、産業活動への影響という点で富者の消費にまさる大衆消費の意義を論じている。彼らのこのような大衆消費への着目は、しかしながら、必ずしも奢侈論とリンクしたものではなかった。それはたんに大衆消費の量的水準に目を向けたものであり、大衆の消費欲求、あるいは生活状態の改善に向けての意欲が結果的に産業活動を推進するという大衆の消費・消費欲求が持ちうる経済的、社会的機能には必ずしも関心が示されていない。これに対し、フォルボネは「国民の奢侈」の構想によって、奢侈容認論と大衆消費論とを結合しつつ奢侈の二重の機能を一般化し、「相互的欲求」の体系としての商業社会の一本質を見事に捉えた。

フォルボネ（François Véron-Duverger de Forbonnais, 1722–1800）は、ボワギルベールと同じく、経済社会を、農業と産業活動との社会的分業を軸とするあらゆる職業の相互依存の体系と捉える一方で（「人々のあらゆる職業はお互いに相互依存の関係にあり、同じ原理の作用を通じて活動を行うのは驚くべきことである」Forbonnais 1755, I, p. 157）、余剰と余剰の交換は欲求と欲求の、あるいは効用と効用の交換にほかならないとして、それをいわば「欲求の体系」と捉えている。そこでは、人々はお互いにみずからの欲求の充足のために、「他人の欲求や嗜好を思案」（Forbonnais 1767, I, p. 17）しながら余剰の生産に励むという相互性の関係が成立しており、この相互性こそが社会的結合の原因である（1767, I, p. 9）。そして人々のさまざまな欲求には、自己保存の観点から見れば、その必要性に差異があり、「欲求（必要）の序列が生産の序列を規定」する（1767, I, p. 18）。すなわち人々はまず最も必要性が高い一次的必要品の生産に向かう、そして一次的必要品の余剰が二次的必要品の生産をもたらし、その余剰が三次的必要品の生産をもたらし、さらにその余剰の増大につれて奢侈品の生産が行われるようになる。こうして、この相互依存の体系は序列化された欲求の体系として形成され、この体系は農産物余剰の増大とともに高度化していく。フォルボネにとって、奢侈の欲求・消費こそはこのような高度化の動因にほかならない。

フォルボネは、奢侈を「余分な支出」とみて非難することは、実質的平等を求めて人々の生活を物理的必要のレベルに押し込めてしまうに等しいが、人間の情念にそのような質素な暮らしを甘受させることは「絶対に不可能である」とする。その上で彼は、奢侈を、自己保存をより確実にする「便宜」の領域に解消してしまう。奢侈の欲求が自己保存への欲求の延長上に位置するのであれば、無差別な奢侈批判は人間の本源的な自己保存欲求を否定するに等しい。言い換えれば、フォルボネは、自己保存とは無縁の、顕示性などの非合理的要素をできるだけ排除し、奢侈を境遇の改善欲求という、いわば経済合理性の枠内に取り込もうとするのである。このとき、奢侈は一方で人々を産業活動へと導く主体的な誘因となり、他方で消費需要に転化して産業活動の展開を規定する外部的な要因となりうる。それゆえ、奢侈が制限されれば労働機会も制約され、「社会は、土地の労働や、許された便宜または現在用いられている便宜の労働に必要な数の労働者しかもたなくなる」(1755, II, p. 137)。こうして、フォルボネは奢侈の経済的効用を称揚するマンデヴィルとムロンの議論を受け継いで、自己保存をより確実にする便宜の享受としての奢侈を全面的に容認するのである。また、ムロンは奢侈の道徳的当否の問題を棚上げしたが、フォルボネは「奢侈は人間を教化し、その礼儀を洗練し、気質を和らげ、想像力を磨き、知識を完全なものにする」(1755, II, pp. 141–142)として、奢侈の道徳性に関するヒュームの議論を踏まえて、道徳的な奢侈批判に真っ向から反論している。

そればかりか、彼は「国民の奢侈」の観念によって奢侈容認論のもつ可能性を最大限に押し広げた。他の人々と同じように豊かで幸福だとみなされたいという「世評の平等(l'égalité d'opinion)」への願望と、「お互いの眼差し」とに駆り立てられ、人々はインダストリーへと精励する。それゆえ「立法者は、いつも目の前から遠ざかって、いたずらに願望を掻き立てるにすぎないこのみせかけの誘惑物[世評の平等]を、一般にあらゆる市民に勧めること以上に賢明な施策を何もなしえない。国家の力と繁栄は、このような幻想を掻き立てる人がどれほどいるかにかかっている」(1755, II, pp. 136–138)ほどである。「世評の平等」が実現されることは「永遠にありえないが、しかし欲求の充足を目指して勤労に励む者は誰でもその情念を満たし、同時に、それによって階級間の不平等を流動化することができる。フォルボネによれば、国民的富裕はこのようなダイナミックな過程を伴いつつ全体として増大していくのである。こうしてマンデヴィルやムロンが称揚した奢侈の二重の経済的機能は、彼らの場合とは異なって、あらゆる人々に期待されることになる。

国民の奢侈（le luxe d'une nation）は常により一般的なものとなる。商業は個々人を権力の手本によって支出へと強いるというよりは、むしろ彼らの能力の増大によって彼らを支出へと導く（1755, II, pp. 139–140）。

このような「国民の奢侈」の観念は彼の大衆消費論と一体のものである。フォルボネは職業間の相互依存のシステムは販路の相互性によって支えられており、これを拡大軌道へと導く動因は何より就労者大衆の消費購買力であると考えた。大衆が消費する財は、「価値はわずかでも消費の繰り返しによって価値の総額は莫大なものとなる。より多くの職人が仕事を得るであろうし、より多くの量の自然の生産物が利用されるであろう」（1755, I, p. 149）。それゆえ商業の発展に向けて経済のダイナミズムを牽引するのは、社会的消費を担う就労者大衆の奢侈への欲求にほかならない。この大衆の欲求が主体的かつ外部的な機能を発揮することで「国民の奢侈」が自己実現されていくのである。このようなフォルボネの「国民の奢侈」の視点においては、マンデヴィルに見られた労働貧民（生産者）と富者（消費者）との分裂はありえないし、ムロンの不徹底さもない。

フォルボネは一方で「商業とは無関係の奢侈」を「過度の奢侈」として批判する。それは人々に仕事を与えることが少ないし、家僕などの「無用な職業」を過度に増やすにすぎないからである。さらに野心と虚栄心から過度の贅沢が普及すれば、子供の扶養がおろそかになり、人口は減少してしまう（1755, II, pp. 142–144）。この文脈において、彼はおそらくマンデヴィルを念頭に置いて、虚栄心などに基づく過度の奢侈をも容認する奢侈容認論を「奇妙な逆説」（1755, II, p. 144）であると批判している。ただしこのような批判は不徹底なものとならざるをえない。なぜなら、彼は他方では、能力以上に支出して破滅する者がいるとしても、これによって富は持ち主を変えるだけで、むしろ富の分配の平等化に貢献するから「彼らの乱脈振りは国家には何でもない」

としているし、また何よりマンデヴィルと同じく消費需要（あるいは有効需要）の視点から、過度であっても富者が支出をやめてしまうことを恐れざるをえないからである。彼は言う、「あらゆる誤りのなかでも最たるものは、金持ちが支出しないことである。そうなれば、かれらの周辺ですべての人々が貧しくなり、したがって国家は熱気も活力もほとんど失ってしまうだろう」（*ibid.*）。大衆消費論に基づいて「国民の奢侈」を構想したフォルボネは、過度に陥りやすい富者の奢侈を積極的に称揚することはなかったが、それでも富者の消費需要の経済的効用を無視することはできないのである[5]。

（3）奢侈と消費の多義性

ところで、言うまでもなく奢侈にはさまざまな社会的性格が付着している。消費の観念も同様であり、そこにはさまざまな文化的、社会的諸要素がまとわりついており、単純に数量（消費量・需要量）に還元しうるような、同質な消費者による均質な消費空間など現実には存在しないと言ってよい。奢侈を消費のレベルに落とし込むことで、そのような文化的、社会的に動機づけられた消費行動の多義性が浮き彫りにされる。この点で注目に値するのがマンデヴィルの奢侈・消費論であり、マンデヴィルは人間本性の心理学的分析を奢侈的な消費行動にも適用して、心理学的、社会学的な興味深い消費理論を述べている。彼によれば、奢侈的な消費欲求の源泉は、自分を過大評価しようとする自負心や虚栄心にあり、これらの情念（悪徳）に発する顕示的消費は社会的な身分や地位を表示・誇示する手段となる。そして、そのような社会的な差別化を求める自負心や虚栄心は、他方で「羨望」の情念に駆り立てられて消費競争を惹起する。

強くて衛生的なフライズを蔑んで着ようとしない教区でいちばん貧しい人夫の妻は、ほとんど役に立たない中古のガウンとスカートを買おうとして、自分と夫を半ば飢えさせるであろう……。織り屋、靴屋、仕立屋、床屋、そしてあらゆる卑しい労働者は、わずかなお金でやっていけるのに、無分別にも最初に得たお金で資産家の商人のような衣服をまとう。……薬種屋、呉服屋、服地屋、およびそのほか信用のある店主たちは、自分たちと貿易商との間の違いを認めることができず、それゆえ、貿易商のような身なりをし、同じような暮らしをする。そのような卑しい連中の厚かましさに耐えられない貿易商の夫人は、町の反対側に避難し、そこにみられる流行のほかは追うことを潔しとしない（Mandeville 1714, p. 129/118–119）。

前述の奢侈の二重の機能は、こうした「羨望」の情念に駆り立てられた消費競争を通じて発揮されるのである。消費の多義性に関する認識は、奢侈の容認論を展開した他の著者にも見出すことができる。ムロンやフォルボネがそうであったように、マンデヴィル以降の奢侈容認論では、奢侈を「洗練」に、奢侈の欲求を生活改善欲求にいわば合理化し、自負心や虚栄心に発する顕示性などの非合理な動機によるものを排除しようとする。しかし、フォルボネみずからが、人々の「満たされない思いや野心」は「お互いの眼差し」によって増幅されるとし、相互比較によって動機づけられた、「世評の平等」への人々の実現不可能な願望こそが社会を繁栄へと導く原動力であるとしたように、奢侈の欲求は生活状態の改善の欲求に完全に合理化できるものではない。

（5）　ここではフォルボネの奢侈論の概要を述べた。詳しくは、前著（米田 2005）を参照されたい。なおフォルボネは、功利主義・快楽主義の傾向はフランス国民に特有のエトスであると考えている。彼によれば、人々の労働意欲を駆り立てるのは限りない「享楽への希望」であり、現状に甘んじていられるのは「吝嗇を旨とする国民か、もしくは規則の厳格さによって、骨の折れる、しかも実りのない労苦に献身的に励む修道僧の国民にすぎない」、「強靭な精神に恵まれているというよりはむしろ情熱的な国民のもとでは」、享楽の希望を奪うことによって「競争心を奪うことは、あらゆる厚生の原動力を打ち砕くことである」（Forbonnais 1767, I, p. 252）。

それにそもそも生活状態の改善の欲求それ自体も、それが生活必需物資の充実にとどまらず、既知と未知とを問わず、これまで持たなかったより洗練された消費財を手に入れることを求めるものであるならば、他者との関係を抜きにしては生じえないであろう。なぜなら、この意味での生活水準の向上は、常に他者が享受する消費水準を仰ぎ見ながら、他者がすでに持っているものを手に入れようとして具体的に願望されるほかないからである。それゆえ合理的な生活改善欲求と言っても、他者との比較から生じる消費の顕示性と決して無縁ではありえない。むしろ奢侈の欲求は、そこにまつわる人間の情念の非合理的な衝動性のゆえに、経済のダイナミズムを導く強力な動因でありえたと言うこともできよう。

それゆえにと言うべきか、奢侈の欲求は心中の情念の本源性の発露であり、しかも消費主導論という経済学の知見によって奢侈の効用が論証されうるとしても、だからと言って、その発露が無条件で容認されるわけではない。一、そもそも心中の情念への従属は徳の理想に反し、人間を腐敗・堕落させ、不幸へと追いやる、二、虚栄心や自負心の情念に導かれる顕示的な奢侈は収入以上の支出を強いるなど、個人を破滅へと誘い、社会にダメージを与える、三、奢侈の普及は身分の混淆あるいは諸身分の社会的な流動化をもたらし、身分制秩序を危うくする、四、奢侈の普及によって奢侈品の輸入が増大し貨幣の流出を招く、など道徳的、政治的、経済的な奢侈批判が鳴りを潜めることはなかった。そして一方で、文明の果実を容認した上で、なお、そのような果実を求めることと、公共的精神やそれに基づく道徳性によって担保される公共的秩序との折り合いをどのようにつけるべきかが問われることになる。すなわち利益志向と秩序との関係のあり方が、あるいは、古典的な徳であれ商業社会に適合的な新たな倫理に基づく徳であれ、そうした徳と富との関係のあり方が奢侈の是非を通じて問われたのである。以下で、ブロー・デスランドの奢侈批判とサン・ランベールの奢侈論の検討を通じて、この次第を明らかにしよう。

第二節　奢侈と公共的精神

（1）ブロー・デスランドの奢侈批判

ブロー・デスランド（André-François Boureau-Deslandes, 1690–1757）[6]は、『奢侈に関する書簡』（Boureau-Deslandes 1745）のなかで、『商業についての政治的試論』第九章で展開されるムロンの奢侈容認論を逐一検討し、ムロンが奢侈批判は「陰気で嫉妬深い精神の所産である」としたのに対して、その「真の動機は公共善への愛である」（p. 36）と反論するなど、多くの論点でムロンを批判している。

彼は社会の変容をめぐって相対立する二つの論調について次のように述べている。

なんと幸福な時代だろうという人々がいる。精神は申し分のない完全さに至り、これまでなかったほどに、はっきりと物事が見え、繊細に物事を考え、論理的に推論する、また快適さが行き渡り、匹敵するものが何もないほどに生活は穏やかに、社会は快適になった時代なのだから。なんと不幸な時代だろうと言う人々もいる。美徳だけでなく礼儀もないがしろにされ、習俗はもはや宮廷の気紛れが命じるもの以外のものではなく、より大胆な決定をするがゆえに自分のことを人はより辣腕だと思い込み、また、取るに足りないもの、下らないものへの愛好、厚顔無恥、子供っぽい振る舞いがその人の取り柄となり、あるいは少なくともその人を時流に乗せる時代なのだから（pp. 23–24）。

（6）ブロー・デスランドはインド会社の代理人の息子に生まれ、ロシュフォール、次いでブレストで海軍総括主計官（commissaire général de la marine）を務めた。その著述によってベルリンアカデミーの会員に迎えられている。

社会の変容を特徴づけるものは奢侈の広まりであったから、こうした論調の対立は奢侈の是非をめぐる対立とイコールである。デスランドの立場は奢侈批判であるが、しかしだからといって、彼は自分が「不幸な時代」に生きているとまでは考えなかったように思える。

デスランドによれば、奢侈とは「生活に不可欠な必要品に付け加えられる快適で華美な余分」のことであり、「虚栄心や嗜好の気紛れ」や「流行への強い愛着」からもたらされる。その価値は想像力に依存し、それ自体はなんら実体を持たない「過度」であり、それを求める人の利益や公共の利益を損なうとともに援助が必要な人々を犠牲にする（pp. 2–3）。しかしながら、一方で彼は、奢侈を、有用な技芸の改善を図る「才能の奢侈（luxe de génie）」と、魂を弱め、下らないものや愚行がもたらす「習俗の奢侈（luxe de mœurs）」とに区別し、美や完全さへの愛に基づく「才能の奢侈」は称賛に値するばかりか、栄誉と報償によって督励されるべきであるとしている。優れた時計や見事な細工が施された銀皿がそうであり、デスランドは、時計職人や金銀細工師の技能の改善によってフランス産の時計や銀皿の人気がヨーロッパで不動のものとなれば、外貨の獲得に大いに役立つと述べている。ただし、「才能の奢侈」によるものであっても、過度に至れば非難の対象となる。そしてこの奢侈の観念は相対的であるから、ある時、奢侈として非難されたものも、一般に普及し陳腐化すれば非難の対象から逃れられる一方で、その時々に現れる「相対的な過度」が常に非難の対象となる。例えば、フランスではかつて奢侈であった錫製の食器が飽きられ始めており、陶器がそれに取って代わりつつあるが、フランス製の陶器はドレスデンやフランドルのものよりは質が落ち、さらにインドの磁器よりもずっと落ちる、それゆえ、今や奢侈として非難の対象となるのは磁器である、という次第である（pp. 3–7）。

このように、デスランドは洗練された財の享受それ自体を非難すべき奢侈であるとみなしているわけではない。この点で、彼は「神慮がもたらす単純な必要を越える財のあらゆる使用を濫用とみなす」精神主義や敬虔主義やリゴリズムは、「空虚な考え」であると批判している（p. 8）。有用なもの、便宜なもの、快適なものの消費・享受それ自体が否定されるわけではなく、奢侈として問題なのは、それらへの「取るに足りない追加」の部分、あるいは「行き過ぎた豊富」である（p. 41）。デスランドが、ムロンは奢侈と豊富とを混同していると批判しているのも同じことである。ムロンは「奢侈は富と統治の安定がもたらす並外れた豪奢であり、治政が良好なあらゆる社会に必然的に伴うものである」としたが、デスランドは、ムロンがここでいう奢侈とはむしろ豊富のことであり、奢侈ではなく豊富こそが「よく整えられた統治や賢明な治政の真の現れである」（p. 38）と述べている。「行き過ぎた豊富」でないかぎり、豊富という文明の果実それ自体は否定すべくもないということであろう。では、何が豊富をもたらすか、彼は治政（ポリス）が良好であればおのずから豊かさが行き渡ると述べているにすぎない。

一方「習俗の奢侈」とは、食卓の奢侈、衣装の奢侈、家具や装身具などの余計な装飾の奢侈のことである。食卓の奢侈として彼が縷々述べているところは、むしろ食生活の充実振りを語っている風でもあるが、しかし彼は、そのような食卓の華美は社会の衰退の兆候として警戒すべきであると言う。なぜか、古代ローマの事例から明らかなように、繁栄は必ずやその内に衰退の芽を孕んでいるからである。「国が繁栄していると言われる時期はその国の衰退の時期でもありうる、少なくともその国を弱体化させるに違いない困難や混乱が生まれる時期」（p. 16）なのであって、食卓の果てしない華美は、やがて一国の衰退の原因となるのは必定であると考えるのである。そのため彼は奢侈取締法の制定とその厳格な遵守を求めている。警戒を怠ればたちまち文明の果実は失われ、国は衰退に向かうであろう。ここに一種の循環史観を見出すことができる。過去の歴史に引き寄せて将来を悲観的に展望するデスランドの見方は、商業社会において産業活動の際限のない進歩を展望したムロンの進歩思想とは対照的である。

衣装の奢侈もまた行き過ぎた状況にある。「礼儀正しさや質素な佇まいは軽蔑される、……各人は実際よりも高い地位にあこがれ、実際の地位よりも高くみえるように身なりを整え、もっと多くの支出を行い、分不相応な供回りを連れて歩く。人は欺き、欺かれる」。フランス人を突き動かしているものは、「目立ちたいという不断の欲求」であり、「人が求め、目の当たりにするのは、仮面であり、劇場の役者である」。マンデヴィルやムロンやヴォルテールならば文明の証しとみたものが、デスランドには「狂気の沙汰」にほかならない（pp. 20–21）。衣装の奢侈が問題なのは、それが「あらゆる身分を混交させ、生まれや職務によって区別されてしかるべき人々を同列に置いてしまうようになって以来、一国の真の混乱の原因となっている」からである。ただし彼は、だからと言って、「各身分や各地位の衣服の色や形を定める」のは馬鹿げており、身なりの多様性が大都市にもたらす素晴らしい景観を奪うことになると批判している（pp. 24–25）[7]。消費の観点からの奢侈擁護論、すなわち衣装の奢侈は羊毛、絹、金銀のラシャの織物の製造業を維持するし、奢侈に節度もなく身を任せる人が多いほど、それだけインダストリーは刺激されるという議論に対しては、王国の有用な製造業が他のそれほど有用でもない製造業のせいで、不振に陥り、最後には姿を消してしまう、と反論している（pp. 26–28）。

家具や装身具などの余計な装飾の奢侈については、「こうしたことはすべて下らないとしか思えない」と彼は言う、「衣服や家具の形が六か月ごとに変わるというのは、結局のところ、遊びとしか、軟弱な娯楽としか思えない」、このような浅薄な流行を追い求め、「目新しくて定めなきものを過度に渇望する国民の移り気や軽薄さ」こそが、「限界を越えた」奢侈を生み出す原因である（p. 33）。ほかに、ムロンが、軍人が勇敢であるのは野心の、貿易商人が働くのは貪欲のせいであり、何より享楽的に人生を過ごすためであるとしたことに対して、「身分が高く、勇敢さで満ちた軍人は、そうするのが自分の本分であるがゆえに武器を取るのである」（p. 38）として、人間の行動原理をもっぱら利益にみる見方（利益説）に反論していることに注目しておこう。

以上のように、デスランドにとって非難に値する奢侈とは、有用なもの、便宜なもの、快適なものそれ自体ではなく、「虚栄心や嗜好の気紛れ」や「流行への強い愛着」から生まれる「取るに足らない追加」のことであった。これが果たして社会の堕落と衰退の原因として彼が警戒するほどの悪習・悪弊であるかどうか。デスランドの論述は十分な説得力を持たないように思えるが、しかしそこに商業社会の現況に対する彼のアンビバレントな評価をうかがうことはできる。奢侈の普及に象徴される商業社会の進展は、一方で豊富をもたらすが、他方で馬鹿げた流行に熱狂するなどの人心の腐敗・堕落をもたらし、社会的流動性を高めて社会秩序の安定性を揺るがす。彼は商業社会のそうしたネガティブな現況を古代ローマの事例に重ね合わせ、虚栄心などから過度を求める道徳的退廃がやがて社会の衰退を招くと考えたのである。彼にはムロンのような楽観的な進歩の展望は無縁であり、「国が繁栄しているといわれる時期はその国の衰退の時期でもありうる」、そして衰退の要因は、「目新しくて定めなきものを渇望する国民の移り気や軽薄さ」から、「取るに足りない追加」すなわち奢侈が求められるところにあった。デスランドの奢侈批判は、商業社会あるいはその裏返しとしての消費的社会の現況に対する道徳的な批判が目立っているが、それはこのようなアンチ進歩史観とでもいうべき彼の歴史認識に支えられていた。

---

(7)「各身分や各地位の衣服の色や形式を定めようと」したのは、フェヌロンの『テレマックの冒険』に登場するサレントの王である。ここで、デスランドは上述のリゴリズム批判と同じ地平に立って、フェヌロンの厳格な奢侈批判を批判している(p. 25)。メソニエールはデスランドの奢侈批判をフェヌロンのそれの延長線上にあるものと理解しているが、その理解は適切ではない(Meyssonnier 1989, p. 87)。

（2）サン・ランベールの奢侈容認論

『百科全書』に「奢侈」の項目を執筆したサン・ランベール（J. F. de Saint-Lambert, 1716–1803）は、これまでに行われてきた数々の奢侈の称賛や非難のそれぞれの根拠に反する歴史的事実を列挙しつつ、「歴史はそのいずれにも味方しない」（Saint-Lambert 1764, p. 8/256）とするが、彼自身の立場は奢侈の容認、正確には、その限定的な容認であった。すなわち、一方で、奢侈の悪しき結果であるとされてきたもの（「国民の悪徳」）はむしろ行政や政治の「悪弊の結果」（p. 53/276）であるとして奢侈や奢侈弁護論への批判に論駁しつつ、他方で、奢侈と共同体の精神との調和の可能性に目を向けて、共同体の精神に従うかぎり奢侈は容認されるべきであると考えるのである。彼にとって、そもそも奢侈の欲求は富によって生活の改善を希求する人間の本源的欲求であり、否定すべき対象ではありえない。

奢侈とは快適な生活を得るために、富や勤労を使用することである。奢侈の第一の原因は、われわれの現状に対する不満である（p. 1/252）。

富を得たいという欲望と、その富を享楽したいという欲望は、社会が始まって以来、人間の本性のなかにあるから、また、これらの欲望はすべての大きな社会を支え、富まし、活気づけるものであるから、また奢侈は一つの善であり、それ自体はなんらの悪をなさないものであるから、したがって哲学者や君主のように、奢侈をそれ自体として攻撃すべきではない（p. 71/284）。

このように奢侈は富と同義であってそれ自体一つの善であり、しかもその欲求は財産の平等に基礎を置かないあらゆる社会を支える原動力であった。国民の富と奢侈との関係についても、個人の富の場合と同様に、「享楽物の量［奢侈］が享楽の手段［富］と比例している」（p. 24/263）かぎり問題はないとされる。しかも奢侈や富への欲求は「すべての大きな社会を支える」主体的誘因であるとともに、他方では工芸や産業の発展を規定する要因でもあった。

富をもつ人々における享楽の欲望や、必需品しかもたない人々における富をえたいという欲望は、工芸やあらゆる種類の産業を刺激するに違いないと思われる。……新しい工芸や、産業の増加は、人民に新しい生存の手段をあたえ、したがって人口を増加させるに違いない。奢侈がなければ、交換および商業は少なく、商業がなければ、国民の人口はより少ないに違いない。……奢侈を生み出す情念、および奢侈そのものが、人口および国家の富にとって有利でありうる（pp. 24–25/263）。

ただし、奢侈の経済的機能に関するサン・ランベールの認識はマンデヴィルやフォルボネに比べて、十分なものではない。

このような奢侈容認論の基礎にあるのは、多彩な富の享受を可能にした技芸や産業活動への称揚であることは言うまでもない。「これほど拡大した商業と、これほど一般化した産業と、これほど沢山の完成した芸術をもつ今日のヨーロッパを、かつての単純さに引き戻そうと希望してはならない。それはヨーロッパを弱体と野蛮に引き戻すことであろう」（p. 73/285）。サン・ランベールにとって文明の果実はいわば啓蒙の成果であって、これを否定することは野蛮に回帰することにほかならない。ただし彼は、産業活動の進歩には際限がないと考えたムロンのような進歩思想を抱懐しているわけではない。彼は「この奢侈は、芸術や、産業や、商業を進めるために、常に増大しなければならない。そして、国民を成熟点までもっていった後には、必ず国民は老衰し、結局、没落する。この意見はかなり一般的で、ヒューム氏でさえもこの意見から遠くはない」（p. 11/257）として、

「政府が時とともに腐敗することは、人間および事物の本性に属するのと同じように、時とともに国家が富み、工芸が完成し、奢侈が増大することもまた、人間および事物の本性に属する」(p. 13/258) と、ブロー・デスランドと同じような循環史観を思わせる記述を残している。ここに示唆されているように、成熟の果てに没落が始まるとき、この没落の原因は奢侈ではなく、政府の腐敗にあった。

いずれにせよ、奢侈の欲求は人間に本源的なものであり、しかも人口や国家の富にとって有利である。では一体、奢侈が問題になるのはどのようなときか。彼が言うには、それは奢侈が過度に及ぶときであり、そして奢侈は、「個人が自己の義務や国民の利益を、見栄や、便宜や、気紛れのために犠牲にするときには常に過度となる」(p. 67/282)。言い換えれば、奢侈は、人が虚栄心などの情念に駆られて共同体の精神や愛国精神を失うとき過度となりうるのである。したがって「奢侈や、奢侈を導く情念は、共同体の精神や、共同体の利益に従わせねばならない」(p. 28/265)、そうであるかぎり、奢侈が過度となって社会的に有害となることはありえない、と彼は考える。そしてこの共同体の精神や愛国精神を維持し高めるのは政府の役割であるとされる。政府は各市民の財産を保証し、「市民の間で財産への愛や、財産を増加し、それを享楽したいという欲望を維持し、高めさえもする一方、全員の保持と最大多数の利益とを目的としなければならない。政府は市民の間で共同体の精神や、愛国精神を維持し、高めねばならない」(p. 27/264) のである。共同体の精神とは私益よりも公益を優先することであろうが、政府は、境遇改善欲求という人々の利己的情念をどのようにして公益の優先へと向かわせることができるだろうか。アベ・ド・サン＝ピエールは、このためにさまざまな顕彰制度を設けるよう勧奨したが、サン・ランベールにとって、この問題は行政の欠陥や政策の誤りが正されればおのずから解決される。

政府の誤りとして、彼は次の三つを挙げている。一、農村住民に租税や賦役を過重にかけるなどの農村への圧迫――これにより貧農はわずかな土地を一部の人々に売り払って都市へ出ることを余儀なくされる、二、若干の製造業の企業家や植民地開発会社などへの排他的特権の付与、三、財政（金融）の職務を極度に儲かるものにしたこと（pp. 32–36/266–268）。これらによって「にわか作りの財産」が生み出され、財産の極端な不平等が生じ、富裕な人々は富を持って首都に集まり、そこで奢侈的消費の競争に身を任す。「同じ場所に裕福な人間が大勢あつまると、……社会のなかの人間は、たえず互いに比較しあい、優越しようと互いに競う……だからあらゆる地位において、各個人の財産には過度の出費や、いわゆる相応の奢侈が導き入れられることとなる」（pp. 36–37/268）。このように富が首都に集中すると、虚栄心などの悪しき利己的情念によって奢侈的消費の競争が生じるが、サン・ランベールはこの消費競争が社会的地位や身分の混淆をもたらし身分制秩序を動揺させることに、警戒感を示している。

富が貴族の手に独占されていた時代と違って、新たに富を得た人々の豪奢は誰にも手が届くはずであり、今やジェラシーの対象にすぎない。こうした状況で、「これまでお上の人々の裕福を尊敬することに慣れていた人民は、自分たちと同等の人々の裕福さをも尊敬した。これらの同等の人々は高官たちの栄華をまねることによって、かれらに匹敵しうると信じた。高官たちは、自分たちを人民の上に引き上げている位階制度が倒れると思って、区別を保つために出費を増大させる」（pp. 41–42/269）。フィリップ・ペローはサン・ランベールの奢侈論に、生まれや神の意志によって定められた運命から解放され、努力によって自己形成をはかり、地位を獲得し、成功し、その果実を受け取るという特徴的な生き方や考え方の出現を見ているが（Perrot 1995, pp. 65–66）、サン・ランベールにとって、これはしかし、場合によっては、危惧すべき状況ともなりうるのである。「地位にふさわしい奢侈がすべての身分の人によって負担の重いものとなり、習俗にとって危険となるのは、こうしたときである。人間のこのような状態は、富を得たいという欲望を過度の貪欲にまで堕落させる」（p.

39/269）からである。このとき「ひとは自分の身分の義務を果たそうとしなくなり、他人や自分自身に対する義務の観念を呼び起こす外観や、風格や、態度を無視するように」なり、「一般的秩序の最後の痕跡まで消えうせてしまう」（pp. 41–43/ 271）、と彼は述べている。

政府の政策的な誤りが過度の不平等と首都への富の集中を招いて「過度の貪欲」を刺激する。顕示欲が引き起こす消費競争に身をゆだねた人々はみずからの義務を忘却し、私欲を優先するようになるから、その結果、共同体の精神が失われ、社会の安定化装置としての社会的ヒエラルキーが流動化する。このように虚栄心や自負心に促された「過度の貪欲」は道徳や共同体の精神を失わせ（「極端な貪欲がすべての人の心をゆり動かすとき、道徳的な感激は消えうせる」p. 39/270）、過度の有害な奢侈をもたらすが、では共同体の精神に則った適切な奢侈とは何であろうか。彼は言う、政治の悪弊が除去されて排他的特権や高官の腐敗が排除されれば、富裕になる手段は市民の間で分配され富も分割されるが、このような状況のもとで、労働を習慣とする人々が安楽を求めて徐々に築き上げた財産によって享受される奢侈、これこそが「ほどよい奢侈」あるいは「正当な枠のなかにとどめられた」奢侈である、と。

労働を習慣としている人々が、徐々に、段階を追って大きな財産に到達するときには、かれらは労働の趣味を保持しており、わずかの快楽がかれらの疲れをいやす。なぜなら、かれらは労働そのものを享楽するからであり、また長い間、たゆまぬ仕事と適度の財産の管理のなかで、秩序への愛と快楽の節制を身につけるからである（p. 57/278）。

これに対し、公共の資産の管理者や徴税人のように富が労働によらずに、あるいは悪行によって獲得されるときには、成金たちは無為やつまらぬ放蕩の欲望に慣れてしまう（p. 43/271）。労働に従事する人々にとっては労働そのものが享楽であり、みずからの労働によって可能となった「ほどよい奢侈」は常に有用なものを対象とするから、顕示欲に由来する馬鹿げた消費競争に堕することはありえない(p. 58/278)。要するに政治の悪弊が除去されれば、「富が分割されるのと同様に奢侈も分割され」、それぞれの身分や地位に応じた分相応な奢侈がもたらされるとするのである(p. 62/280)。「秩序への愛と快楽の節制」とはこのことである。そして彼がとりわけ期待を寄せたのが、職人や商人など「人民と高官との間の中間身分の階層」である。彼らは政治的悪弊が取り除かれ、賢明な政府が維持されるかぎりは、悪い習俗によって堕落することは決してない、「光はこの階級から発するのであって、その光は人民の上におとされ、高官の方に向かってのぼってゆくだろう」(p. 59/279)。

以上のように、サン・ランベールの奢侈論は、奢侈の欲求を生活改善欲求と同義とみてその本源性を強調する一方で、消費競争を招いて「富を得たいという欲望を過度の貪欲にまで堕落させる」奢侈を過度であると批判し、共同体の精神や既存の秩序を毀損しないかぎりでの分相応な奢侈(「ほどよい奢侈」)を技芸や産業活動の原動力として容認しようとするものであった。そして、このような分相応な奢侈は、政治の悪弊が取り除かれ、極端な不平等や人口と富の都市集中などが解消されればおのずから実現するものと考えられている。その根拠は、「労働を習慣とする」人々は、政治的悪弊によって意気阻喪することがなければ、労働を通じて「秩序への愛と快楽の節制」を身につけ、「ほどよい奢侈」を体現するはずであるという彼の固定観念であった。こうして奢侈と公共的精神は労働を通じて結び合う。この意味で職人や商人など「中間身分の階層」こそが「光」であった。フォルボネは、奢侈の普及によって身分制秩序や不平等が流動化する可能性を織り込みつつ「国民の奢侈」を構想したが、これに対して、公益を優先する共同体の精神の枠に奢侈の容認論を押し込めようとした点で、サン・ランベールの限定的な容認論はむしろアベ・ド・サン＝ピエールの奢侈批判と通底するところがある。そして容認論の根拠の一つとして、奢侈の経済的機能に加えて、労働の道徳性に注目し(8)、みずからの労働によって産業を担う人々の穏やかな蓄財欲や生活改善欲求の発露としての奢侈を、共同体の精神と調和しうる文明化の動因として称揚するのである。

第三節　奢侈と節約 ―― 農業の再生

(1) 奢侈批判と農業重視

ルイ一五世の治世後期にあたる一八世紀中葉以降のフランスでは、さまざまな部面で新しい状況が生まれていた。社会構成についても、都市の市民階層は商工業で富を蓄積し、それを土地や官職の購入にあてて、社会的上昇を引き続き果たす一方で、人口の大多数を占める農民や職人・労働者などの民衆はそのようないわば自己実現の機会を奪われていた。しかし一方で、一七三〇年代以降のフランス経済の長期的成長を背景にして、とくにパリなどの都市部で、上層階層が享受する奢侈財の廉価版である「大衆的奢侈財」が広まりを見せるなど (Fairchilds, 1993)、上層階層に発する消費文化が下位の階層の人々にも広く浸透していく。そして人口増加によって農産物などの必需品の需要が増大したほか、人々の嗜好や消費パターンの変化によって奢侈財への新規の需要が創出され、生産活動が拡大する一因ともなった。このようにフォルボネの言う「国民の奢侈」やサン・ランベールの言う「中間身分の階層」による「ほどよい奢侈」が、フランス版の消費革命の進行とともにある程度のリアリティを獲得していくかに見えたが、しかし他方で、そのような社会の変容は習俗の腐敗と徳の喪失という看過できない事態を招いたのではないか、という疑いを生じさせた。宮廷や都市における習俗や趣味の腐敗を指弾する声が高まり、商業批判、さらには奢侈への道徳的批判を呼び覚ます。そしてこの批判的風潮は農村の賛美や農業重視の気運と通じ合っていた。この時代に、農学が注目され農業改良家たちによる農業協会の設立が相次ぐなど、農業熱といわれる一種のブームが生じたが、その背景にはシビックな徳の再生を求める時代の空気感があり（Sholvin 2006, pp. 72–79)[9]、これらが相まって奢侈批判の論調が高まりを見せたと言えよう。そこにルソーやミラボの論説の影響を見ることもまた容易である。

文明化に伴う習俗の腐敗・徳の衰退を問題視し、この原因として奢侈を批判したルソーの論説は、アンチ商業主義や奢侈批判のトレンドを活発化する上で大いに影響力をふるったが、そこに見られるのは、洗練された消費財の享有によって最大限の効用や快楽を得ようとする功利主義的な幸福観に対する根本的な懐疑の念であった。彼は農村や農業こそが徳の源泉であるとして、腐敗した商業文明のカウンターパートとして農村と農業の再生を訴える。出世作となった『学問芸術論』（Rousseau 1750）で、次のように述べている。

豪華な衣装が富裕な人間を、そして優雅な衣装が洗練された人間をあらわすことはあろう。しかし、健康で活力ある人間は、それとは別の特質によって見分けられる。たとえば肉体の力と生気が見出されるのは、農夫の粗野な衣服のうちであり、宮廷人のきらびやかな服装のうちにではない（p. 401/15）。

（8） そこにヒュームの労働観が投影しているように思える。ヒュームは『政治論集』において、インダストリーが発達した社会では、人々は一面で労働それ自体を喜びとして勤労に励むから、労働の活動を顧みずに快楽や安逸のみに流されることなく、「活動と快楽と安逸」（Hume 1752, p. 21/23）の人間の幸福の三要素がバランスよく実現されると述べている。

（9） ヴァルディもまた、一八世紀中葉には「田園の賛美はすでに近代的な装いのもとで復活しており、農村社会は、腐敗した都市文化や堕落した王の宮廷へのカウンターバランスへと、それゆえ精神的リニューアルの源泉へと変わっていた」と述べている（Vardi 2012, p. 130）。

宮廷人は奢侈という虚飾を生きているにすぎず、粗衣をまとった農夫にこそ徳としての「肉体の力と生気」を見出すことができるのである。『人間不平等起源論』(Rousseau 1754)では、奢侈は学問、技術、商業、文学、産業を盛んにするにしても、他方で技術は有用性に反比例して利益を生むから、奢侈が広まるにつれて、人々の生存にもっとも必要であるがしかし最も利益の薄い農業がなおざりにされてしまうとして、「産業と技術が広がり花咲くにつれて、耕作者は軽蔑され、奢侈を維持するために必要な税を課され、一生を労働と飢えのあいだで送らざるをえなくなり、畑を捨てて、都市へもたらすべきパンを、都市へ探しに行くのである」と述べている。この意味で、ルソーにとって奢侈は「あらゆる悪のなかで最悪のもの」であった(pp. 197–198/124)[10]。マブリやミラボなど、幻想にすぎない商業的富の追求によって農村と農業が荒廃し、それゆえ徳が失われたと嘆く人々が思い描いたのも、同じイメージであった。『人間の友』(Mirabeau 1756)におけるミラボの奢侈批判を見てみよう。

ミラボは「奢侈は社会の最大の害悪である」(2, p. 139)として、ムロンとヒュームの奢侈容認論に批判の鉾先を向ける。ミラボは「奢侈は富の濫用である」(2, p. 101)と定義した上で、濫用であるか有用であるかは、国民の柔弱さ(la mollesse)や無秩序をもたらすかどうかに依存すると述べている。無秩序とは濫費のことであり、濫費とは「国や時代のさまざまな釣り合いや便宜の水準から逸脱した支出」(2, p. 102)のことである。彼は奢侈を「外部への支出の移動(déplacement)」(2, p. 113)とも呼んでいるが、要するに、彼が言う奢侈あるいは濫費とは分不相応な支出にほかならない。ミラボによれば、社会には各人の分に基づく「釣り合い」が存在し、社会の秩序はこの釣り合いが維持されることで成り立っているが、分不相応な支出はこの釣り合いを損ない、ひいては秩序を破壊してしまう。例えば、肉商人が自分の妻のためにお城の貴婦人を輝かせていた宝石を買い与えるならば、「あらゆる身分の人々は奢侈の声を上げる。自分よりも下の者が自分をしのぐのを見て傷ついた各人はみずからの［ふさわしい］位置に復帰しようと努める。そこから異常な、すなわち資力と釣り合わない支出、混乱、破産、強欲やそのようなもの、そして社会を完全に破滅させるのにこれ以上ないほどのあらゆる無秩序が生じることになる」(2, p. 103)。

奢侈が広まり、これに伴って利益や富への志向性が高まるとともに、人々は分不相応な支出へと駆り立てられるが、こうした奢侈・利益・富への激しい情熱によって恐るべき混乱が生じる。奢侈へと人々を駆り立てるものは、感覚的な表徴や外見的な標章によって他者との差別化(distinction)を求めようとする人間の自己愛であるから、ミラボにとっては、この自己愛に発する自己差別化の情念こそは社会の釣り合いを破壊する元凶であった。富がこの最も有効な手段と見なされるようになると、状況はますます悪化し、富は威厳、名誉、権威をもたらす手段ともなり、あらゆる種類の美徳や栄光の観念は空虚なものとなり、市民の関心は総じて金銭欲

(10) ルソーは『人間不平等起源論』において、本来善良であった人間が文明化の進展とともに「邪悪な」存在となったと告発するが、この文明状態に生きる人間の姿は、基本的にマンデヴィルの描くそれと同じである。ルソーは言う、「このようにして、われわれは同胞の損害のなかにわれわれの利益を見出し、一方の損失はほとんどつねに他方の繁栄となるが、さらに危険なのは、みんなのこうむる災難が多数の個人の期待や希望の的となることである。……利害のためにペテン師となるように生まれてくる……社会はそれぞれの人が他人に奉仕することによって利益を得るように構成されているのだと私に答えるならば、他人に害を与えることによって、さらに多くの利益を得ることがなければ、まことにけっこうと、答えるであろう」(Rousseau 1754, pp. 192–193/120–121)。スミスが「『エディンバラ評論』への寄稿文」(Smith 1756)において、『人間不平等起源論』はマンデヴィルの『蜂の寓話』を下敷きにしていると指摘したことはよく知られている。確かに、ここに見られる、人間は「利害のためにペテン師となるように生まれてくる」というルソーの言説は、「あらゆる市民社会において、人間は幼少の頃から知らず知らずのうちに偽善者となるように教わっている」(Mandeville 1714, p. 349/320)というマンデヴィルの言説と通じ合っている。

が満たされることへと向かい、このため友情や親子の情でさえ失われてしまう（2, p. 107）、と彼は言う。「あらゆる階層が次第に卓越性、快楽、名誉の根本原因である金銭以外のものにもはや関心を持たなくなる、……社会全体が礼節を失うようなことが生じたのはこのような大きな変化（cette révolution）によってである」（2, p. 133）。ムロンは「奢侈は無為の破壊者」であると述べたが、しかしミラボによれば、逆に「奢侈は無為を必要としている」。したがって「奢侈が最も下位の階層から上位の階層まで、それぞれ比例的に、社会のあらゆる階層に同じく広がると、その結果、奢侈は無為を確たるものとし、多くを消費し、少なく働く、そういう欲望を広げてしまう」。ムロンの言う、奢侈が無為を破壊するとは、洗練された生活を希求する奢侈の欲求は勤労のインセンティブとなりうるということであったが、奢侈と勤労を区別するミラボにとっては、そのようなことはありえない。ただし、そうした区別を前提にするかぎり、そもそも奢侈が国民各層に広がり、皆が「多くを消費し、少なく働く」ようになることなどありえないであろう。ミラボはムロンの奢侈論を最終的に「全体として驚くほど間違っている」（2, p. 120）と酷評しているが、両者の論説は最初からすれ違っていて、ほとんど交わるところがない。ヒュームに対しては、ミラボは、『政治論集』の奢侈容認論は本来まったく別ものであるはずの奢侈と、礼節・勤労・技芸とを混同した議論であると批判している。またヒュームは奢侈を無害な奢侈と悪徳の奢侈に区別したが、ミラボは、そもそも奢侈は徳からの逸脱にほかならないから、無害な奢侈を非難の対象から救い出そうとして設けられたこのような区別自体、意味がないと考えている（2, pp. 124-125）。

『人間の友』は出版後三年で二〇版、一八世紀を通じて五〇版を数えたと言われるほどのベストセラーとなり、ミラボは時代の寵児となった。M・クウェイスは、これはミラボの奢侈批判とその立脚点であった古典的共和主義などが広く支持された結果であるとして、人々のこのようなシンパシーの背景に、消費革命に伴う奢侈の普及が招き寄せたフランス社会の流動化や、フランスに不利な形で決着した七年戦争（一七五六―六三年）

の影響などを見ている（Kwass 2003）。社会的流動化は社会の安定を損なう。この点でミラボは奢侈批判と商業社会批判とを重ね合わせ、商業社会への社会の変容は利益・富を優先する「拝金主義（l'apothéose de l'or）」（2, p. 132）を生み出し、既存の階層秩序を流動化させ、社会を危機に陥れるが、このような状況を招いた原因は人々を分不相応な支出へと駆り立てる奢侈的欲求の広まりにあると見て、これを槍玉にあげるのである。ミラボはまたカンティロンの地主の消費支出の主導性の議論を踏まえて、上層階級の消費文化にも批判の鉾先を向けている。地主たちが腐敗した習俗に促されて過度の贅沢に支出し、人間を養う食糧を生産する代わりに上層階級の消費欲を満たすために無用な用途に土地が用いられれば、人口減少を招くことになる。こうして「贅沢（Superfluité）への支出は社会に対する犯罪である」（1, p. 13）。多人口主義者であった『人間の友』（第一部、第二部、第三部）のミラボは、「生活資料を唯一増加しうる農業は技芸（Arts）のなかの第一のものである」（1, p. 24）として、疲弊したフランス農業の復興をなにより重視したが、以上の奢侈と商業社会の同時的批判はそうした農業重視論と重なり合っていることは言うまでもない。

> 人々が幸福で平和なところではどこでも、農村は笑いに包まれ、住民も多く、豊かで、家畜や飼い葉でおおわれている。あなたがたが、農村がそのような状態にあるのを見受けるところならどこでも、農地や村や小郡（canton）などへの関心は個人的に非常に強く、各人はそのことに気付くこともなく公共善に関心を抱き、そして政府は強固となり、最後に国家はその自然的な有利さに応じて完全な繁栄を享受するものと期待することができる（1, p. 103）。

ミラボの願いは、ひたすら「われわれの分相応な暮らしぶり（nos mœurs relatives）のなかで年齢、名声、栄誉、家柄のさまざまな釣り合いを保つこと」（2, p. 132）であったが、それは農業を中心とした社会において実現されうる。この意味で、ミラボの奢侈批判は、サン＝ピエールやルソーの奢侈批判とは異なって、保守的、復古的な色調を帯びていたことは明らかであろう(11)。

J・ショブリンはクウェイスに続いてこの時代の奢侈批判の高まりに注目し、その理由を、ポンパドゥール夫人に象徴されるような金権的な金融業者や商人の社会的上昇を目の当たりにして、地方貴族や地方エリートたちが、宮廷や大都市における奢侈的、顕示的消費を「地位と身分の混淆」を表すものとして強く批判するようになったからだとしている(Shovlin 2006, pp. 27–40)。金融業者や商人が跋扈し、宮廷の貴族と金融業者が結託して不労所得からの贅沢な支出によって華美な生活に浸る、こうした目に余る腐敗・堕落を非難する言語として、フランスでは「奢侈」という言葉は引き続き有効であり(12)、そしてこのような奢侈批判は農村や農業の再生への関心と一体のものであったとされる。農業は経済的繁栄とシビック的徳・祖国愛の双方の源泉であると見なされ、シュリーとフェヌロンの論説の延長上で、農村と農業の再生による富と徳の一致が求められたと言うのである。ここにショブリンはフランスにおける「徳の経済学」の形成を見ている。すなわち、市民が目指したものは、シビック的徳とりわけ祖国愛に導かれ、個人的利益を公共の福祉に従属させる政治的共同体の形成であったとし、彼らが求めた経済学もまた、祖国愛に基づく国民の道徳的再生と両立しうる農業と土地所有を基軸とする「徳の経済学」であったとしている。

ただし、一八世紀中葉以降になると、奢侈容認論の側でも、どのような奢侈であれ手放しでそれを容認する者など誰もいない。フォルボネが「商業とは無関係の奢侈」を「過度の奢侈」として批判し、ヒュームに倣って経済的、社会的に有益な奢侈と悪しき奢侈とを明確に区別していたように、寄生的な富に基づく顕示的な華美や贅沢は、彼らにとっても非難すべき過度の奢侈であった。したがって、注目すべきは、寄生的な富や顕示的な華美への非難の高まりそれ自体よりも、むしろこのような風潮のなかで奢侈の言説を通じて、二つの社会構想が並立して現れたことである。『人間の友』のミラボが奢侈一般を排除し、伝統的なシビック的徳に基づく農業中心の社会の再生を志向するのに対して、フォルボネは大衆消費の優位性の観点から富者による過度の奢侈を非難しつつ、農業の基盤の上に産業活動が盛んな産業社会と呼ぶべき新たな社会を志向する。このときフォルボネは、商業活動によって習俗が洗練され人間性が陶冶される可能性を含めて、商業の道徳的、社会的、政治的効果に着目していたから、この場合も、富と徳の一致の可能性は排除されていない。この意味で、このような二つの社会構想の並立は徳の観念の変容あるいは対立の反映でもあったと見ることができる。少なくとも、「徳の経済学」がフォルボネなどの功利主義の経済学に取って代わるわけではない。(13)

いずれにせよ、この時代の農業熱を背景とする奢侈批判の風潮は、経済学の展開にどのように影響しているだろうか。ミラボの『人間の友』は、農業・農村の再生とそれに基づく道徳的秩序の再生を提唱して、地方に在住する貴族などのエリート層に大いに好評を博したが、ミラボに農業・農村の再生のための最良の理論を提

(11) それゆえミラボにムロンのような進歩史観は無縁である。国家は自然のサイクルと同様に、誕生から死に至るサイクルを歩むが、彼の関心事は、現在の成熟期が、今後、衰退に向かうのか、あるいは衰退を未然に防ぐことができるかどうかであった(Kwass 2003, pp. 196–97 を参照)。

(12) ショブリンは、このようなフランスに固有の事情のゆえにヒュームの『政治論集』における奢侈容認論はフランスでは必ずしも受け入れられなかったとし、そのことが、「寄生的な貴族と金融業者の有害な影響を批判するために奢侈という言葉を引き続き用いることが有効であるとヒュームに納得させた可能性がある。結局、ヒュームは一七六〇年版とそれ以後の版で、奢侈に関する彼のエッセイのタイトルを『技芸の洗練について』に変更した」と述べている(Shovlin 2008, p. 222)。

(13) ショブリンは、この時代のフランス経済学の展開を、農業や土地所有を基軸とする「徳の経済学」さらには「愛国的経済学」の視点から一括りに特徴づけているが、明らかに無理がある。何よりこのような整理では、グルネ・サークル→ネッケル→総裁政府期の産業奨励の思想あるいは産業主義のラインが、重農主義などの農業偏重論や地主イデオロギーに対して、ときに対抗的にその存在感を増していった次第を十分に捉えることはできないであろう(米田 2007 を参照)。

供したのは、ほかでもない、ケネーの重農主義であった。次に、重農主義の奢侈批判とその経済学史上の意義を明らかにしよう。

（2）重農主義の奢侈批判

フランス農業の再生を企図するケネーの重農主義は、その理論体系のうちに奢侈や消費の機能をどのように組み込んでいるだろうか。ケネー（François Quesnay, 1694-1774）はムロンやフォルボネが奢侈の経済的機能として論じた内容を、直截に消費・消費欲求の問題として扱っているが、そこに論理的次元の異なる二つの消費理論を見出すことができる。一つは循環的な相互依存が消費を媒介に成立しているとみる消費循環論であり、就労者大衆の消費欲求や消費支出の意義を強調する大衆消費論と一体のものである。もう一つは地主の消費の主導性を強調する消費理論である。前者はおそらくボワギルベールに由来し、後者は明らかにカンティロンに由来する。前者から見ていこう。

ケネーは、「労働を刺激するのは安楽の状態である、なぜなら人間は労働がみずからに与える厚生を享受し、生活の快適さや暖衣飽食に慣れ、貧窮を恐れるからである」（1757b, p. 541）とし、また「享楽や消費がなければ、生産物は無用の財であろう。生産物を取引可能なものにし、その価格を維持するのは消費である」（1757b, p. 511）と述べている。すなわち安楽な暮らしを求めるさまざまな消費欲求は労働の主体的な誘因であり、そして消費需要は生産のあり方を規定する外部的要因として富の形成を導くとともに、価格への影響を通じて富の再生産を維持するという重要な機能を担うのである。ケネーはこの機能を消費循環の視点から次のように論じている。「地主の支出は労働者の利得を形成し、労働者は［農産物の購入を通じて］農業者に、農業者が地主に支払った金額を返すのである。もしこの金額が地主や労働者や農業者から奪い取られれば、その持続的な回帰

（son retour）は消滅する」（1757b, pp. 541-542）。このような消費循環においては、富の源泉として他部門の展開を規定する農業部門もまたその存立を他部門からの農産物需要に依存している。この循環の起点は地主の支出であるが、土地生産物の価格を、地主の収入を担保しうる必要な水準に維持するという観点から言えば、ボワギルベールの場合と同じく、消費循環を支えるのは人口の大多数を占める大衆の消費購買力であり、この意味で、収入を支出する地主は循環のいわば仲介役にすぎない。

人口のこの部分［下層の人々］は、富者のそれよりも比較にならないほど数が多い、したがって人口のこの部分が、かれらの労働がかれらに与えるはずの消費を控えるに応じて、また主権者と国民の収入の源泉を枯渇させる不条理な課税によって消費が抑制されるに応じて、国家は損失を被るのである（1757b, p. 543）。もっとも多数を占める下層の人々の安楽によって維持される良い食物、良い衣服等の消費は、国家の繁栄の主要な原因ではないだろうか（1758a, p. 630）。

こうして消費循環はおもに就労者大衆によって担われることになる。土地生産物とくに穀物の「可能な最高価格」によって、前払いの回収分ばかりか、できるだけ大きな純生産物の価値が実現されねばならないが、ケネーは、この価値の実現を国内においては大衆消費者の購買力に期待するのである。こうして消費は価格への影響を通じて富の再生産を規定し、このかぎりで再生産の拡大を導く外部的要因として主導性を発揮しうる。彼はさらにこのような消費循環の視点から、農業生産の拡大につれて循環は螺旋的な拡大過程をたどり、国民の消費水準が量的にも質的にも充実していくとする展望を描いている。農業という幹が育てば枝葉はおのずから伸びて豊かな樹木を形作る、と言うのである（1757a, p. 473）。「人間はたんに食料だけに甘んじてはいない、衣類や道具や、その他の快適に暮らすための便宜品を必要とする」（1757b, p. 530）、あるいは「たえず再生するこれらの年々の富は、われわれに製造品やあらゆる種類の勤労の製品をもたらすであろう。なぜなら富裕は技芸と奢侈との母だからである」(1757b, p. 559) という次第である。

ケネーのもう一つの消費論は、国民の購買力が農産物と製造品に向けられる比率に応じて前払いの回収率は変化し、したがって再生産の規模も変化するが、この比率は地主の支出動向に規定されるとする地主の消費支出の主導論である。すなわち、地主が収入を折半して、農産物への支出(「生活資料の奢侈 le luxe de subsistance」)と製造品への支出(「装飾の奢侈 le luxe de décoration」)とを同じ比率で行えば、単純再生産となるが、製造品への支出を増やせば農業の前払いは減少して再生産は縮小し、逆に農産物への支出を相対的に増やせば、前払いは増大して再生産は拡大する。(14) ケネーは、地主の主導性を強調するこうした消費理論に基づいて、奢侈的製造品に向かう「装飾の奢侈」を批判している。それは、製造品を安価にするために低賃金を求め、それゆえ土地生産物の安価を要求して農業生産を破壊する一方で、人間の虚栄心を刺激して奢侈的欲求を肥大させ、能力を上回る支出を強いることでさまざまな悪影響を及ぼすとされる。すなわち装飾の奢侈は、

市民の種々の階級の間における程よいかつ有用な支出の秩序を乱すことによって、有害な奢侈となったのではないだろうか。人間に、無理をしてその能力と釣り合わない衣服や家具の支出をさせる装飾のこのような支配的な奢侈は、地主がその土地を修復したり改良したり、商人がその貨幣を有利に用いたり、工匠がその加工する加工品に必要な原料を充分に調達したり、家父がその子の身を立てさせるために適切な措置をとったり、債務者がその債権者に支払うために節約したりするのを妨げないであろうか (1758a, p. 664)。

この「支配的な奢侈」は人々に独身生活を選ばせて人口の減少を招き、さらには奢侈的消費のための資金を求めて、人々はあらゆる奸策や不正手段に訴えるようになるから、「それは平凡な暮らしに対する軽蔑の念を広

げないだろうか、それは労働から遠ざけ、享楽へとそそのかし、習俗を腐敗させ、意気を阻喪させ、軟弱へと陥れ、肉体の力を弱めないだろうか」。そのような奢侈はまさに「破壊的な奢侈」である、とケネーは厳しく断罪している（1758a, p. 664）。ここでケネーが伝統的な奢侈批判に加えて、資本という生産の内部的条件に目を向け、奢侈は投資ファンドを損なうと批判している点は注目に値する。マンデヴィル以来、経済学の認識は奢侈の経済的効用を論証して奢侈容認論を支えてきたが、ここに至って、すなわちケネーの資本理論の登場によって、奢侈批判の側に有力な論拠を与えたと言うことができるからである。

ケネーは他方で「奢侈なくして富は永続することができただろうか」（*ibid.*）、と奢侈を積極的に擁護するかのような発言を行っている。しかしながら、ここで彼の言う富の永続に寄与しうる「有用な奢侈」とは、「個々人の地位と富とに相応し、また粗生生産物の消費と生産と売上価値とに寄与する」奢侈である（1758a, p. 657）。したがって正確に言えば、奢侈的消費は「生活資料の奢侈」としてその対象が土地生産物に向けられ、土地生産物の価格（売上価値）の維持に貢献しうるかぎりで「有用」であるにすぎなかった。こうして、ケネーは重農主義の原則を踏まえて、「装飾の奢侈」を批判し「生活資料の奢侈」を推奨する。しかしながら、この原則が重農主義の体系の論理として洗練されるにつれて、このような批判は少なくとも経済学の領域においては根拠を失うことになる。

（14）ケネーがカンティロンから着想を得たことは明らかであるが、しかし一定の大きさの購買力を各部門にどのように振り向けるかによって前払いの回収と再生産の規模に違いが生じるとした点で、ケネーの構想はカンティロンのそれとは異なっていることに注意を要する。カンティロンの場合には、同じく地主の消費支出が社会的な需要のあり方を決定するものの、しかしこれに応じて土地資源の配分が変化するにすぎなかったから、地主の消費支出の仕方が変化しても、これに応じて土地生産物の種類とその量が変化するだけで、全体としての生産規模は変化しない。

晩年に近い時期に経済学の研究に取り組んだケネーの試行錯誤は、重農主義の単純化された一般的モデルの構築に向かう抽象化プロセスであり、そのプロセスは「経済表範式」(1766b)の論理世界に収斂していくと見ることができる。そして重農主義の一般的モデル、すなわちその体系の論理によれば、土地の再生力(自然の恵み)の働きによって余剰を伴ってみずからを再生しうる土地生産物のみが真の富であり、加工品は素材的に言えば土地生産物(食糧と原料)が転形したものにすぎないし、価値的には、加工部門は経費ないし資本の価値(食糧と原料の価値)を回収するにすぎない。不生産階級(加工業者)は経費の回収分だけの購買力を与えられ、それをそのまま農業部門に返すにすぎないのである。製造品への支出分はそれを受け取る製造業者によって必ずや農産物(食料と原料)の購入に向けられるから、国民の購買力はどのような経路をたどろうとも最終的にはそのすべてが農業部門に回帰し、不生産階級の支出(経費的支出)の全額が最終的に生産階級に還流する。したがって、「範式」段階でのこのような「支出の秩序」の構想に照らして言えば、不生産階級への支出の相対的な増減が、生産階級に還流する貨幣量に違いをもたらし、前払いの回収額に、それゆえ再生産の規模に違いを生じさせるという動学的展望はありえないのである。

このとき、同様に就労者大衆の消費の機能もまた主導的役割を失うことになる。なぜなら、再生産秩序が螺旋的な発展の可能性をはらむ消費循環としてよりは、単純な「支出の秩序」として示されるとき、再生産の外部的要因であった消費は内部化され、国民の総支出の、農業部門への「還流」のみが問題となるにすぎなくなるからである。こうして「人間論」(1757b)や「経済表原表」(1758b)に見られたケネーの二つの消費論は、体系の論理に包摂されるとき、いずれも自己閉塞に陥り、経済における主導的役割を失うことになる。

消費欲求に関しても同じである。彼はひとまず労働のインセンティブとしての消費欲求の機能に着目し(「労働を刺激するのは安楽の状態である」)、人々の消費欲求は「勤労の父」(1766a, p. 755)として工匠の労働意欲を刺激するとともに、消費者に工匠の手になる加工品の獲得を促す動因となるとするものの、不生産階級やそれが生産する加工品は再生的富（土地生産物）の増大に応じて増えるにすぎないという重農主義の原則を厳密に適用すれば、実は消費欲求が独自の主導的な役割を担う余地はどこにもないからである。したがって、彼はフォルボネとは逆に、「政治は欲求を満たすべく人々を駆り立てるために、欲求と手を結ぶようなことを免れることができる」（*ibid.*）と言うことができた。

そしてこのとき、当初の消費循環の構想に含意されていた、農業という幹が育てば枝葉はおのずから伸びて豊かな樹木を形づくるとする高度な消費社会への展望もまた、自己閉塞に陥ることになる。「工業の労働は富を増やさない、……工匠はその労働によって生産するだけを生活資料として消尽する」（1757a, p. 496）のであり、工匠の支出は「純粋に経費的な支出」（1766a, p. 753）にとどまる。農業者が手にする農業利潤も基本的に投資ファンドとして位置づけられており、これが彼らの生活状態の改善のために消費支出に向けられる可能性は明示されていない。また賃金労働者も、ぎりぎりの生存賃金を手に入れるにすぎない（1767, p. 984）[15]。それゆえ、ヒュームやフォルボネのように、消費財としての加工品の獲得願望を農業者の生産活動のインセンティブとすることはできない。幹が育てば枝葉はおのずから繁るとはいうものの、そのような全般的な消費財の質的充実（必要品→便益品→奢侈品）を展望しうる文明化の視点は、彼の体系的構成には組み込まれていなかったと言わざるをえないのである。かりにケネーやミラボ自身は「農業生産が特権的な位置を占める商業社会」（Shovlin

（15）　自由処分可能な所得を消費支出に用いることができるのは、地主階級のみであり、したがって加工部門の生産する消費財は地主の需要に応じるために質的に充実していくが、しかしこれについても、「装飾の奢侈」は「有用な奢侈」としてとどまるべき限界を逸脱する傾向をもっているとして、地主階級がこれに浸ることは強く戒められていた（1758a, p. 664）。

2006, p. 108）を遠望していたとしても、しかし重農主義の原則に従うかぎり、農業生産が特権的地位を占める商業社会を実現することはできないであろう。フォルボネはこのような重農主義の自己矛盾を次のように批判した。

あなたがたはいたるところで哲学的な農業の計画を作る、そこではもっぱら生産に従事する人間はほかのいかなる情念にも動かされることはないし、単純な欲求しか知らない、そして……その余剰のすべてを新たな生産に向ける。ところでその見方には欠陥がある、なぜならそのようなことは不可能だからである（Forbonnais 1767, II, p. 115）。

重農主義のビジョンはフォルボネにとっては人間本性に反するものであり、それゆえ不可能を求めるに等しかったのである。

以上のように重農主義の原則あるいはその体系の論理が前面に出るにつれて消費主導の構想は後景に退き、これに代わって、生産視点から再生産の内部的条件としての資本機能がもっぱら強調されることになる。(16) ただし、彼の視線がフランス農業の過小生産に向けられるとき、これを打開する動因として、消費は一転して主導的役割を担うことになる。過小生産の原因は農産物価格とりわけ穀物価格の低落であり、その原因は税制の欠陥とコルベルティスムの低穀価政策による穀物への過少消費であった。したがって税制改革と穀物輸出の自由化によってこの過少消費の原因が取り除かれて国内外の需要が増大すれば、穀物価格は上昇し、これとともに消費循環は拡大軌道に乗って上方への螺旋運動へと導かれるとされるのである。このように「範式」の論理世界に向かう抽象化プロセスとは異なる次元で、すなわち過小生産を前提にした動態論の展望において、再生産の外部的要因として消費は主導性を発揮する。(17) ケネーは、いくつかの必要条件が満たされた理想的な経済世界つまり自然的な再生産秩序のメカニズムを循環的な再生産論（経済表）として示す一方で、現実の疲弊した王国経済を復興させ、この秩序へと至らせるための処方箋を示そうとした。彼の経済学体系はこのような二重構造から成っているが、消費の役割もまたこの構造に即して違いが生じるのである。

いずれにせよ、体系の論理が前面に出るにつれて消費視点に代わって生産視点が際立つようになり、再生産の内部的条件としての資本機能がもっぱら強調されることになる。ところで、ケネーは、奢侈批判の論拠の一つを奢侈的消費が投資ファンドを損なう点に求めたが、この視点を押し進めて節約の論理や資本蓄積論の展開へと至ったわけではないことに注意を喚起しておきたい。ケネーにとって、節約は貨幣の退蔵にほかならず、購買力を減退させて循環的な流通過程を損なうにすぎない。「貨幣の蓄積は流通を中断させ、生産物価格を引き下げ、したがって耕作の利潤を減らし、前払いを増加させうる可能性を低下させるであろう。これらすべてのもの［資本財］の増加は、もっぱら支出の良き使用からのみ結果するのである」（1766c, p. 846）。このように、貨幣の蓄積（節約）によって資本が増加しうる可能性はケネーの視界には捉えられていない。農業利潤についても、これを消費に用いるか節約して投資に用いるかの択一的な視点を彼は持たなかったから、利潤は制欲に

（16）「原表」から「範式」へと「経済表」が完結した社会的再生産過程を表示する表へと洗練され、体系の視点が純化されるとともに、表の構成は当初の地主の支出を起点とする消費循環から、事実上、生産資本（前払い）の回収過程を表す生産資本循環へと変容する。彼自身「増加することなく不断に回収される貨幣の回帰運動が繰り返されるのは、まさにこの前払い資金をめぐってである」（1766b, pp. 774–775）と述べている。この生産資本の回収の視点と、剰余を生産しない不生産階級の支出は経費的支出にとどまるとする体系の論理とが結合して、「支出の秩序」という発展なき循環運動の世界が紡ぎだされた。

（17）この発展のプロセスを動かす起動因は穀物価格が経費を上回って利潤が発生することである。ここから彼の興味深い価格論（「良価」論）と利潤論が展開されていく。ケネーの消費論の全体像を含めて、詳しくは米田（2005）の第五章「ケネーの経済学体系――再生産秩序と消費」を参照されたい。

よる節約（蓄積）という媒介項なしに投資に直結していた。これに対し、奢侈か節約かという択一的な視点に基づいて、節約こそが資本の増大の原因であるとしてケネーの資本理論を敷衍し、蓄積論の扉を開いたのがチュルゴとスミスであった。奢侈論争において重要な役回りを果たした経済学は、一方でこの論争に鍛えられて理論的な発展・飛躍を遂げるが、この点で最も注目に値するのが、この局面であった。ケネー以後の展開をボードーとチュルゴについて一瞥しておこう。

まず、ボードー（Nicolas Baudeau, 1730–1792）がケネーの資本理論を「支出の秩序」という循環運動の世界から解き放って、これを一歩進めた。ボードーはケネーの地主の消費支出主導論を批判し、農産物の価値を前払いの回収部分とこれを上回る純収入部分とに区別し、前払いの回収部分が維持されるかぎり、純収入部分が、国産品に対してであれ外国の奢侈品に対してであれ、どのように消費支出されようとも基本的に再生産の規模には無関係であると考えた。ボードーにとって、再生産の規模は、純収入部分からの消費支出のあり方ではなく、前払いの回収を条件として、その上で、純収入部分がどれほど投資支出に向けられるかにかかっていた。この視点から、彼は奢侈に独自の定義を与えている。すなわち「われわれは生産に役立つ支出を損ない、同時に生産そのものを損なって、不生産的支出の総額を増加するような国民的支出の自然的、本質的秩序の転倒を奢侈と呼ぶ」（1767, p. 14）。ここで問題なのは「生産に役立つ支出を損なう」ことであり、前払いの回収部分に手をつけてこれを損なう支出は何であれ自然的秩序を転倒し再生産を損なう奢侈であるが、そうでないかぎり、「自由処分可能な」純収入部分がどのように支出されようとも奢侈ではないとされる。したがって、この定義によれば、どんなに豪奢（le faste）であっても、純収入部分からの支出であるかぎり奢侈（le luxe）ではないことになる。[18]

チュルゴ（A. R. J. Turgot, 1727–1781）はさらにみずからの資本理論に基づいて、[19]「諸階級の企業者」は、あらかじめ経費に組み込まれ、それゆえその取得がほぼ確実な利潤を、奢侈という不生産的な浪費に用いずに節約（蓄積）することによって資本総額を増やすことができるとして、蓄積論への扉を開いた（「国民の節約の精神はたえず資本の総額を増大する。奢侈はたえず資本を破壊する傾向にある」1766, p. 588/113）。チュルゴにとっては、ケネーのように「支出の秩序」の観点から節約を購買力の減退とみなすこと自体、ナンセンスであった。節約はすなわち投資であって、若干のタイムラグを伴うにせよ、節約された利潤は投資支出のファンドとなって労働の追加的雇用や資本財の購入に向かい流通に復帰するから、したがって「資本形成のために節約され、蓄積され、保蔵された貨幣は少しも流通から取り除かれない」（1767, p. 657/147）。このようなチュルゴの「節約の論理」は、ケネーの、発展なき循環運動としての静態的な経済循環論への根本的批判を意味するとともに、消費主導論を根拠とするフォルボネなどの奢侈容認論への有力な対抗的論理をなすものであった。また、ケネーとボードーは地主が資本形成の一翼を担うことを強く期待したが、チュルゴは、地主は「財産を増殖するよりはそれを快適に享楽することを考える、すなわち奢侈こそかれらの分け前である」として、資本形成のおもな担い手を地主ではなく「諸階級の企業者」に求めた。この点も注目に値する（1766, pp. 600–601/123）。

（18）このような奢侈規定を「奇妙な規定」であると批判したのが、ビュテル・デュモンであった。なお、ボードーおよび重農学派の奢侈論について、渡辺輝雄（1971）が子細に分析している（これにはボードーの奢侈に関する二つの論文の邦訳が含まれている）。

（19）チュルゴの資本理論の骨子はおよそ次の三点に集約できる。一、農業にかぎらず、どの部門であれ企業者は資本の回収分を上回る利潤を獲得する、二、この利潤は経費を上回る超過価格分としての譲渡利潤ではなく、経費の一部にあらかじめ組み込まれ、「価格から先取り」されている、三、資本の形成はこの利潤の節約（蓄積）によって可能となる（Turgot 1766, pp. 568–571/98–100）。

(3) ピントの奢侈批判 —— 中庸な奢侈と節約

『人間の友』のミラボのようなシビック的徳の観点からの批判であれ、重農主義の経済学的な批判であれ、それらの奢侈批判が目指すものは同じく農村や農業の再生であったが、他方で、サン・ランベールとほぼ同じ時期に、イザック・ド・ピント (Isaac de Pinto, 1717–1787) は重農主義とは異なる経済学の観点から、奢侈批判あるいはむしろ「中庸な奢侈」の擁護論を展開した。サン・ランベールは、マンデヴィルやフォルボネと比べて奢侈の経済的機能に関する理解は十分ではなかったが、ピントは素朴な形ながら生産の外部的、内部的条件の両面に目を向け、「中庸な奢侈」と同時に節約の意義を説いた。このスタンスはこの時代にあってピントに独自のものである[20]。

ピントは、奢侈は確かに商業、流通、インダストリーを促進し、身分の不平等を改め、嗜好を洗練し、職人の技術や天賦の才を向上させるから、奢侈容認論には一面の真実が含まれていることを認めるが、しかし奢侈はしばしば過度に及んで国家に大きな害悪を及ぼすという反面の真実を忘れてはならないと言う (1762, p. 326)。フォルボネは、ほかの人々と同じように豊かであると見なされたいという「世評の平等」への人々の実現不可能な願望こそが、「国家の力と繁栄」の原因であると考えたが、ピントにとっては、「将来にはかない期待を抱かせる」このような幻想もまた、個人の破滅と国家のダメージを招来するにすぎない。

> 数の増えた必要は習慣に変わり、この習慣はもつことの喜びを少なくするが、失うことの落胆を必ずしも少なくしない。持っていても喜びを感じないものを失うことで人はしばしば不幸になるとは、まったくこれ以上の真実はない (Pinto 1762, p. 329)。

幻想を追い求めても、それだけ不幸の種が大きくなるにすぎないのである。また奢侈的な生活は勤労意欲を弱め、事業への熱意を減退させるから、奢侈はいわば勤労の精神と相容れないし（1762, p. 334）、奢侈は巨額の収入を必要とするから、堅実な営業とも相容れない。他方で、欲求が過度に及べば、有用性の小さい技芸ほど重用されるから、もっとも必要な技芸がなおざりにされてしまう（1762, p. 331）。ほかにも、奢侈は「国家の偉大さと富裕の源泉である」土地の耕作と人口にともに有害であるなどと、批判論に共通する数々の論拠をあげて奢侈を批判している（1762, p. 337）。

しかしだからといって、彼は物理的必要に限定された田園生活への回帰を唱えるわけではない。彼はミラボを批判して、「ミラボ氏のように、信用と流通によってあらゆる個々人にもたらされる持続的な享楽が現実に生じることを否定しようとするのは、……パンと水以外の富は存在せず、そのほかのものはすべて慣習と世評から生まれる余計なものであると主張することである」（1771, p. 163）と述べている。問題なのは過度の奢侈であって、「個々人の能力や身分に応じた支出や相対的な奢侈」まで否定されるわけではない。むしろ、「流通を維持するのは不断の永続的な安定した日々の支出である」（1771, p. 125）から、このような分相応な奢侈による永続的な支出こそが永続的かつ安定した流通とインダストリーの条件でさえある。彼はボワギルベールの大衆消費論に依りつつ、「数多くの家計」による分相応な支出の意義を次のように述べている。

もし奢侈がもっと中庸（modéré）で、安楽な市民がもっと大勢いれば、たとえばリヨンにおいてありふれた織物が三分

(20)　ピントはアムステルダムのユダヤ教会の指導者であったが、一時期、オランダ西インド会社の総裁を務めた。会社が破産してのちはフランスに移り住み、著作活動に専念したと言われる。ピントの奢侈論や流通論・信用論について、詳しくは拙稿（米田 1996）を参照されたい。

の一だけ多く売られ、もっと大勢の人々が織物に雇われるであろう。……インダストリーのほかの部門についても同様である（1762, p. 336）。

流通、インダストリー、消費、商業、製造業、快適な技芸に先立つあらゆる有用な技芸、これらを増加するのは、長期にわたり妥当で持続的かつ永続的な支出を行う数多くの家計である（1762, p. 331）。

他方で、ピントは生産の内部的条件に着目し、節約の徳を称揚する。「節約（l'économie）、倹約（l'épargne）、そして敢えてそう言いたいが、金をため込む人間の吝嗇（l'avarice）は決して国家にとって損失ではない」、なぜなら「吝嗇家や節約家は金庫に貨幣をしまい込むのではない」からである。「彼らはその時代の人々および後世の人々のためにそれを流通させるのである。これによって節約家は安楽やブルジョア的な便宜以外の奢侈を求めることもなく、商業と、実直かつ容易な取引を続けることができる」（1762, p. 332）。ここでは節約は投資と同義であり、決してマンデヴィルが言うような退蔵を意味するものではない。節約家は「中庸」な持続的な消費支出を行う一方で、利得の残りを節約し、これを事業に投ずるのである。「節約家の商人も同じ商業において同じように国家のために貨幣を流通させる。大きな商館で働く二〇人の店員は二〇人の従僕を維持するよりも社会に有益である。大貿易商人は商業の経営を通じて、大領主の豪奢がそうするよりも多くの人々にパンを与える」（1762, p. 335）。彼は事実上、生産的消費と不生産的消費とを区別し、流通とインダストリーは、生産的消費つまり投資支出と「中庸」な消費支出とによって維持されること、そして投資支出を可能にするのは制欲による節約であると考えた。個々人の境遇の改善と国民的富裕の増大のためには、消費欲求を満たすべく人々が勤労に励めば、それで十分であるというわけにはいかなかったのである。フォルボネが過度の奢侈を批判しながら、有効需要の視点から「あらゆる誤りのなかでも最たるものは、金持ちが支出しないことである」

(Forbonnais 1755, II, p. 114) として、その批判を徹底することができなかったのとは対照的である。このように、ピントの奢侈論は、素朴な表現ながら独自の立脚点に立っていた。

第四節　奢侈と貧困 ― 一七七〇年代以降の奢侈論争

（1）ビュテル・デュモンの奢侈容認論 ― 消費の自由

一七七四年にルイ一五世からルイ一六世へと治世が移行し、財務総監に就任したチュルゴによってさまざまな改革が試みられた。しかし七四年の穀物・小麦粉取引の自由化政策は穀物価格の高騰を招いて「小麦粉戦争」と呼ばれる食糧暴動を引き起こし、七六年に彼が失脚すると、彼が実施した道路賦役の廃止、ギルドの廃止などの政策とともに、白紙に戻された。その後、ジュネーヴ生まれの銀行家ネッケルが財務長官に就任して開明的な改革を実践しようとしたが、八一年には宮廷内で孤立し罷免されてしまう。これ以降も含めて体制内改革の試みは実を結ぶことなく、フランスは革命に向かってその歩を速めていく。一七七〇年代以降、このような錯綜した政治・経済情勢を背景に、パリなどの都市部で大衆が消費する消費財の構成が高度化していく一方で（Fairchilds 1993）、不平等に起因する貧困や、人間の欲望に起因する習俗の腐敗や徳の喪失などの諸問題はもっぱら奢侈によるものと見なされ、奢侈批判が勢いを増していく。R・ガリアニは、一七六九年にフランスアカデミーが行った「奢侈の不都合（Les Incovéniens du Luxe）」を主題とする詩編のコンクールへの応募作に触れながら、一七七〇年から一七七一年にかけての奢侈批判の趨勢を素描し、さらにこうした情勢に抗って登場したビュテル・デュモンの奢侈容認論とこれをめぐる論争の一端を紹介している（Galliani 1976）。

ブザンソン・アカデミーは一七八三年の時点で改めて奢侈の弊害をテーマとして懸賞論文を募集したが、応募した論文のすべては奢侈批判であったという。H・C・クラークは、フランスでは奢侈批判は一七八〇年代にピークを迎えるとして、一部だと断りながら革命直前の一〇年間に現れた奢侈批判の論説一四点を挙げている(これに対し容認論は一点のみ)[21]。このような奢侈批判の代表として本節ではブティーニとプリュケを取り上げるが、その前に、前著で詳細に論じたビュテル・デュモンの奢侈容認論を振り返っておこう。政治的・道徳的な奢侈批判に重農学派による経済学的な奢侈批判が加わり、奢侈批判一色とも見える状況にあって、功利主義の道徳観に立脚して伝統的な道徳的批判に論駁するとともに、改めて消費欲求・需要の経済的意義を力説して奢侈を擁護したのが、ビュテル・デュモン(G. M. Butel-Dumont, 1725–1788)の『奢侈論』(Butel-Dumont 1771)であったからである。ここに、マンデヴィル以来の一八世紀の奢侈容認論がたどり着いた最終的な形が示されている。

ビュテル・デュモンの奢侈容認論の根底にあるのは、快苦原理に基づく功利主義の幸福観である。彼は想像力に左右される魂の感情という不確かな幸不幸の基準を退け、唯一確かなその基準を快楽と苦痛の感覚に求める(「幸福は快適な感覚にある。そして至高の幸福は、この同じ感覚が中断されることなく持続し、最高度の強さにまで達することであろう。人生を貴重なものにするのはこれらの感覚のみである」I, pp. 92–93)。したがって人間の幸福は感覚的享楽の持続にあり、それによる生活の洗練にある。このような彼なりの「功利性の原理」に基づいて、次のような奢侈容認論を展開する。

彼はまず奢侈の観念につきまとうあらゆる曖昧さを排除すべく、快苦原理の一点から、奢侈に絶対的な規定を与え、「必要を超えるものはそれ自体、絶対的に奢侈」(I, p. 107)であり、何であれ快楽や快適さの感覚を増大し、苦痛や不便の感覚を軽減するもの、要するに人間の幸福の増大に寄与する洗練はすべて奢侈であるとする。厳密に言えば、人間の自己保存に最低限必要なもの以外のもの、つまり原始的状態をわずかでも改善しうる洗練は、すべて奢侈に分類されねばならない。ビュテル・デュモンは以上のような絶対的な規定を「唯一正確な」奢侈規定であるとする。ここでは、フォルボネのように奢侈か必要かの不毛な二者択一を退けるために「便宜」の一領域を設けることも、また多くの論者が行ったように妥当な奢侈と過度の奢侈とを区別することも、まったく無意味である。感覚的享楽や生活の便宜を増すかぎり、どのような奢侈も同じく有益である。そして、このような余分な享楽を求める「奢侈の嗜好は人間の本質」であり、「人間に与えられている活動的な知性や完成能力は、絶対的必要の狭い領域に閉じこもることを人間に許さない」(I, p. 48)。快楽の感覚を増大し、苦痛や不便の感覚を軽減しうる洗練を求めること、言い換えれば「自己の生活状態の改善」(I, p. 46)を目指すことは、「なにものもそれを屈服させることのできない」(II, p. 79)人間の本源的欲求であり、人間の知性はもっぱらこの目的を遂げるために発揮される。

奢侈の嗜好は労働と競争心のインセンティブであり、さらにそれは消費需要に転化して労働と競争心に機会を与える。すなわち、享受とともに消滅する享楽は人を絶えざる勤労へと駆り立てるから、一方で「奢侈の嗜好は[労働の]もっとも有効な原動力」(I, p. 31)であり、また他方で奢侈は「何百万もの消費者を生みだすことで、生産物の所有者の手元に彼らの生活の糧となる分を超えて残る物産のために必要な販路を提供」(II, p. 123)する。このように奢侈の欲求は勤労の誘因であり、かつ消費需要に転じて労働と生産を規定するという二重の

(21) クラークは「フランスでは一七八〇年代の一〇年間、本当の意味で奢侈批判の論考で溢れかえる。ベストセラーのジャーナリスト、ルイ・セバスチャン・メルシエから、地方の行政官であったセナック・ド・メイランまで、誰もかれもアンチ奢侈の時流に飛び乗った」(Clark 1998, p. 89) と述べている。

経済的機能を発揮して、技芸の発達をもたらし、国民の富裕と幸福を増進する。このような見方が、マンデヴィル、ムロン、フォルボネの奢侈容認論のエッセンスをそのまま踏襲したものであることは言うまでもない。そして奢侈の効用はこのような経済的機能にとどまらない。生活状態の改善を求める意欲は人間の知性を高め、眠っていた才能を目覚めさせる。それればかりか、美徳は貧困においてよりも富裕の状態においてよりよく現れるから、奢侈の欲求がこの富裕の動因であるとすれば、奢侈はいわば美徳の源泉であり、奢侈的嗜好の普及とともに習俗は穏やかとなり、人々は社交的で穏やかな生活を送るようになる（II, p. 111）。彼はヒュームやフォルボネと同様に、奢侈の欲求→富裕→美徳の連鎖を根拠に、奢侈と徳あるいは富と徳の一致を説くのである（II, p. 167）。こうして、奢侈を奨励することは国家の利益にかなっているから、立法者は「労働者の勤労と消費者の気紛れ（la fantaisie）に最も自由な飛躍を与えねばならない」（I, p. 32）。ビュテル・デュモンは執拗な奢侈批判の声に抗って、断固として「消費の自由」を唱えるのである。

このように功利主義の幸福観と絶対的な奢侈規定に基づいて、奢侈を無条件で容認したかに見えるビュテル・デュモンは、しかし通常最も強い批判の矛先が向けられる虚栄心や自負心を満たすために行われる顕示的消費については、「奢侈ではない、それは奢侈を偽るものである」として、ひとまず容認の対象から除外し、さらに一般に奢侈のせいにされるモラルの退廃の原因を政治的な悪弊に起因させている。このように彼の奢侈容認論は、奢侈批判の論調と共鳴する一面をもっていた。しかしながら、ビュテル・デュモンは、一方で、誰がみても破廉恥なほどの顕示的な浪費といえども、政治的観点から見れば「国家に有害ではない、それは枯渇した血液を国家に与えるものである」し、また「財産の不平等な分配を是正する」効果を発揮しうるとして、それを容認している[22]。それればかりか、彼はそのような奢侈の範囲を逸脱した非合理的な消費行動をも含めて、「消費の自由」を根拠づけ、容認することのできる新たな道徳的規範を設けようとする。

彼は言う、「国家に結集する人間の目的は、修道院に集まる人間の目的とは異なって」(II, p. 156) おり、人々の関心は現世における束の間の世俗的幸福であるから、この意味で人々をより幸福にする習俗ほど、世俗に生きる人々にはより良好な習俗である。道徳に関して「判断基準とすべき真の試金石」は、この世俗的幸福の観点でなければならない。したがって彼にとっては、道徳的観点から奢侈一般を批判すること自体が本末転倒である。人々の行為を律する規範的基準は、奢侈的享楽の追求ないし「自己の生活状態の改善」の意欲を容認し、それと調和しうるものでなければならない。彼はそのような道徳を市民道徳 (la morale civile) と呼び、習俗が良好であるか否かは、この市民道徳に照らして判断すべきであるとしている。そしてこの市民道徳は、「平穏な喜び (la douceur)、人間の相互の交渉の確実さ、そして公的秩序の維持をその目的とするにすぎないから、あらゆる規則を厳格に遵守することを求めない。それは社会の平穏で繁栄した存続と調和しうるあらゆる弛緩 (les relâchement) を容認する」(II, p. 151)。このような「弛緩」は取るに足らないものであり、それによる不都合をはるかに上回る有利を社会にもたらすから、「浮き世の有用性のみを考慮する、このような［奢侈の嗜好と共存しうる」道徳は明らかに十分に適切なものである」(II, p. 170)。奢侈の嗜好つまり感覚的享楽の追求は人間の本源的欲求であり、修道院ならぬ世俗の社会に生きる人間の幸福もまた、このような感覚的享楽の享受による生活の洗練によってもたらされる。こうして、ビュテル・デュモンにとっては、奢侈の欲求に従うことは悪徳であるどころか、まっとうな自己実現の行為にほかならず、新たな市民道徳の源泉でさえあったのである。ここ

---

(22) ただし、彼は、そもそも統治の構成が良好であるかぎり、国民の多数が自己の必要をおろそかにし、能力を超える顕示的消費に身を任せて破滅するようなことは起こらないと考えている。人間は自己保存にかかわる「必要」から始まる「不動の秩序」に沿って感覚的享楽の水準を高めていくにすぎないから、奢侈の嗜好ないし「消費の自由」それ自体が社会全体の秩序を転倒するような事態は起こりえないのである (II, pp. 42–49)。

に「消費の自由」は道徳的に完全に容認されることになる。

しかし、奢侈はほとんど無条件に幸福と同義であり、「市民道徳」に適うとしても、経済学の観点から見て、果たして奢侈は国民的富裕あるいは国民の経済的厚生を高めるだろうか。ヒュームやピントの節約の論理によれば必ずしもそうはならない。ケネーやボードーの資本理論、チュルゴ（やスミス）の蓄積論の立場からすれば明らかにそうではない。こうして、問題は富の再生産の観点から「消費の自由」の経済学的な有効性を問うことである。ビュテル・デュモンは、「消費の自由」を制約しようとする重農主義の経済学的な奢侈批判に、独自の資本理論に基づいて論駁することによってその問題に答えようとする。

前述のように、ケネーは地主が製造品への支出（「装飾の奢侈」）を増やせば、農業の前払い（農業資本）は減少して再生産は縮小するが、農産物への支出（「生活資料の奢侈」）を増やせば、前払いは増加して再生産は拡大するとして地主の消費支出の主導性を論じたが、ビュテル・デュモンはこの議論を全面的に否定する。その根拠は、一つには、耕作に必要な年前払いや原前払いが維持されているかぎり、純収入からの支出がどこに向けられようとも年再生産は損なわれないこと、今一つは、地主による不生産階級への支出はこの階級の人々に購買力を与え、農産物への彼らの消費需要を増大するから、ケネーが言うように農業生産に打撃を与えるどころか、むしろそれに有利であるということである（II, pp. 37–38）。

前者の論理はボードーのそれと同じであるが（後者はフォルボネの論理と同じ）、しかし彼は一方で、どのような豪奢であれ、前払い部分を損なわないかぎり奢侈ではないとするボードーの奢侈規定は、一般に受け入れられた観念とはあまりにかけ離れたきわめて奇妙な規定であると批判する（II, p. 29）。消費支出が資本の回収分（経費分）を侵食すれば再生産が阻害されることは自明であって、問題は、そのような前払いを損なう浪費ではなくて、「自由処分可能な」純収入の使途である。そしてビュテル・デュモンによれば、この「自由処分可能な」純収入は地主だけが手にするわけではない。重農主義の原理に忠実なボードーは、純収入を独占する地主が自覚的に投資を増やすことを期待するほかなかったが、これに対し、ビュテル・デュモンには、地主に投資者としての役割を期待する特別の理由は何もない。投資行動は、利潤動機に導かれて蓄えた資金の有利な投資先を探し求めてやまない生産者の領分である。言い換えれば、生産者は誰であれ利得の一部を節約し、投資者となることができる。

純生産物に基づいて生産階級に支払われる支出は、耕作者がそれらを享楽のための消費に用いないで、新たな耕作に用いるかぎりで生産のためになりうるにすぎない。純生産物に基づいて不生産階級に対して行われる支出も等しく、節約され、同じように用いられれば、同じ効果をもつであろう。したがって、再生産との関連でいえば、前者の支出と後者の支出とで、いかなる違いもない（I, pp. 175-176）。

あるいは、納税してのちに「臣民の大部分の手に」生活の必要を上回る残余が生じるが、「この残余は……奢侈として消費されるか、もしくは最終的に奢侈として消費すべきより大きな残余を手に入れるために収入の改善に用いられる」（II, p. 56）とも述べている。必要を超える剰余の使途は、直接に消費欲求を満たすためにこれを用いるか、もしくは将来のより大きな欲求の充足を目指して「収入の改善」のために投資に用いるかのどちらかであり、剰余を手元に残す「臣民の大部分」は誰であれ投資の主体となりうるのである。しかも「生活状態の改善」の意欲は人間の本源的欲求であるから、生産者の多数が浪費に身を任すこともありえない[23]。ビュ

（23）アダム・スミスは、将来のより大きな消費欲求の充足のために、当面、財産の蓄積すなわち節約に励むことは、大部分の人には濫費にまさる本能であるから、資本家の相対的多数が浪費に身を任すことはありえないとしたが、同じ見方をここに

テル・デュモンは分配論をそれ自体として論じてはいないから、剰余がどのようにして発生し分配されるかは不分明であり、経済学的には素朴な表現にとどまっていると言わざるをえない。しかし彼は、以上のような認識によって、フォルボネやピントやコンディヤックの重農主義批判の水準を凌駕しているばかりか、重農主義の原則に囚われたボードーの限界をも易々と乗り越えているように思える。

ところで、資金を蓄えた生産者に投資意欲と投資機会を与える誘因、あるいは一般に労働と生産を刺激する外部的な誘因は何であろうか。その誘因こそ、生産者に「何らかの利潤の期待を与える」社会的な需要にほかならない。彼によれば、この社会的な需要の源泉は政府による支出と個人的な消費需要である。耕作者が必要を上回る余剰を持ちながら販路を持たないとき、「政府が社会に援助の手を差しのべる。政府は多くの腕を必要とし、大勢の有用な消費者を生みだす公共事業に着手する」。しかしながら、これらの「運河、道路、要塞、建造物、公共施設」などの建設事業には限界がある。なぜなら、これらの事業を遂行するための徴税は必要最小限でなければならないから、事業の規模、いわば政府による有効需要の創出にはおのずから限界があるし、また「国家の事業による刺激はこれらの事業の達成とともに停止してしまう」からである。したがって「もしほかの原動力が活動を維持しなければ、国家の進歩はそれがどれほど遠くにまで及ぶことが可能であっても、永久に停滞してしまう」であろう。「ほかの原動力」とは、人為的な欲求に基づく個々人の奢侈的な消費需要にほかならない。「それにより販路がかぎりなく開かれるから、技芸は、労働に対し、帝国の繁栄を究極にまで導く機会を際限なく」与えることができるであろう（I, pp. 36–40）。

ピントも流通とインダストリーが着実に発展するための条件を、生産と消費の両面から、すなわち節約（↓投資）と「中庸な」奢侈の両面から論じたが、ビュテル・デュモンはこうした見方をさらに理論的に深めたと言える。彼は重農学派の投資理論を批判的に検討し、素朴な形ながらその一般化を試みる一方で、投資誘因の観点から、奢侈の欲求と奢侈的消費の経済的有効性を強調してやまないのである。

以上のように、感覚的享楽の享受によって現世的幸福を求める「消費の自由」は、道徳と経済学の観点から完全に容認される。このようなビュテル・デュモンの奢侈容認論は、これまでほとんど注目されることはなかったが、マンデヴィル、ムロン、ヴォルテール、フォルボネなどの容認論が最終的にどのような地点にたどり着いたかをよく示している。しかしながら、ビュテル・デュモンの以上のような主張は当時にあってほぼ例外に属すると言ってよい。七〇年代以降、大衆の貧困が深刻化したのも、肥大化する欲求に駆り立てられ見果てぬ夢を求めて狂奔する富者の堕落・腐敗ぶりも、すべて奢侈の問題であるとされ、厳しい批判を浴びるからである。ビュテル・デュモンは、富者の豪奢にもほとんど無条件の是認を与えたに等しいが、しかし彼自身が、「われわれが富者の支出を目の当たりにするとき、それを厳しい目で見ないようにするのはなかなか難しい。……ある人の境遇と別の人の境遇の著しい違いをみることは、疑いもなく辛いことである」(II, pp. 128–129) と漏らしているように、このような是認は人々の常識的な道徳感覚と相容れるものではなかった。分配の不平等とそれに起因する貧困の現実を背景にして、奢侈批判が止むことはない。七〇年代以降の奢侈批判としては、ブティーニ、コンディヤック、プリュケが注目されるが、感覚論の哲学者、コンディヤック (Condillac 1776) の奢侈批判は前著で詳細に論じたから[24]、本章では、ブティーニとプリュケの奢侈批判を検討しよう。

見ることができよう。

(24) コンディヤックは、人類は一次的必要品に限定された「粗野な生活 (une vie grossière)」から、二次的必要品の出現・洗練とともに「質朴な生活 (une vie simple)」に進み、そして「あらゆる種類の過度が習俗を腐敗させたこの時代」の「軟弱な生活 (une vie molle)」へと至ったとして、過度の洗練による習俗の腐敗を厳しく批判する (Condillac 1776, pp. 199–206)。奢侈は一義的にはこの「過度」と同義である。彼にとって、排他的な享有・消費の対象で、それゆえに価値をもつと評価される

（2）ブティーニの奢侈批判

ジュネーヴで活躍した弁護士のブティーニ（Jean François Butini, 1747–1800）は『奢侈論』（Butini 1774）において、ビュテル・デュモンに倣って奢侈とは余分な享楽のことであるとした上で（p. 5）、この余分な享楽が中庸なレベルにとどまるかぎり、自然の意図に適っていると考える。なぜなら人間を絶対的必要のレベルに縛りつけておくことは、自然の意図するところではないからである（p. 8）。この余分な享楽は時と所に応じて相対的であり、したがって中庸なレベルもまた相対的であるほかない[25]。

では奢侈の原因は何であろうか。彼は富の分配の不平等こそが奢侈の原因であり、それゆえ奢侈は貧困と裏腹の関係にあると考える。「貧困は裂けたガウンの下に半ば剣を隠し、いたるところで憎悪の炎と不和の種をもたらす」（p. 16）が、逆に「人間は貧困に追いやられることのないかぎり進んで徳を養う」、そして「この国は、至福を見出した祖国のために喜んで犠牲になろうとする人々で満たされるだろう」（p. 13）。ただしブティーニは、完全な平等はありえないし[26]、余分な享楽を追放して平等を求めるのは正しいことではないとする。余分な享楽が存在しない地方では習俗は粗野で荒々しいし（p. 56）、奢侈を禁止したスパルタのリュクルゴスのもとで土地は平等に分配され、個々のスパルタ人は赤貧を逃れて軍隊は強力になったが、しかし彼らは決して幸福ではなかったと見るからである（p. 62）。

不平等に由来するとはいえ奢侈にはさまざまな効用があり、何より富者の奢侈的支出が貧しい職人に仕事を与える。「大富豪の豪奢や余分な消費、これは多くの点で有害であるが、しかしながら社会の魂である流通を維持するのに貢献する」、この意味で「神慮は悪のなかから善を引き出す」（p. 39）として[27]、彼は、消費需要の機能に関して奢侈の効用は中庸な奢侈に限定されないと考えている。また奢侈は技芸の進歩に貢献し（p. 40）、製造業を維持する上で有益である、「技芸が生活資料に役立たない原料を活用するとき、技芸が多くの貨幣を流通させるとき、技芸が多くの職人を養うとき、それを禁止しないようにしなければならない。姿見、磁器、流行、ワニスの輝き、透かし模様の錦織、一言で言って、農業や人口や統治や宗教や習俗を破壊しない奢侈はなんであれ擁護されなければならない」(pp. 182–83)。擁護に値する「中庸な奢侈」とは農業や人口や統治や宗教や習俗を破壊しない奢侈であり、このかぎりで奢侈は、流通、技芸、製造業という近代経済の基幹部分を維持しうるものと評価される。彼は、この視点に立って、さらに流通を盛んにするために幹線道路などを維持し、運河を建設し、河川を航行可能にし、国内での関税を廃止し、出国関税を引き下げねばならないとし、製造業

財は何であれ奢侈財であり、このような財の享有（奢侈）は、その排他性のゆえに「質朴さ」と相容れず、むしろ習俗の腐敗の原因でありまたその結果でもあった（pp. 205–209）。流行の気紛れに従って欲求が過度に至れば、「少数の市民のために大勢が貧窮に陥る」事態となって、労働–稼得関係は不安定化することにもなる。こうして、彼は現実の腐敗した「軟弱な生活」から、富と徳が一致しうる「質朴な生活」への回帰を唱えている。詳しくは、米田（2005）の第七章「グラスランとコンディヤックの重農主義批判 ―― 欲求と効用価値 ――」を参照。

(25) 「無地の下着、粗雑な平織りの薄布、木靴は、かつて毛皮をまとい裸足で歩いていた人間にとっては奢侈であった。ヨーロッパで最も壮麗な宮廷は君主が婚礼で初めて絹の靴下をはいたとき驚いた、信用ある人物がこの例にならい、その豪奢によって宮廷中を憤慨させたが、しかしもし今日、宮廷の末席に位置する人物が絹よりも羊毛を好めば彼はその節約ぶりによって宮廷中を憤慨させるだろう」(p. 213)。

(26) 「すべての蜂が自分の生活資料を追い求める田畑に対して平等な権利を有するが、しかし果汁に富んだ植物から沢山の蜜を獲得する蜂もいれば、苦い植物から蜜をあまり獲得できない蜂もいる」(p. 30) ように、完全な平等はありえない。

(27) ここで彼はコワイエの『商人貴族論』(Coyer 1756) から次のような一文を引用している（ただし正確な引用ではない）。「リヨンの織物、金の装飾品、タピスリ、レース、鏡、宝石、身の回り品、家具の華美、食卓の悦楽を禁止すれば、ただちに何百万の人々が麻痺状態に陥るのを見ることになる、私はパンを求める多くの声を聞くことになる」(p. 40)。

に関しては、ヴァンサン・ド・グルネの「覚書」に拠りつつ、国内におけるレセ・フェールを基調とするグルネ的産業主義の路線に従って、雇用機会を増大するため排他的特権の廃止と製造の自由を保証するよう求めている（p. 199）[28]。

では奢侈の不都合とは何か。まず過度の奢侈は農業を破壊する。過度の奢侈とは、ここでは土地所有者が広大な敷地に壮麗な住居や庭園などを建設し、「彼らの喜びの庭においてすべての花がその装いを惜しげもなく与える」一方で、穀物や葡萄の生産をないがしろにする奢侈である（「公園の木立やクマシデの並木道や木々で一杯の大通りによってどれほどの土地が失われたことだろうか」p. 77）。また過度の奢侈は人口減少の原因となる。なぜなら農村を逃れて都市で家僕となった人々は独身を余儀なくされるから、家僕が増えればそれだけ人口が減少するからである。中庸な奢侈は人口を増加し、過度の奢侈は人口を減退させる。彼は、このような人口の増減こそが奢侈が過度であるか適度であるかのメルクマールであるとして、戦争などの異常な出来事がないのに死者の数が出生数を上回るときには、奢侈取締法によって奢侈の害悪から人民を守らねばならない、と述べている（p. 86）。

農業や人口への影響と比べて遙かに深刻なのが、奢侈は貧困を助長し貧者を増大させることである。「多くの善をもたらしうる奢侈が多くの悪をもたらす」原因は、なにより奢侈の恐るべき不平等にあった（p. 65）。奢侈の不平等は富の分配の不平等と同義であり、そして前述のように貧困と裏腹の関係にあったから、奢侈が広まるにつれて不平等と貧困はますます深刻化し、種々の社会問題の原因となっていくのである[29]。ここでは批判の鉾先は奢侈一般に向けられているが、前に見た奢侈の効用とこのような悪との関係にまでは議論が及んでいかない。総じてブティーニの奢侈論は、中庸な奢侈の擁護であれ過度の奢侈の批判であれ、経済学の知見による裏付けが脆弱であり、情緒的な議論に終始している印象を拭いがたい。しかし、彼は他方で、富を求める人間の欲求の本質に迫ることで奢侈の問題性を浮き彫りにしようとしており、この点は興味深い。

彼が言うには、奢侈はそれを享受する人々にほとんど幸せをもたらさない。なぜなら人間の欲望には果てしがなく、ある欲望を満たしても、次々に新たな欲望の対象が立ち現れるから、どこまで行っても満足を得ることはできないからである。奢侈の情念に駆り立てられる人も同じであって、彼は生涯を通じて享楽を手に入れようと策謀や企みで身をすり減らすことになる。彼は幾多の障害を乗り越えて望んだ享楽を手に入れ、そして新たな欲望を形成する。しかし次々に欲望が満たされることで彼はますます幸福になるであろうか。そうはならない、彼が期待していた快適な未来は夢であり、目が覚めれば消滅する幻想でしかない、どこまで享楽を求めても最後には倦怠が待ち構えているだけである、と彼は言う。こうして奢侈のダメージはすべての人々に及び、「富者は宮殿にあって不幸であり、貧者はあばら家にあって不幸である」(p. 178)。奢侈の欲求に身を任せる人は、

享楽から享楽へと駆け回るが、しかし彼の貪欲が満たされることはない。あなたがたを羨ましがらせるこれらの家具、これらの衣装、これらの身の回り品は彼には耐えがたいものである、なぜなら彼はそれらを数ヶ月前から使っているからである。彼らは愛人を変えるのと同じほどの頻度でそれらを変えたいと思っている。彼を喜ばす流行品がむなしくそ

(28) ただし、彼は他方で、製造業に対する農業の優位性を強調し、農業を促進するために製造業や商業をないがしろにすることは有害な過ちであるが、農民たちを蔑視し、あらゆる税を彼らに課すなど、農業に直接ダメージを与えることはもっと間違っているとして、人手等に余裕がない場合、製造業は断念すべきであるとも述べている(p. 54)。
(29) 「一方で多くの享楽をもたらし、他方で多くの窮乏をもたらすこうした不平等が生じる。それはある人々を窮乏の重荷で押しつぶし、別の人々を閑暇の重荷で押しつぶす。不平等は日々大きくなり、混乱の種を地上に投じる、富者と貧者を永久に分離し、一方を憎悪の対象に、他方を軽蔑の対象にする」(pp. 66-67)。

の数を増やすが、流行品はいつも彼の欲望ほど頻繁には変わらない（p. 37）。欲望の満足を追い求めることの空虚さを述べたこの言説は、ピント、グラスラン、さらに次節でみるプリュケの欲求分析と親和的である。

このように欲望や享楽の対象は千変万化、移ろいやすく、しかも果てしがない。したがって富者といえども十全に欲求の満足を手に入れることはできないから、この意味で富者もまた貧しいとブティーニは言う。「大金持ちは、彼の欲求が享受している享楽以上に増大するときには、貧しい」（p. 123）。彼のこの言説は意味深長である。ブティーニにとって、富裕とは欲求の対象である富を潤沢に所有し、それだけ大きな満足を得ることを意味するが、「欲望や享楽には世界の限界のほかに限界はない」（p. 19）とすれば、満足が欲望に追いつくことはありえないから、この意味でどこまで行っても富裕は現実のものとはならない。彼はこのような貧しさを「一般的貧困（cette pauvreté générale）」（p. 124）と呼んでいるが、それは有害な結果をもたらすと言う。人は貧しさから抜け出したいと思う、そうした願望は自然である、そのため人はもっと豊かになって過剰にものを享受したいと思う、しかしあらゆる方面からわれわれの願望と交錯する競争者が立ち現れるから、人は、隠然とあるいは公然と、若者や外国人の無知を利用し卑劣な手段を弄して富を得ようとすることになる。質の悪い贋造された多くの商品が生産され、ダイヤモンドの代わりに人造宝石を売る者がいれば、質の良いぶどう酒の代わりに不純で毒の入ったリキュールを売る者がいる（pp. 124–26）。要するに、欲求の満足という見果てぬ夢を追い求めるせいで、習俗は腐敗し徳が失われるのである。マンデヴィルやムロンは奢侈の欲求をインダストリーの心理的誘因であると考えたが、ブティーニにとってそれは習俗の腐敗と徳の喪失の原因にほかならない。

人は徳にしか与えられるべきではない尊重を富に与える、……習俗は衰弱し、徳はその祭壇を捨て去り、利益が世界の神となり、人はこのような神に対する下劣な数々の行為によってそれにふさわしい礼拝を捧げる。あらゆる階層の人々が偶像の前ではいつくばり、他のどのような偶像にもこれほどの犠牲や血を捧げることは決してない。貧しい人々は豊かになるために罪を犯し、富者は享楽を増やすために罪を犯すのが見受けられる。あらゆる自然の絆が奢侈の情念に駆り立てられる人々によって断ち切られる。……人間を苦しめる最大の災厄の原因は奢侈と奢侈をもたらすあらゆる情念にある（pp. 150–51）。

このような人間の欲求の本質にかかわる奢侈の問題性の前では、先述の「中庸な奢侈」のメリットはかすんでしまう。「中庸な奢侈」あるいは過度の不平等を伴わない「余分な享楽」であっても、ひとたびそのような奢侈や享楽を享受すれば、人はさらに大きな富や満足を得ようとする自然の願望に駆り立てられ、結果として習俗を腐敗させ、徳を失ってしまうからである。また、奢侈の嗜好によって軍事的精神が破壊され、祖国愛が失われてしまうことへの警戒感も強い。徳が古代の妄想と見なされて顧みられなくなれば祖国愛は失われるが、このような状況で外敵の侵略を受ければ滅亡は必至である、と彼は言う（p. 144）。以上のように、ブティーニは制御しがたい人間の欲求に起因する諸問題を何であれ奢侈に起因するものと見なして、これを断罪するのである。選挙の際の買収行為などの不正も奢侈のせいであり、その結果、祖国はそれを買うことができるほどに豊かな人のものとなるから、この国はどんなに強力であったとしても急速に破滅へと向かうとされている（p. 170）。

欲求の満足という見果てぬ夢を追い求めることが習俗の腐敗や不幸の原因であったが、では彼は人間の幸福をどこに求めているだろうか。彼は、政府や宗教や法にどのような腐敗も見られないかぎり、人はこの上もなく幸福になれるとして、その理由を、一、彼らは欲望をわずかしか持たず、自分にとってすべての欲望を満たすることができる、二、自分の周囲に彼らに嫉妬心を起こさせるようなものが何もない、三、この世の三つの狂熱である羨望、野心、虚栄心が彼らを苦しめることが決してない、四、彼らは逞しく、自分の幸福や財産を他人と分かち合うことの偉大さを理解している、以上の四点に求めている（pp. 149–50）。これらの条件が満たされたとき「必然的に友情、善行、歓待が行き渡る」（p. 150）が、彼は「われわれほど自然の状態から乖離していない国民のところにそれを見いだすことができる」（pp. 178–79）と述べている。政府や宗教や法が腐敗せず健全であるというのは私欲の抑制としての徳がいきわたっていることである。このようなルソー的言説を、「人間に洗練された享楽など必要だろうか、魂が自立した人間には数々の栄華などなにほどのものか」（p. 179）とするストイシズムが支えているのは分かりやすい。[30] しかし、これもまた「中庸な奢侈」の容認と抵触する面を持っていることは明らかである。

欲望をわずかしか持たず、嫉妬心や、羨望、野心、虚栄心とも無縁で自然の状態からあまり乖離しないことが、彼の言う幸福の条件である。この視点から彼が行う奢侈への根源的批判は奢侈一般に及んでいるが、それはむしろ古代モデルに基づく商業社会批判の趣を呈している。しかし一方で、「しかしながら、私は、奢侈は大国ではかつてほど有害ではないことを認めねばならない」として、「私はフランスでは装飾の奢侈は大目に見ることができると思う。なぜなら、われわれの目に輝かしい衣服や家具は国内で製造され、大勢の職人に生活の糧を与えるからである」（pp. 216–17）とも述べている。浪費家で一杯の都市は何度も革命で苦しむことになろうが、それでも都市の基盤が転倒することはないのに対して、吝嗇家で一杯の都市ではすべてが破滅してしまう、そうなれば「憎悪と嫉妬があらゆる階層の市民の間に波立つであろう、……したがって支出を禁じないようにしなければならない。政治の技術はそれを有用な対象に向けさせることにある」（pp. 224–25）。

以上のように、ブティーニは、利益が神となり、富が徳のように尊敬の対象となった世界を前にして、農業や人口にダメージを与える過度の奢侈を批判する一方で、インダストリーの発展とも調和しうる中庸な奢侈を容認しようとした。[31] 彼は奢侈を批判するのに、他の論者のように公共的精神や公共的利益の視点を前面に押し出すことはしないし、農業を重視するといっても重農主義の理論に基づいてそうするわけではない。ルソーの文明批判の文脈において不平等と貧困の問題を奢侈の問題として捉え、過度の不平等と過度の奢侈の阻止を訴える一方で、グルネ的産業主義によって技芸やインダストリーの発展を求めてもいる。まとまりをつけるのが難しいいくつかの主張が錯綜していると言うほかない。そのような錯綜ぶりに奢侈や商業社会への彼のアンビバレントな評価が反映していると考えることができよう。

彼が理想としたのは、構成メンバーがそれぞれ多様な役割を果たし、しかも全体として見事に調和が取れたシンフォニーのような社会であったが（p. 222）、そこに見られるのは彼のユートピア的な想念であり、ストイシズムの幸福観であった。「［ソクラテスの弟子で肉体的快楽を究極の善とした］アリスティッポスやエピクロスの栄光はずいぶん以前から色褪せている、しかし栄光は、ソクラテスやマルクス・アウレリウスやフェヌロンの頭上に、徳を愛するようにさせたすべての人々の頭上にたえず蘇る」（p. 142）と彼が言うのは、そのような想念に基づく彼の願望の表明にほかならない。このように彼は、中庸を志向しながら、他方で人間の欲求のあり様への本質的理解に基づいて、私欲の自制としてのストイシズムへの傾斜を隠さない。ここにブティーニの論

（30） 彼は「自然に基づかない栄華は何であれ炎や光の一瞬のほとばしりを与える花火のようなものであり、それはただちに煙と化して、最後には燃え尽き、消滅してしまう」（p. 215）とも述べている。

（31） それはまた君主政や貴族政の国家において求められる奢侈でもあった（「君主や貴族が統治する国では、農業、人口、政府、宗教、習俗を損なわない奢侈は許容すべきである」p. 218）。完全な平等が求められる民主政のもとでは中庸な奢侈でさえ許されないが、しかし彼によれば、富の分配が平等な民主政の国家など現実には存在しえない。

説の特徴が最もよく現れている。

(3) プリュケの奢侈批判

奢侈批判の時流に掉さして、一、二巻合わせて千頁近くにも及ぶ大著『奢侈についての哲学的、政治的試論』(Pluquet 1786) を著して、最も「包括的な」[32]奢侈批判を展開したのが、プリュケ (F.-A.-A. Pluquet, c1715–1790) であった。

「奢侈に関するものほど意見が分かれている主題はあまりない、奢侈は有害だと考える者もいれば、奢侈は人間の幸福にとって、また国家の繁栄にとって必要であると考える者もいる」(I, p. 1)、「それまでは神学者や宗教道徳家の熱い関心の対象にすぎなかった奢侈が、哲学的、政治的な議論の主題となった」のはマンデヴィルの問題提起によってであり、「少なくとも私の知るかぎり、奢侈の有用性を証明するためであれ、それに反対するためであれ、奢侈の性質が哲学的、政治的に探求され、論じられたのはマンデヴィル以降のことにすぎない」(I, pp. 15–16)。こう述べて、彼は『蜂の寓話』以来、半世紀以上にも及ぶ奢侈容認論の系譜を俎上に載せ、一、奢侈が人間本性に与える影響、二、奢侈が政治社会に及ぼす影響、三、奢侈の消滅が人間や社会に及ぼす影響、これらの三つの視点から奢侈が人間や社会にいかに有害であるかを子細に論じていく。その際、彼は古代ギリシャ・ローマの数多くの古典にみずからの主張を裏付ける根拠を求める一方で、マンデヴィル以降の英仏の著作家の奢侈に関する論説に対しては、奢侈批判のそれをも含めて、厳しい批判を投じていく。まずはこれまで用いられてきた奢侈の定義の曖昧さに批判の矛先が向けられる[33]。

多くの論者は奢侈を曖昧に富の濫用と定義づけるが、奢侈の本質を見極めるためには、何のために濫用するのか、その理由を問題としなければならないとプリュケは言う。彼は、人が社会的徳の実践に、あるいは「夫婦愛、父性愛、親孝行、家庭的配慮、市民の務め、そして祖国愛にもはや幸福を見いださなくなるとき」(I, pp. 75–76)、感覚あるいは肉体の享楽をもたらすさまざまな技芸や産業が登場し、「地上に奢侈が現れた」(I, p.

(32) スペングラーは、「一八世紀フランスにおいて、アベ・プリュケほど包括的な奢侈批判を行った者は誰もいない」と述べている(Spengler 1965, p. 165)。プリュケ(François-André-Adrien Pluquet)は、パリで神学を学んだ聖職者であり、哲学者・歴史家でもあり、フォントネル、エルヴェシウス、モンテスキューと親交があった。著書にはこの奢侈論のほか、*Examen du fatalisme* (Paris, 1757)と*Mémoires pour servir à l'histoire des égarements de l'esprit humain* [*Dictionnaire des hérésies*] (Paris, 1762)などがある。プリュケの生涯や著作活動について、Clark (1998)で簡単に触れられている。

(33) プリュケは言う。マンデヴィルは「絶対的に生存に必要でないものは奢侈である」とするが、これは一般に受け入れられている奢侈の観念とはあまりにかけ離れており、そもそも「生きるのに絶対に必要なもの」を具体的に線引きして決めることなどできるものではない。ムロンの「並はずれた豪奢」という奢侈の定義も、他方で彼が言う奢侈の相対性の考え方と照らしあわせれば、矛盾以外の何ものでもない。モンテスキューは「奢侈は財産の不平等と常に比例的である」としたが、しかし財産の不平等は奢侈の唯一の原因ではないし、平等な社会でも、また自らの労働の成果として、一般に奢侈と見なされる余分なものを持つことは十分に可能である。ヒュームは、奢侈を、感覚を喜ばせるものの著しい洗練と定義したが、奢侈とそうでないもの、中庸な奢侈と過度の奢侈との区別が曖昧である。またヒュームは無害な奢侈は徳を損なうことはないとしたが、洗練を求める奢侈的な人間はそうでない人に比べて施しや慈善の徳を実践することは少ないから、一概にそのようには言えない。さらにヒュームは洗練された奢侈的生活を人間の幸福と同一視したが、奢侈の喜びなどなくても社会的徳の実践が人間を幸福にすることはありうる。『百科全書』(サン・ランベール)は、奢侈は市民的、愛国的徳と両立しうると考え、奢侈は悪しき統治の場合を除いて悪となりえないと結論づけたが、しかし奢侈すなわち富や産業活動のおかげで生活が快適になることによって得られる幸福は、本当に市民的、愛国的徳と両立しうるか疑問である。このほか、エルヴェシウス、フォルボネ、コンディヤックの奢侈の定義、さらにはマンデヴィルを批判したイギリスの神学者たちの奢侈の定義にも言及し、いずれも十分なものではないと批判している(I, pp. 16–56)。

71）とする。すなわち奢侈とは、幸福の源泉を「感覚に働きかける対象が生み出す快適な感覚」に見出し、その享受のために富を濫用することにほかならない。彼は、これらの対象がもたらす快適な感覚は、自然の法からすれば、生命、健康、人間の幸福には必要でも有用でもないと言う。したがって「人間との関係において」奢侈は、自然が必要であるとも有用であるとも認めない快適な感覚の対象に幸福を見出す、人間の精神と肉体の傾向であるとも定義される（I, p. 79）。

このような奢侈の最大の問題は、快適な感覚を求める「奢侈の欲求には際限がない」（II, p. 313）ことである。

> 彼が望む快適な感覚を生み出す対象はその目新しさによってのみそのような感覚をもたらすから、彼はたえずその対象を変えなければならない。奢侈的な人間の住まいはどんなに華美で便宜で調度品が立派であっても、彼はそれを手に入れるやいなや嫌になり、彼の感じる倦怠は、彼にとっては、住居を持たない人にとって雨やあられや寒さや過度の暑さが耐えがたいのと同じく耐えがたい（I, pp. 94–95）。

欲求に果てしなく応じ続けることは不可能である。そうだとすれば、奢侈の容認論者が富や幸福の原理として称揚する奢侈の原理は実際には貧しさの原理となる。「なぜなら人はみずからの欲求［を満たすの］に必要なものを持たないとき、この上なく貧しいからである」（I, p. 99）。ブティーニの「一般的貧困」と同じ考え方である。さらに、奢侈は人間の精神を正すべき道徳や宗教上の諸原理を破壊し、自然が人間に与えた節制や質素の性格を破壊して不摂生や浪費の性格を与え、そして何より欲求の満足のために支出の増大を強いて、やがて破産へと追い込んでいく（I, p. 459）。プリュケはここで奢侈容認論と同じ土俵に立ってその矛盾を衝いていると言えよう。

一般に奢侈容認論には、欲求の対象は何であれ富であるとした上で、ひとたび享受された余分や過剰はやがて陳腐化して「必要」に転化するが、次々に新たな余分・過剰の領域が現れ、これが享受されていくことで消費水準あるいは満足の水準は上昇し、人間の幸福が増進していくとする見方が含まれていると見ることができる。しかし際限なく奢侈の欲求の満足を追い求めても、満たされない思いを募らせるにすぎないのであれば、どこまで行っても人は豊かさも幸福も手に入れることはできない、と彼は述べているのである。一七世紀に人間本性の悲観的な姿を描き出したモラリストのラ・ロシュフコーは、「この世で最も仕合わせな人は、わずかな物で満足できる人だから、その意味では、幸福にするために無限の富の集積が必要な王侯や野心家は、最もみじめな人たちである」(La Rochefoucauld, 1678, p. 161/173) と述べたが、際限のない満足を求めることの空虚さを暴くプリュケの欲求分析は、このラ・ロシュフコーの見方と同じである。(34) それはまた、すでに述べたブティーニや、さらにグラスランの見方とも通じ合っている。

グラスラン (J.-J. Louis Graslin, 1727–1790) は人間の欲求の感受能力は常に一定であるから、欲求や欲求充足の総量は、個人であれ人間全体であれ、常に同じであり、したがって欲求や欲求充足の総量に対応した社会的な富や価値の総和もまた一定であると考えた。文明化とともに欲求の種類とその対象物が増えたとしても、一方でそれに応じて旧来の欲求の対象物の主観的価値が減少するから、それによって満足の総量や人間の厚生が増大することにはならない。グラスランはこのような特異な欲求理論に基づいて、「彼の知るあらゆる欲求の対

(34) ついでに言えば、快楽の享受を人間の幸福の条件と見るエピクロス主義は、洗練された消費財の享受によってどこまでも快楽＝幸福の増大を目指そうとするビュテル・デュモンなどの奢侈容認の議論と親和的である。しかし、エピクロスが、快楽の享受には限度があり、「欠乏による苦しみがひとたび除き去られると、肉体の快は「その限度に達して」もはや増大することなく、その後はただ「質的に」多様化するのみである」(Epicurus 1926, p. 97/79) と述べるとき、エピクロス自身の欲求分析はむしろ奢侈批判の側に近い。

象物を自己の消費に応じた量だけ所有する人は、可能なかぎり豊かであり」(Graslin 1767, p. 17)、逆に、既知の欲求を満たすことができなければ、それだけ貧しく不幸である、と結論付けている[35]。いずれにせよ、グラスラン、ブティーニ、プリュケにとって、人間の欲求の特性から言って、奢侈を次々に追い求めても、それによって欲求満足の総量や厚生が増大するとは言えないのである。

プリュケにとって真の幸福の条件は、上述のように家族への愛、隣人愛、祖国愛といった徳の実践であるが、人々は奢侈の欲求に駆り立てられて快適な感覚を際限なく追い求める結果として社会的な徳を失い、不可能な願望を追い求めてみずから不幸への道をひたすら突き進むことになる。奢侈は人間の魂から、同類を慮り、彼らと結びつく感受性を失わせ、人間をひたすら利己的にする。富者は奢侈の欲求を満たすことに汲々として、貧者を別の人種と見なして貧者への連帯や徳の実践をないがしろにし、それまで慈善や善行に用いられていた富が、奢侈の欲求を満たすために使われるようになる。彼はもはや病人や孤児や貧しい老人に憐憫を感じなくなる。奢侈に身を任せる前は彼の幸福の源泉であった慈善、人道、善行は、奢侈の欲求の満足を妨げるから、それらの旧来のマキシムは彼にとって、今や、幸福の敵、不幸の源泉となる。奢侈と徳の不一致は必然であり、奢侈の広まりとともに徳は消滅する。プリュケは、快適な感覚を求める奢侈の欲求に身を任せることは、すなわち制御不能な人間の欲望を解き放つことであると考え、犯罪や暴君や征服者の悪行を含めて、歯止めのない欲望がもたらすあらゆる弊害・悪弊を奢侈のせいにするのである (I, p. 130)。

彼はまた、奢侈の欲求に身を任せると、私欲の自制としての徳が失われるばかりか、人間の知性の働きも弱まると言う。ヒュームやフォルボネは、奢侈こそは人間を有害な嗜眠状態から抜け出させ、技芸や科学やさまざまなジャンルの文芸を生み出し、その結果、人間の知的能力を高め、精神を活溌にすると考えたが、しかしプリュケは、奢侈の欲求に導かれて快適な感覚をひたすら追い求めることにより、人間の知性は弱まるから、この意味で科学や技芸の進歩は阻害され、人間の精神は最も深い無知へと追いやられると述べている（I, p. 234）。エジプトやシナで技芸や科学を生み出したのは奢侈ではないし、奢侈が消滅したからといって人間と社会の幸福に必要で有用な技芸や科学が消滅することはなかったとし、科学や技芸の発展には、知識欲や知識を得たときの喜びで十分であるとしている（I, p. 292）。このように、プリュケは古代の事例をいわば普遍化し、そのモデルをそのまま近代の事象を価値判断する基準として用いている。言い換えれば、ムロンやヒュームのように、近代社会に固有の構成原理とは何かを問う視点は希薄であると言わざるをえない。

以上により、奢侈は政治社会を維持する上でも有害であることは明らかである。奢侈は政治社会を形成し維持するために必要な徳を消滅させ、正義と徳への憎悪や軽蔑を人々に吹き込み、彼らを悪徳や犯罪へと誘うなど、あらゆる市民を不幸へと導くからである（II, p. 8）。奢侈はまた「国民を恐るべき貧困へと導く」。一国は、土地や製造業や技芸が生み出す生産物、補助金、公租、鉱山から富を引き出すが、すでに述べたようにこれらの財源のどれも奢侈への支出に耐えられず、すべては汲み尽くされ、最も豊かであった国々でさえ貧しくなるからである（II, p. 278）。また奢侈品の製造業者やそれを商う商人などが優遇される一方で、耕作者などは軽蔑の対象となり貧しくなるから、いたるところで農業はダメージを受け、衰退するであろうし（II, p. 280）、やがて産業活動も衰退してしまう。主権者は肥大化する欲求を満足させようと、特権によって奨励してきた技芸や製造業や商業に課税せざるを得なくなり、この税負担の増大とともに商業や産業活動は弱体化していくからで

（35）グラスランのこのような特異な欲求理論について、詳しくは、米田（2005）第七章を参照されたい。なお、グラスランは富と価値の本質を人間の欲求充足の視点から捉えようとして、優れた効用価値説を展開し、さらには、欲求充足の平等性の観点から分配の不平等を批判し、不平等を是正するために累進税制の導入を唱えている。

ある。ほかにも奢侈は人口増加に反するだけでなく、市民の体質を柔弱にするなど祖国を維持し守る上で不都合な状況を生み出す（II, p. 322）。このように道徳的、社会的、政治的な観点から奢侈批判の議論が延々と続くが、ほとんどが伝統的な奢侈批判の蒸し返しにすぎないと言ってよい。一方で、奢侈容認論の重要な論拠は経済学によって与えられていたから、プリュケは同じ経済学の土俵で奢侈擁護論に反駁しなければならない。この点で彼はどのような反駁を企てるであろうか。

彼は都市と農村の間の貨幣流通を論じたカンティロンに拠りつつ、貨幣の流通の必要性と流通が途絶した場合に生じる社会へのダメージを認める。その上で、彼は、貨幣の活発な流通が維持されるためには富が分割される必要があるが、奢侈はこれに反して少数者への富の蓄積をもたらすから、このことだけ見ても奢侈は流通に有害なのは明らかであると述べている（II, p. 482）。奢侈が支配する国では、税はおもに貧しい市民に課せられ、彼らは勤労の持続のために貧しい状態を維持するよう強いられるから、彼らの購買力は常に低水準にとどめ置かれることになり、流通は停滞せざるをえないのである。プリュケはボワギルベールを引用しつつ、貧困大衆の方が有力な富者よりも消費性向が高く、したがって彼らへの打撃はそれだけ貨幣流通への障害となるとして、次のように述べている。

わずかな額の貨幣の日々の絶えざる更新によって、この階層の市民の間でこの一エキュをめぐってあらゆるものが何度も流通する。奢侈は、税の絶えざる増加によってこれらの市民がこのエキュを手に入れるやいなや彼らから取り上げ、彼らにそれを蓄積することを許さない、それゆえ奢侈は貨幣の流通の最大の障害である（II, p. 483）。

大衆の購買力に打撃を与えているのは、ボワギルベールが言うように、大衆への重税であるが、彼はその重税の原因をとくに宮廷の濫費に求めている。前に見たように、プリュケにとって奢侈とは「感覚に働きかける対象が生み出す快適な感覚」を享受するために富を濫用することであり、道徳的、社会的、政治的な観点からこれに対する全面的な批判が企てられるとき、批判の対象は宮廷の濫費などに限定されてはいなかった。そのような形で富を濫用するのは宮廷や宮廷に連なる富者に限らないからである。しかし、経済学の認識に立って活発な消費による流通の重要性を強調するこの局面では、大衆の購買力に打撃を与えるものとして彼が非難の矛先を向けるのは、おもに贅沢三昧に明け暮れる宮廷人やその生活スタイルの影響を受けた富者に限られている。増え続ける彼らの奢侈の支出は農民、職人、小商人への重税によって支えられるほかなく、この場合、奢侈の財源はいわば生産者大衆から搾り取られた不労所得にほかならない。そこでは奢侈の消費が及ぼす生産への効果は限定的であり、奢侈は消費需要の源泉となって技芸や産業活動全般を刺激するどころか、重税を促して大衆の消費購買力に打撃を与え、流通を損なうのである。[36] 奢侈を不労所得に基づく宮廷の濫費と捉えるとき、このようなボワギルベール的な大衆消費論は奢侈批判の論拠として成立しうるであろう。

ムロン、ヒューム、フォルボネのような奢侈を容認した著作家は、古代ギリシャ・ローマの時代とは構成原理が異なる近代の商業社会を前提にして、洗練としての奢侈の意義を論じたのに対して、プリュケは、いわば徳を重視するストイシズムの伝統的な価値観・幸福観に基づいて、さらにはルソー以後の文明批判の文脈にも身を置いて、感覚的享楽の享受に過ぎない奢侈を批判した。感覚的享楽への果てしない欲望が求める奢侈的生活の幻想性を暴き出す一方で、一部の富者が寄生的富によってそのような奢侈を享受するために大衆に重税が

(36) 同じことだが、したがって奢侈が消滅しても、奢侈の仕事に従事する職人の数は他の階層の市民に比べてわずかなため、流通には大きな影響は及ばず、一時的な流通の減少が生じるにすぎないし、奢侈を消滅させれば主権者はもはや税を増やす必要がなくなるから、耕作者や職人や小商人を苦しめている税の重荷を軽くすることができ、これにより消費と流通が増大する、と彼は述べている(II, p. 489)。

課されることが大衆の貧困の原因であるとするプリュケの見方は、間もなく革命の騒擾を目の当たりにすることになる当時の多くの読者の共感を得たことは確かであろう。また彼が奢侈的社会のさまざまな負の側面を照射するとき、とりわけ、奢侈は首都や商業都市などでは流通を盛んにし、経済を活性化するが、辺鄙な地方では「沈滞と死が支配している」(II, p. 484) と述べるとき、彼は、宮廷から滴り落ちてくる類の奢侈の普及によって全体としてどのような状況が生じるか、そのネガティブな影響の一端を見事に浮き彫りにしたと評価できよう。ただし、プリュケ自身は自覚的に、「私は、ヨーロッパのあらゆる国民が奢侈に対して一種の熱狂状態にあり、あらゆる国で、公共的な事柄に関わる行政の担当者が商業と奢侈の技芸を繁栄させる手段を知ることが政治であると考えているように思える時代にあって、私の仕事など無用であると言われることを認めないわけではない」(I, p. 5) と述べている。実際、道徳的、社会的、政治的な奢侈批判の先に彼が展望する復古的、懐旧的な社会ビジョンそれ自体は、時代錯誤の感を免れず、革命の坩堝に飲み込まれていくことになる[37]。

むすび

フェヌロンからプリュケまでの奢侈批判とマンデヴィルやムロンからビュテル・デュモンまでの奢侈容認論の系譜を見てきたが、アベ・ド・サン＝ピエールの奢侈批判やサン・ランベールの限定的な容認論がそうであったように、本章で取り上げた著作家の多くは、この二つの系譜のどちらに属するか、単純な線引きを許さない多様性に彩られていた。伝統的な奢侈批判に掉さす場合でも、スパルタのリュクルゴスの統治を称賛し農地均分法を支持する者などいないし、容認論者と言える場合でも、無条件に奢侈を容認する者はほとんどいないからである。すなわち、奢侈を文明の果実として称揚しながらも、公共善や公共的利益のために私欲の自由（消費の自由）に歯止めをかける必要性が唱えられ、また、富の形成の上で奢侈の欲求や消費が果たす経済的機能が強調されながらも、虚栄心に基づく濫費や富者の顕示的消費は、そのような機能を妨げる過度の奢侈として批判された。

ただし、それぞれの主張に一貫した特徴を見出すこともできる。マンデヴィルやムロン以来の容認論に共通して見られるのが、奢侈の欲求は人間の心中の情念の発露であり、富によって生活の改善を求める人間の本源的欲求であって、否定すべき対象ではありえないことを容認の論拠の一つとしていることである。そこにエピクロス主義あるいは功利主義に基づく世俗的な幸福観の反映を見ることができる。そこでは幸福の条件は技芸や産業の発展によって富を増大し、生活状態を改善することにほかならない。またフォルボネは、奢侈の欲求→富裕→美徳の連鎖に注目し、さらには商業活動によって習俗が洗練され人間性が陶冶される可能性に着目して、商業社会における新たな徳の成立を論じたが、ビュテル・デュモンはさらに進んで、功利主義の観点から世俗的幸福と調和的な市民道徳のあり方を論じた。そこでは奢侈は悪徳であるどころか、新たな市民道徳の源泉でさえあった。

（37）モルレは一七八六年から一七八九年までの間に、「奢侈について（Sur le luxe）」と題するノートを書いて、プリュケの奢侈批判に対して全面的な反論を試みている（Clark 1998）。いわば一八世紀「最後の」奢侈擁護論と言うべきこの草稿を分析したクラークによれば、情念こそは「人間の生命であり、人間の活動の原理、人間の社会性、享楽、幸福そして彼の美徳の原理でさえある」（p. 90）として人間の情念を正当化したモルレにとって、真の問題は奢侈が目に余ることではなくて、それがフランス社会全体に十分に普及していないことであった（p. 96）。フォルボネやビュテル・デュモンといったグルネに連なる人々の容認論が、同じくグルネ・サークルの一員であったと目されているモルレに受け継がれているのは興味深い。

一方、宮廷や都市における習俗の堕落や趣味の腐敗、不平等や貧困の深刻化の原因を奢侈にみる奢侈批判に共通しているのは、そのような幸福観への懐疑であり、そこから商業社会批判や、農村や農業に古典的なシビック的徳の源泉をみてその再生を企図する農業重視の考え方が生まれる。そこに通底しているのは、端的に言えば、心中の情念の抑制としての徳を重視するストイシズムの幸福観であった。それは、情念に従って奢侈の欲求の満足を際限なく追い求めても満たされない思いを募らせるだけで、決して豊かさも幸福も手に入れることはできない、とするブティーニやプリュケなどの欲求分析や復古的な幸福観の土台をなしている。序章でも述べたように、ペシミスティックなアウグスティヌス主義の退潮に伴って、エピクロス主義あるいは功利主義リアリズムが、そしてそれとストア的理想主義との対抗関係が前面に現れるが、このような対抗関係は奢侈の是非をめぐる対立に典型的に現れている。そしてそれは、経済学との関連で言えば、商業社会・消費社会の進展という時代の大きな流れに掉さす功利主義的な経済学と、商業社会批判に立脚する「徳の経済学」あるいはむしろ経済学批判との対抗として捉えることができる。

この対抗関係はミラボやルソーの影響が現れる一七五〇年代以降に顕著となっていき、七〇年代、八〇年代になると、論壇では奢侈批判一色と言ってよい情勢となる。しかしながら、ブティーニがマルクス・アウレリウスやフェヌロンの名をあげて論じるシビック的徳の再生は、それ自体、いわばストイシズムのユートピア的想念にすぎなかったし、プリュケ自身も自覚的に「私の仕事など無用であると言われることを認めないわけではない」と述べていたように、彼らの願望や期待にもかかわらず、私欲に従うことを人間の普遍的本性として容認する世俗的倫理と世俗化の論理が押し進めるこの時代のトレンドが、現実に、その着実な歩みを止めることはありえない。こうした経済優位のこの時代のメインストリームは、次の時代の思潮へと連続し、革命期のヴァンデルモンド（A. Vandermonde, 1735–1796）の人為的欲求の論理や、一九世紀初頭のデスチュット・ド・トラシ（A.-L.-C. Destutt de Tracy, 1754–1836）やJ・B・セイの効用理論や産業主義の思想などへと着実な系譜を形作っていく。ヴァンデルモンドは「欲望の節制」や「質朴さ」に立脚するルソー的平等主義を時代錯誤として退ける一方で、平等を実現する最良の方法は富者の支出の熱意や貧者の致富への熱意を刺激することであり、このことは「人為的欲求」を刺激することによってのみ生じうると考えた（Vandermonde 1994, p. 385）。トラシやセイも、コンディヤックの効用理論に倣って、富の生産とは人間の欲求に応じうる「効用」を創造することであり、交換とは効用（用役）と効用の交換にほかならず、社会的結合の原因と目的もまた交換を通じての効用の増大であるとして、ともにボワギルベール以来の欲求の論理を継承しつつ、それぞれの仕方で新たな産業社会のあり方を示すであろう。

トラシについて言えば、彼は有閑階級の奢侈的消費の不毛性を徹底的にあばく一方で（「奢侈と呼ばれる悪しき消費、そして一般に有閑な資本家のあらゆる消費は有効であるどころか、一国民の繁栄の手段の大部分を破壊する」Destutt de Tracy 1815, p. 356）、企業者が生産的労働の雇用などに投じる資本の増大が何より肝要であると主張した。このときトラシの眼差しは、チュルゴやスミスとは違って、真っ直ぐに貧困の問題に向けられていた。この点で、彼の奢侈批判は、奢侈の擁護は過度の不平等と貧困の存在を容認するに等しいと批判したコンディヤックやブティーニやプリュケの問題意識を引き継ぐものであり、その狙いは、チュルゴやスミスの資本理論を適用して、過度の不平等と貧困をいかに緩和しうるかという問題に応えることであったと言えよう。革命後のフランスの現実が求めているのは、富者の奢侈的欲求を満足させうるような財ではなく、国民の大多数をしめる貧民の一次的必要を満たす物資の豊富であるが、これは不生産的労働を養うにすぎない富者の（奢侈的）消費支出によってではなく、企業者の生産的投資によってのみ実現されうる。

トラシは重農主義とルソー主義への両面批判の上に、労働と資本の連帯に基づく、企業者を中心とする新たな産業社会のあり方を探求したが、このような彼の社会構想は、産業の発展がもたらす消費物資の豊富によってより高いレベルの人為的欲求の充足を実現しようとする、一八世紀のフォルボネなどの社会構想とは異なっている。トラシは革命後のフランス社会の再統合のために、改めて貧困の問題に焦点を当て、この問題の解決こそが最優先の課題であると考えた。トラシにとっては、産業の発展がもたらす消費社会の晴れやかな展望は幻想にすぎない。さりとて社会の現況に対する復古的な観点からの懐疑や批判などは時代錯誤であって、彼には無縁のものである。こうして、一九世紀において、歴史的文脈の変化に対応して、新たな視点に基づく新たな奢侈批判が展開されることになる。トラシの奢侈批判はその一例である。(38)

(38) セルジュ・ラトゥーシュは、革命後の一九世紀には奢侈はほとんど問題とされなくなると言う。なぜなら王族の奢侈が排除され、ブルジョア的奢侈が一般化していくのと並行して、リカードやセイの経済学、とくにその販路説が勝利を収めるとともに、奢侈の理論的排除が行われたからである(Latouche 1989, p. 49)。彼によれば、こうして「生産それ自体、ひたすら無限の蓄積を視野に入れる。理論的、実践的レベルで、禁欲の精神が気前の良さにまさる」(p. 50)ことになる。しかし人為的欲求やその満足としての効用を経済認識のコアに据える姿勢は、その一端を上に示したように、連綿と維持されていく。この意味で革命以降、禁欲の精神が「気前の良さ」にまさるようになるとは必ずしも言えない。ちなみに、大衆消費社会の到来を眼前にした一九世紀の末に、ルロワ・ボーリューは、労働と生産を導く人間の心理的動機の重要性に注目し、奢侈的願望を満たそうとする努力は「人間の生産力を大いに高める」として、勤労意欲と生産の誘因の観点から奢侈の社会的効用を称揚し、道徳的、政治的、経済学的な奢侈批判に反論している。しかし、彼の議論は一八世紀の奢侈容認論のほとんど焼き直しにすぎない。一九世紀末に蘇った奢侈論争についてはWilliams (1982)が興味深い。また、ボードリヤールは、現代における消費社会批判の書として今や古典となった『消費社会の神話と構造』(Baudrillard 1970)の第二章「消費の理論」において、(消費)欲求の動機づけを社会的差異化にみて、「差異化」の願望が喚起する欲求は無限であるから、満足を得るためにいくら富を求めても心理的窮乏化を免れることはできないと、消費社会の幻想性を暴き出した。本章で見たように、このような見方それ自体は、ボードリヤールにとっては前・消費社会に位置する一八世紀のブティーニやプリュケなどの奢侈批判の多くの著作家の論説に見出すことができる。

終　章　フランス経済学――欲望の経済思想

経済学の源流として、近年、モラリストやジャンセニストなど思想的立場もまちまちな多彩な人物群が担った一七世紀フランスの新思潮が注目されてきた。しかしその新思潮の研究は、おもに宗教思想史や文学史や哲学史の領域で行われてきたこともあって、経済学の生成と関連づけるときでも、スミスへと至るラインにおいてマンデヴィルの思想的源泉として注目されるのがせいぜいであり、ボワギルベール研究など従来の経済思想史研究を十分に踏まえていないため、可能な成果を生み出すことができないでいた。本書は、ニコルの道徳論とボワギルベールの「レセ・フェール」の経済学とを比較的に検討し、後者の飛躍のあり様を明らかにすることで、スミスに八〇年先んじた自由主義経済学の一つの生成を浮き彫りにした。

この新思潮の特徴は、原罪説に立つアウグスティヌス主義の悲観的な人間理解に基づいて、人間を自己愛・利己心に駆り立てられる欲求の主体とみなし、「利益」志向の功利的人間像をクローズアップしたことである。ピエール・ニコルは、さらに自己愛に発する功利的情念はいかにして社会的効用を発揮して社会秩序の形成に寄与しうるか、という「情念と秩序」の関係に光をあて、自己愛による愛徳の偽装という欺瞞のメカニズムを析出して、自己愛という悪が世俗社会を維持する秘密に迫ろうとしたが、しかしニコルが社会秩序の最終的な拠り所としたのは、統治者が神慮に基づいて案出し維持する力ずくの政治的秩序であった。この意味で、生活の便宜や安楽を求めてやまない人間の功利的行動は、宗教・政治の規範にしっかりと繋ぎとめられていた。これに対し、宗教の羈絆から自由なボワギルベールは、市場機構という自己愛の抑制装置の発見によって自律的な経済秩序の存在を明らかにし、経済世界の規範的自立を論証した。これによりボワギルベールはニコルの立つ地平からの飛躍を成し遂げる一方で、堕落した人間の「豊かさへの願望」あるいは消費欲望の本源性に着目し、消費不況論など消費主導の経済ビジョンを呈示した。そして、それは思想的源泉を同じくするイギリスのマンデヴィルの共有するところでもあった。

マンデヴィルは、功利・利益こそは人間の行動原理や社会の結合原理であると考え、この功利・利益を繁栄の原動力とする商業社会の現実を浮き彫りにした。「私悪は公益」という彼の逆説的命題の意味するところは、近代社会は労働・勤労と欲求の二重のシステムからなる「欲求の体系」であり、この社会を導く内発的な原動力は人間の内奥から発する境遇改善の本源的欲求あるいは奢侈の欲求である、ということであった。したがって、相互的な諸欲求を通じて緊密に結び合った諸要素の連鎖を維持するのは、何より消費支出に用いられる貨幣の循環的流通であるから、消費・消費欲求の減退によってこの循環が収縮すれば、欲求の体系を支えるこのシステムは立ち行かなくなる。このような消費主導論はボワギルベールやマンデヴィルの功利主義的な経済学の特徴的な構成要素であったが、こうしたマンデヴィルの認識は奢侈容認論として集約され、ヨーロッパの思想界に奢侈の是非をめぐる大論争を惹起することになる。

一方、啓蒙の文脈との関係で言えば、利益追求を悪徳とみなすリゴリズムの呪縛を逃れて、「安楽な暮らし」によって世俗の幸福を実現するという啓蒙の課題に応えるべく商業社会の構成原理やその発展の論理を探求したのが、アベ・ド・サン＝ピエール、ムロン、モンテスキューであった。彼らは、ともに世俗的価値や世俗的倫理の普及によって生じた時代の大きな変容を受け入れ、商業の効用や経済の独自の領域の存在を認めたが、しかしこの新たな状況を前にして、その立ち位置は三者三様であった。サン＝ピエールは、人間と社会に関するニコルなどの新思考をいち早く功利主義として定式化し、功利主義のリアリズムに徹して商業社会の進展がもたらす新時代の諸課題に向き合ったが、一方で公共的利益を優先する立場から奢侈（消費の自由）を批判し、商業と製造業の発展を促すためには、賞罰の制度を設けるなどの、私欲と公共的利益の一致をもたらす巧みな統治が必要であると考えた。サン＝ピエールと同じ軌道上で、世俗的倫理が求める晴れやかな文明化の道筋を示してみせたのがムロンであった。経済学の知見によって啓蒙の課題に向き合ったという点でムロンは際立っていたが、近代経済のマクロ的構造の全体像を初めて捉えた彼の経済論説は、経済学の生成史上の重要な結節点となった。これに対し、モンテスキューの商業社会論は、サン＝ピエールの商業社会賛美論やムロンの経済主義的な傾向とは一線を画すものであり、アウグスティヌス主義が虚飾・虚栄とみなして批判した英雄主義や理想主義を滲ませながら、経済的機能には還元できない政治的秩序の重要性を強調した。またムロンが消費の局面をおもに奢侈の視点から論じたように、啓蒙の経済学は、ムロンからヴォルテール、フォルボネ、ビュテル・デュモンなどへと続く奢侈容認論の系譜と重なっていく。

このように、一七世紀の新思潮の流れを汲むフランス起源の経済学は、経済社会を功利的人間の織りなす「欲求の体系」と捉える社会観や、功利・効用に富や価値の源泉を見出す効用理論・効用価値説などに見られるように、功利・効用を価値判断の基準とする点で功利主義的な性格を持っていたが、そのことは理論的には、消費循環の構想を含めて、生産に対する（奢侈的）消費や消費欲求の規定性に着目する消費主導論に特徴的に現れていた。これらの理論や観念の思想的な立脚点は、グラスランのような例外を除けば、基本的に商業社会・消費社会としての社会の現況を容認し、これをさらに推し進めようとするところにあったと言ってよい。進歩思想や経済主義に彩られたムロンの啓蒙の経済学がその典型であるが、一八世紀の中葉において、これをさらに一つの到達点へと導いたのがフォルボネであったと考えられる。フォルボネは、功利的人間が相互に結び合ってみずからの欲求充足の水準を高めようとする「相互的欲求」の社会においては、「国民の安楽」の増大によって人々の功利的情念に応えるために、農業の基盤の上に産業活動の盛んな「産業社会（cette société industrieuse）」（Forbonnais 1755, I, p. 147）を構築することが目指すべき目標でなければならないと考えるのである。この流れはビュテル・デュモンの奢侈容認論・消費論、グラスラン、コンディヤック、チュルゴの効用価値説、さらにヴァンデルモンドを経て、一九世紀のデステュト・ド・トラシやセイへと引き継がれていく。こうした着実な系譜に、フランス起源の経済学の一九世紀にまで至る連綿たる歩みの一端をうかがい知ることができるであろう。

このような系譜に対して、ルソー、ミラボ、さらに一七五〇年代以降の奢侈批判に見られるように、商業社会としての社会のあり様への批判的立場から、「徳の経済学」あるいはむしろ経済学批判の論調がカウンターパワーとして対峙することになる。商業社会や奢侈への批判の論点は、ルソー、ミラボ、奢侈を批判した他の著作家のそれぞれの論説に応じて多様であるが、共通しているのは、社会秩序の要因として、あるいは人間の幸福の条件として古典的なシビック的徳を重視し、そうした徳の源泉としての農村・農業へのシンパシーを隠さないことである。一方、商業社会や奢侈を称揚する啓蒙の経済学に連なる著作家（ムロン、サン＝ピエール、モンテスキュー、フォルボネ）もまた、商業の道徳的、社会的、政治的効果に着目して商業社会における道徳的自律の可能性に目を向けたから、商業社会をめぐる二つの思潮の対峙は、このように徳の観念の変容あるいは対立の反映でもあったと見ることもできる。

ケネーの重農主義も、独自の理論体系を提示して農業の復興による王国経済の再建を企図したものであったから、一面では、ルソーやミラボなどの商業社会批判の思潮に掉さすものであった。ケネーの農業社会・地主社会の構想それ自体もまた、それは人間本性に反するから不可能を求めるに等しいと述べたフォルボネの根本的な批判が示すように、絶対王政下の農業王国というユートピアにも似た一つの理想図を描いたものであり、この点では、フランス起源の経済学のいわばメインストリームとは異質な性格を持っていたからである。ただしケネーの場合、道徳は、人間にとって最も有利な恒久的・自然的な富の再生産と分配の秩序に沿うように人間の行為を律することであり、道徳の領域は事実上「便宜の世界」に包摂されているから、そこにルソーやミラボの称揚する古典的徳が入り込む余地はない。この意味では、ケネーの思想体系を特徴づけているのは、啓蒙の経済学に通じる、あるいはそれ以上に徹底した経済主義の視点であったと言ってよい。理論的側面では、おもに資本理論にかかわるケネーの理論的達成がチュルゴやスミスの経済学の重要な構成要素となっていくことはよく知られているが、その一方で、ビュテル・デュモンが重農主義の資本理論の批判的検討の上に独自の消費理論を展開したことが注目される。こうして奢侈か節約かを論点とする奢侈論争の坩堝にも鍛えられて、生産（節約・資本蓄積）と消費（奢侈・有効需要）に関する経済学の基幹的な諸理論が精錬されていく。

以上のようにフランス経済学は、ボワギルベール以来、一八世紀中葉以降の商業社会批判やそれとリンクした経済学批判とも対峙しつつ着実な系譜を紡いでいく。この系譜は、この新興科学の成り立ちについて、『国富論』を経済学の生成プロセスの収束点にすえる場合とは異なる展望を与えるものである。ケネー経済学の一面を重要な一要素として含むこのプロセスの収束点において、スミスは理論的にはミクロ分析とマクロ分析の両面でおもに生産視点に立って、資本や生産力の自己増殖という資本主義社会の自律的発展の展望を示した。一方、フランス起源の経済学のメインストリームを担った著作家たちの経済論説の一つの特徴は、これとは対照的に、消費・消費欲求を生産やインダストリーの規定要因として重視する消費主導の経済ビジョンを描いたところにあった。旧体制から革命へと至る当時のフランス社会は、産業資本が主導する資本主義の経済システムとはほとんど無縁であったとはいえ、一八世紀初頭以来、世俗化の進捗や商工業の発展とともに商業社会・

消費社会へと大きく変貌しつつあり、この変貌を写し取った彼らの経済論説は、現代へと繋がる近代経済の特徴的傾向を見事に照らし出したと言える。

「安楽な暮らし」によって世俗の幸福を求めるのは罪ではないし、このような私欲に従うことは欲望の満足や快楽を求める人間の抗いがたい普遍的本性（心中の情念）の発露にほかならない。このような世俗的倫理と世俗化の論理に促されて人間の功利的情念が解放され、生活改善欲求などの富裕への願望を是とする世俗的価値が広く普及していることが、富裕の科学としての経済学の生成の条件であると考えれば、経済学は、何より消費欲望の本源性の認識の上に、そのような世俗の幸福を求める人間の功利的情念に応ずるべく構築されることになる。マンデヴィルやフランスの著作家の経済論説がよく示している通りである。こうして見ると、画期的な「レセ・フェール」の秩序原理に基づいて富裕の条件を探求したボワギルベールと、イングランドのマンデヴィルとが並び立つ、本書が浮き彫りにした経済学の生成史上の新たな領野や、その沃野を潤した一七世紀のフランスの新思潮に経済学の起源を求める見方は十分に成立しうるであろう。

そしてこの見方を通じて、逆に西欧近代社会という歴史的生成物の一本質が透けて見えてくるように思える。すなわち、近代社会は人々の果てしのない消費欲望に支えられた「欲求の社会」にほかならず、それゆえそれは、いわば必然的に、欲求のシステムとこれを支える労働・勤労のシステムという二重の相互的システムの螺旋的な拡大をどこまでも求め続けるということである。最後に、欠乏を充足するというに留まらない、心中の情念に発する消費「欲望」が、生成期の経済学とその周辺においてどのように論じられてきたか、改めて振り返っておこう。

序章で述べたように、ヨーロッパ近代はキリスト教の神的世界の確実性を打ち砕いていくが、これに応じて現実世界を「空虚」が支配するようになるわけではない。むしろ人間の自己愛・利己心は価値規範の空隙を埋めるべく無限の拡大軌道を求め、そのダイナミズムの結果としてこの世界は「生」で満たされる。この世俗世界の「生」の充満こそ目指すべき新たな地平であるとすれば、自己愛・利己心という「神を持たない人間の弱さや不幸を示すものがその偉大さの源泉となる」(Spector 2006, p. 135) という逆説的な状況がまっとうなものとして承認されることになる。商業社会を動かす人間のエトスとして奢侈の欲求に着目したマンデヴィルやムロンは、奢侈の欲求は宗教的くびきから解き放たれた人間本性に発するところであり、経済の成長・発展という時間的変化を主導し、文明の進歩に向けて社会のダイナミズムを導いていく原動力そのものであると考えた。しかもマンデヴィルによれば、欲求の満足は「人間がその境遇を改善しようと熱心になっているかぎり、人間には無縁のものである」(Mandeville 1714, p. 242/221)。ここでは私欲に従うことは人間の抗いがたい普遍的本性の発露であり、「欲求充足への希求」はいわば人間の根源的な存立原理でさえあると考えられている。そうであるならば、世俗化の傾向が押し進めてきた時代のトレンドが、その着実な歩みを止めることはありえないであろう。

奢侈の快楽は自己保存の延長としての便宜や洗練と見なされ、奢侈の欲求は、自負心や虚栄心に発する顕示性などの非合理な動機とは切り離されて、生活改善欲求に合理化される。そのような合理化を導いたものは、幸福の源泉を欲求の満足に求める功利主義的な幸福観や利益志向の功利的人間観であったと言ってよいが、それは商業社会・消費社会としての社会の現況をいわば功利主義のリアリズムによって捉えた結果であった。感覚的享楽の享受によって現世的幸福を求める「消費の自由」を、道徳の観点からも経済学の観点からも完全に容認したビュテル・デュモンの論理が指し示しているように、こうして社会は、満足の増大を求める欲求充足の自由に、あるいは歯止めを失った人間の本源的欲求、すなわち心中に発する欲望に導かれて、ひたすら高度化への道を歩むこととなるが、これはこれで、啓蒙のメインストリームの一帰結にほかならない。このような流れにいわば「欲望の経済思想」とでもいうべき特徴的な性格を見ることができるであろう。ボワギルベールや啓蒙の経済学が見出した「経済の原理」を根底から支えているのは、このような人間の欲求の本源性に立脚した「欲望の原理」であった。

これに対し、「欲望の原理」に基づく功利主義的な幸福観を否定し、欲望の満足を追い求めることの空虚さを強調する論調が対峙する。エピクロス自身の快楽主義も決して無限の快楽を求めるものではなかったが、そのような論調は、本書で取り上げた著作家で言えば、サン＝ピエール、ピント、ブティーニ、プリュケ、グラスランに見られた。例えば、ブティーニは言う。

享楽から享楽へと駆け回るが、しかし彼の貪欲が満たされることはない。あなたがたを羨ましがらせるこれらの家具、これらの衣装、これらの身の回り品は彼には耐えがたいものである、なぜなら彼はそれらを数ヶ月前から使っているからである。彼は愛人を変えるのと同じほどの頻度でそれらを変えたいと思っている。彼を喜ばす流行品がむなしくその数を増やすが、流行品はいつも彼の欲望ほど頻繁には変わらない（Butini 1774, p. 37）。

際限なく欲望の満足を追い求めても、満たされない思いを募らせるにすぎないのであれば、どこまで行っても人は豊かさも幸福も手に入れることはできない。そればかりか、彼は人々が満足という見果てぬ夢を求め続ければ、習俗は腐敗し、徳が失われると述べていた。ここでは人間の幸福は欲求充足の自由によってもたらされることはありえず、幸福の条件は逆に私欲の抑制の上に、家族愛、隣人愛、祖国愛といった古典的なシビック的徳を実践することにあった。そこにストイシズムの幸福観との関連を見ることは容易であろう。ただし、こうした論調において各論者の論じ方は一様ではなかった。グラスランは欲求充足の有限性への着目を経済理論のレベルにまで昇華させ、一方、ブティーニやプリュケはそのような認識を、ムロンやフォルボネの啓蒙の経済学あるいはそこに内在する進歩思想や経済主義的な思考を批判する論拠の一つとした。

第二章で見た『カトーの手紙』は、端的に「望みの果ては生存の果てに等しく、死のみがその欲望を静止することができる」(Trenchard and Gordon 1755 [1721], No. 40, p. 278) と述べたが、これをマンデヴィル、ムロン、フォルボネ、ビュテル・デュモンなどにも通じる、透徹した人間本性分析に立脚したリアリズムの認識であるとすれば、フェヌロン、ミラボ、ブティーニ、プリュケなどの私欲の自覚的な抑制を求めるストイシズムは、古典・古代に範を求めるかどうかは別にして、あるべき姿を求める、ある種の理想主義の性格を帯びていたと言ってよい。ポーコックの言う「近代性そのものとの争い」の一つの焦点を私欲の観点から見れば、それはそれらのどちらに拠るかという論点として現れるが、欲求や効用の視点から経済社会のダイナミズムに迫ろうとした一八世紀のフランス経済学は、快楽を求める人間本性を直視する功利主義のリアリズムに即しつつ、その対抗力としてのシビック的な理想主義とのせめぎ合いのうちにみずからを鍛えていく。言い換えれば、一七世紀の新思潮を源泉とするフランス経済学は、世俗化が解き放った人間の「欲望」をめぐる論争史のコンテキストにみずからの生成過程を刻み付けていくのである。

あとがき

本書の狙いは、フランス経済学の源流を明らかにし、フランス起源の経済学の生成と展開を導いた思想的コンテキストを浮き彫りにすることによって、経済学の起源に新たな光を当てることであった。その結果として、前著の「あとがき」で今後の課題として挙げたいくつかの課題のうち、一、ボワギルベールの思想的源泉の探求、二、フランス経済学とフランス啓蒙思想（啓蒙の人間像や社会像）との相互関係の解明、三、その相互関係に密接にかかわる奢侈論争の全体像を明らかにすること、以上の三つの課題を論じることになった。

経済学の起源は何かという問いには、近代社会の起源は何かという問いに似て、拠って立つ視点に応じて複数の解答が可能であろう。経済学を産業資本が主導する資本主義の経済システムの解剖学だと見れば、資本や生産の視点から対象を捉えてその起源に迫ることになろうし、それを広く、人間の生活改善欲求に応じうる富裕の条件を探求する富裕の科学であると捉える場合でも、その条件として資本や生産部面を重視すれば、同じくおもに生産視点からその展開と起源に光をあてることになる。一方、本書のように、富裕の科学としての経済学の出自に目を向けて、経済学は何より消費欲望の本源性の認識の上に、世俗の幸福を求める人間の功利的情念に応ずるべく構築されたと考えれば、消費欲求や消費の視点がクローズアップされ、その起源の探求も、功利的情念の解放をもたらした世俗的倫理や世俗的価値の生成の場面にまで遡るであろう。

一八世紀フランス経済学の研究は、これまでおもに資本・生産の視点から、ケネーの重農主義を中心に行われてきたが、本書は、そのような視点からはほとんど見逃されてきた経済学の展開に目を向け、さらにボワギルベールとマンデヴィルとが並び立つ領野に着目して、フランス経済学の源流を経済学の起源とみる見方を示した。ただし、本書の見方は経済学の生成に関する旧来の見方に取って代わるものではない。本書は、いわば視点を移せば、光が当てられる対象（経済学の展開とその起源）は異なって見えることを示したにすぎない。シェーマティックな固定観念から自由であるかぎり、ほかにも対象に迫ることができるいくつもの視点を見出すことができるであろう。いずれにせよ、一つの光源から放たれた光は対象の裏側には決してとどかないように、本書の見方を含めてどのような視点であれ、その一点から対象の全体像を見通すことはできない。しかし異なる視点から、あるいは複眼的な視点から対象に迫ることでその多様性・多面性を浮き彫りにし、そのことによって、その対象を一面的理解から救い出すことはできるであろう。

本書の見方が照らし出したものは、富裕の条件にかかわる資本蓄積などの「経済の原理」を根底から支えているのは「欲望の原理」であるという一面であった。終章でも述べたように、それはまた近代社会の「欲求の社会」としての一本質をも浮き彫りにするものであった。本書の視点が照らし出したそうした一面は、われわれに何を示しているだろうか。

ケインズは資本主義の将来を見通して、技術革新による生産性の向上などにより、農業、鉱業、製造業の生産はすべて四分の一の労働で達成できるようになり、「大きな戦争がなく、人口の極端な増加がなければ、百年以内に経済的な問題が解決するか、少なくとも近く解決するとみられるようになる」（ケインズ「孫の世代の経済的可能性」山岡洋一訳『ケインズ説得論集』日本経済新聞出版社、二〇一〇年、二一〇頁）と述べた。その時点で、有史以来、主要な問題であり続けた経済的問題を解決したわれわれは長年の夢であった余暇をたっぷりと与えられるとともに、宗教と伝統的な徳の原則のなかでとくに確実なものに戻る自由を手に入れ、「貪欲は悪徳だという原則、高利は悪だという原則、金銭愛は憎むべきものだという原則、明日のことはほとんど考えない人こそ徳と英知の道を確実に歩んでいるという原則に戻ることができる」（二一八頁）はずであった。このようなケインズの予想は現実のものとはならなかったが、その理由について、スキデルスキー父子は「人々が物質的に必要とするものの量は有限であり、それはいつの日か完全に満たされるとケインズは考えていた。そう考えたのは、欲望と必要を区別していなかったからである」（ロバート・スキデルスキー＆エドワード・スキデルスキー（村井章子訳）『じゅうぶん豊かで貧しい社会　理念なき資本主義の末路』筑摩書房、二〇一四年、四一頁）とし、さらに「ケインズは、物質的な欲望は満たすことができる、すなわち『もう十分』と言えるときが来るはずだと考えた。だが人間が貪欲で、欲望がとどまることを知らないとしたらどうだろう」（五三頁）と述べて、宗教や慣行によって抑えられてきた貪欲を資本主義がいかに燃え立たせたかを論じている。

こうして、スキデルスキー父子によれば、ケインズの将来予想が現実のものとならなかったのは、「人間が貪欲で、欲望がとどまるところを知らなかった」からであった。本書が浮き彫りにした歴史的コンテキストから見れば、それは資本主義の、というよりはむしろ世俗化が推し進めた近代化の必然的な帰結であったと言うほかない（資本主義もまたその一帰結であった）。マンデヴィルなどが捉えた心中の情念としての消費欲望や生活改善欲求は経済の無限の拡大軌道を求め続ける、言い換えれば、欲望とこれに応じる生産力の二重のシステムはどこまでもその螺旋的な拡大を指向し続ける、そしてもともと富裕の科学としての経済学は、このような人間の貪欲や欲望の求めに応じて生成し展開してきた、ということである。一方では、この同じコンテキストにおいて、文明化に伴う人間性の陶冶、欺瞞的であれ何であれ、強い利己心・自己愛の発動を抑止する徳の形成、さらには「徳の経済学」の可能性が論じられてもいた。しかしそれにしても、この心中の情念は果たして制御可能であろうか。そして、それが可能だとして、消費欲望や生活改善欲求が抑止された社会は、現代において果たしてありうるであろうか。

「経済の原理」を支えているのは、それとは一応別次元の「欲望の原理」であったとすれば、経済学の生成と展開のあり様を複眼的に捉え、経済学が近代の経済社会をどのように把握してきたかをよりよく理解するためには、資本・生産視点に基づく「資本の経済思想史」とともに、消費視点に立つ「欲望の経済思想史」が論じられる必要があるように思える。本書に「欲望の経済思想」というやや大仰な副題をつけたのも、本書がそのささやかな序章となりえないかと考えたからである。

筆者の研究歴は修士論文の対象に選んだボワギルベール研究に始まるが、それからほぼ四〇年の年月を経て、本書において、ボワギルベールに立ち戻り、さらに学部生の頃に関心を抱いた一七世紀フランスの著作家の作品にまで手を伸ばすことになった。経済学の起源を探る研究が、研究歴の原点に返ることを筆者に迫ったわけで、この間の歴史研究をめぐる状況の大きな変化への思いとも重なって、なにか不思議な感懐を禁じえない。

本書は、平成二〇年度～二二年度（「世俗化の倫理・論理とフランス経済学の形成」）と平成二三年度～二六年度（「経済学のフランス的起源 ―― 功利主義との関連で ――」）の二度にわたって交付された科学研究費補助金（基盤研究C）に基づく研究成果である。序章から第三章までの内容は、研究会や学会で、あるいは大学の紀要に発表してきたが、ここでは、共著として公刊した以下の三点を挙げておく。

「経済学の起源とピエール・ニコル ―― ボワギルベールとの関連で」田中秀夫編著『啓蒙と社会 ―― 文明観の変容』京都大学学術出版会、二〇一一年三月。

「J・F・ムロンの商業社会論 ―― 啓蒙の経済学」田中秀夫編著『野蛮と啓蒙 ―― 経済思想史からの接近』京都大学学術出版会、二〇一四年三月。

「アベ・ド・サン＝ピエールの商業社会論 ―― 啓蒙の功利主義」坂本・長尾編『徳・商業・文明社会』京都

大学学術出版会、二〇一五年三月。

いずれも字数が制約されたなかで単独の論文として書かれたものであり、本書に収めるにあたって大幅な加筆・修正を行っている。

ここ数年の研究環境の変化は目覚ましいものがあり、今や、研究室に居ながらにして一七、一八世紀の多くの古版本をダウンロードして読むことができる。アベ・ド・サン＝ピエールの『政治論集』全巻やマイナーな奢侈論の文献なども入手は容易であり、それゆえ前著を書いたときのような研究上の困難を感じることはなかった。もう一つ、本書が成るにあたって、田中秀夫さん（愛知学院大学教授・京都大学名誉教授）が主宰されている研究会に大いに恩恵を被ったことを述べておきたい。二〇〇八年より参加させていただいているが、筆者を思想史の領域にいざなっていただいたほか、本書の内容の一部を報告する機会を与えてもいただいた。本書を京都大学学術出版会から出版することができたのも、この研究会との縁があってのことである。田中秀夫さんを始め、筆者の参加当初から今日までいろいろご教授いただいた、生越利昭さん、渡辺恵一さん、喜多見洋さん、奥田敬さん、原田哲史さん、伊藤誠一郎さん、後藤浩子さん、中澤信彦さん、野原慎司さん、林直樹さんなど、研究会の方々に深く感謝したい。

また本書の編集の労を取っていただいた京都大学学術出版会編集部の國方栄二さんに感謝を申し上げる。なお、本書の出版に際して、独立行政法人日本学術振興会平成二七年度科学研究費補助金（研究成果公開促進費・学術図書）の交付を受けた。記して謝意を表したい。

二〇一五年一二月一日

米田昇平

[著者紹介]

米田昇平（よねだ　しょうへい）

1952年　兵庫県豊岡市生まれ
1976年　早稲田大学政治経済学部経済学科卒業
1985年　早稲田大学大学院経済学研究科後期課程単位取得退学
2008年　博士（経済学）［京都大学］
現　在　下関市立大学教授

著訳書
『欲求と秩序 ── 18世紀フランス経済学の展開』昭和堂，2005年。

『経済思想3　黎明期の経済学』（共著）日本経済評論社，2005年。

『啓蒙と社会 ── 文明観の変容』（共著）京都大学学術出版会，2011年。

『野蛮と啓蒙 ── 経済思想史からの接近』（共著）京都大学学術出版会，2014年。

『徳・商業・文明社会』（共著）京都大学学術出版会，2015年。

ムロン『商業についての政治的試論』（共訳）京都大学学術出版会，2015年。他

経済学の起源 ── フランス　欲望の経済思想

2016年1月31日　初版第一刷発行

著　者　米田昇平
発行人　末原達郎
発行所　京都大学学術出版会
京都市左京区吉田近衛町69番地
京都大学吉田南構内（〒606-8315）
電話（075）761-6182
FAX（075）761-6190
Home page http://www.kyoto-up.or.jp
振替 01000-8-64677

ISBN 978-4-87698-893-8
Printed in Japan
印刷・製本　㈱クイックス
定価はカバーに表示してあります

事項索引

人名索引

文献目録

※　以下にあげる文献は，本書で直接に引用または言及した文献に限られる。文献表示の仕方については，「序章」の注①で説明している。なお INED は Institut National d'Etude Démographique（国立人口統計学研究所）の略である。

一次文献

Barbon, N. (1690) *A Discourse of Trade*, edited by J. H. Hollander, Biblio Life, 1905（久保芳和訳『交易論』アダム・スミスの会監修初期イギリス経済学古典選集 2，東京大学出版会，1966 年）.

Baudeau, N. (1767) "Du luxe et les loix somptuaires", in *Principes de la science morale et politique sur le luxe et les loix somptuaires*, publié avec introduction et table analytique par A. Dubois, Paris, Libraire Paul Geuthner, 1912.

Bayle, P. (1683) *Pensées diverses, écrites à un docteur de Sorbonne à l'occasion de la comète qui parut au mois de décembre 1680*, Rotterdam, t. 2（野沢協訳『彗星雑考』法政大学出版局，1978 年）.

—— (1696a) *Dictionnaire historique et critique*, nouvelle edition, Paris, 1820, t. 1（野沢協訳，『歴史批評辞典Ⅰ　A–D』法政大学出版局，1982 年）.

—— (1696b) *Dictionnaire historique et critique*, nouvelle edition, Paris, 1820, t. 6（野沢協訳，『歴史批評辞典Ⅱ　E–O』法政大学出版局，1984 年）.

—— (1705) *Continuation des Pensées diverses sur la comète*（野沢協訳『続・彗星雑考』法政大学出版局，1989 年）.

Boisguilbert, Pierre le Pesant de (1966) *Pierre de Boisguilbert ou la naissance de l'économie politique*, 2vols., Paris, INED.

—— (1695) "Le Détail de la France," in Boisguilbert (1966), t. 2, pp. 581–662.

—— (1704) "Traité de la nature, culture, commerce et intérêt des grains...," in Boisguilbert (1966), t. 2, pp. 827–878.

—— (1705a) "Mémoire sur l'assiette de la taille et de la capitation (manuscrit inédit)", in Boisguilbert (1966), t. 2, 663–740.

—— (1705b) "Factum de la France, contre les demandeurs en delay...," in Boisguilbert (1966), t. 2, pp. 741–798.

—— (1707a) "Factum de la France" in Boisguilbert (1966), t. 2, 879–956.

—— (1707b) "Dissertation de la nature des richesses," in Boisguilbert (1966), t. 2, pp. 973–1012.

Boureau-Deslandes (1745) *Lettre sur le luxe*, Francfort.

Butel-Dumont, G. M. (1771) *Théorie du luxe ou traité dans lequel on entendre d'établir que le Luxe est un ressort non-seulement utile, mais méme indispensablement nécessaire à la prospérité des Etats*, 2vols, n. p.

Butini, Jean François (1774), *Traité du Luxe*, Geneve.

Cantillon, R. (1755) *Essai sur la nature du commerce en général*, texte de l'édition originale de 1755, avec des études et commentaires, Paris, INED, 1952（津田内匠訳『商業試論』名古屋大学出版会，1992 年）.

Condillac, E. B. de (1776) *Le Commerce et le gouvernement considérés relativement l'un à l'autre,* in *Œuvres complètes*, t. 4.

Coyer, Abbé (1756) *La noblesse commerçante*, Paris.

Daire, Eugène (éd.) (1843) *Économistes financiers du XVIII siècle* (Collection des grands Economistes), Guillaumin, pp. 665–784.

Dangeul, P. de (1754) *Remarque sur les avantages et les désavantages de la France et de la Grande-Bretagne, par rapport au commerce et aux autres sources de la puissance des Etats*, Leyde.

Davenant, Charles (1696) *An Essay on the East-India-Trade*（田添京二，渡辺源治次郎訳『東インド貿易論』アダム・スミスの会監修初期イギリス経済学古典選集 2，東京大学出版会，1966 年）.

Defoe, D. (1730) *A Plan of the English Commerce, being a Compleat Prospect of the Trade of the Nation, as well as the Foreign*, second edition, London（山下・天川訳『イギリス経済の構図』アダム・スミスの会監修　初期イギリス古典選集 5，東京大学出版会，1975 年）.

Destutt de Tracy, A. -L. -C. (1818) *Traité de la volonté et de ses effets*, seconde édition, Paris [Genève-Paris, Slatkine, 1984].

Domat, J. (1689) *Les lois civiles dans leur ordre naturel*, in *Oeuvres complètes de J. Domat*, nouvelle édition, par J. Remy, Paris, 1835, t. 1.

Dutot (1738) *Réflexions politique sur les finances et le commerce*, La Haye.

Epicurus (1926) *Epicurus. The Extant Remains*, with short critical apparatus, translation and notes, by Cyril Bailey, Oxford, Clarendon Press（出隆・岩崎允胤訳『エピクロス　教説と手紙』岩波書店，1959 年）．

Fénelon (1699) *Les aventures de Telemaque*, nouvelle édition publiée avac une recension comlètes des manuscrits authentiques, une introduction er des notes par A. Cahen, 2vols, Paris, Librairie Hachettte, 1927（朝倉剛訳『テレマックの冒険』（上）（下），現代思潮社，1969 年）．

Forbonnais, François Véron de (1755) *Elémens du Commerce*, nouvelle édition, revue et corrigée, 2vols. Amsterdam, François Changuion.

—— (1767) *Principes et observations œconomique*, Amsterdam, Marc Michel Rey, 2vols. [München, Kraus, 1980].

Gournay, V. de (1983) *Traités sur le commerce de Josiah Child et remarques inédites de Vincint de Gournay*, éd. par Takumi Tsuda, Tokyo, Kinokuniya.

Graslin, J. -J. -L. (1767) *Essai analytique sur la richesse et sur l'impôt*, éd. par A. Dubois, Paris, Libraire Paul Geuthner, 1911.

Hume, David (1752) *Political Discourses*, in E. Rotwein ed., *David Hume Writings on Economics*, The University of Wisconsin Press, Madison, 1970（田中秀夫訳『ヒューム政治論集』京都大学学術出版会，2010 年）．

Hobbes, T. (1651) *Leviathan*, London（水田洋訳『リヴァイアサン』全 4 冊，岩波文庫，2010 年）．

La Bruyère (1688) *Les Caractères ou les Mœurs de ce siècle*, in *Moralistes du XVIIIe siècle*, édition établie sous la direction de Jean Lafond, Robert Laffont, Paris, 1992（関根秀雄訳『カラクテール　当世風俗誌』（上）（中）（下）岩波文庫，1952 年）．

La Rochefoucauld (1678) *Maximes*, édition de J. Trouchet, Paris, 1983（二宮フサ訳『ラ・ロシュフコー箴言集』岩波文庫，1989 年）．

Leroy-Beaulieu, P.（1894）"Le luxe, la fonction de la richesse", *Revue des Deux-Mondes*, 1er novembre.

Mandeville, B. (1714) *The Fable of the Bees: or, Private Vices, Publick Benefits*, London [Part Ⅰ], with a commentary critical, historical, and explanatory, by F. B. Kaye, 1924, vol. 1, Indianapolis, Liberty Fund（泉谷治訳『蜂の寓話　私悪すなわち公益』法政大学出版局，1985 年）．

—— (1720) *Free Thoughts on Religion, The Church, & National Happiness*, London, ed. by Irwin Primer, New Brunswick and London, Transaction Publishers, 2000.

—— (1729) *The Fable of the Bees: or, Private Vices, Publick Benefits*, London [Part II], by F. B. Kaye, 1924, vol. 2, Indianapolis, Liberty Fund（泉谷治訳『続・蜂の寓話　私悪すなわち公益』法政大学出版局，1993 年）.

—— (1732) *An Enquiry into the Origin of Honour and the Usefulness of Christianity in War*, London.

Melon, J. F. (1736) *Essai politique sur le commerce*, nouvelle édition augmentée de sept chapitres, et où les lacunes des editions précédentes sont remplies, n. p.

Mirabeau, Victor de Riqueti, Marquis de (1756), *L'Ami des Hommes ou Traité de la Population*, Partie1‒3, Avignon.

Montesquieu (1721) *Lettres persanes*, in *Œuvres complètes de Montesquieu*, édition étable et annotée par Roger Caillois, Gallimard (Bibliothèque de la Pléïade), 1949, t. 1（井田進也訳『ペルシャ人の手紙』，井上幸治編『モンテスキュー』中央公論社，1973 年に所収）.

—— (1748) *De l'esprit des lois, in Œuvres complètes de Montesquieu*, 1951, t. 2,（野田良之他訳『法の精神』岩波書店，全 3 巻，1987‒1988 年）.

—— (1991) *Pensées. Le Spicilège*, édition Louis Desgraves, Paris, Robert Laffont.

Nicole, Pierre (1670a) "De la civilité chrétienne", in *Essais de morale*, Choix d'essais introduits et annotés par Laurent Thirouin, Presses Universitaire de France, 1999, pp. 181‒195.

—— (1670b) "De la manière d'étudier chrétiennement", in *Essais de morale*, pp. 245‒260.

—— (1671a) "De la faiblesse de l'homme', in *Essais de morale*", pp. 27‒65.

—— (1671b) "Des moyens de conserver la paix avec les hommes", in *Essais de morale*, pp. 109‒180.

—— (1671c) "De la grandeur", in *Essais de morale*, pp. 197‒243.

—— (1675) "De la charité et de l'amour-propre", in *Essais de morale*, pp. 381‒416.

North, Sir Dudley (1691) *Discourses upon Trade*, edited by J. H. Hollander, 1907（久保芳和訳『交易論』アダム・スミスの会監修初期イギリス経済学古典選集 2，東京大学出版会，1966 年）.

Pascal, B. (1670) *Pensées,* Texte établi par Léon Brunshvicg, Chronologie, introduction,

notes, archives de l'œuvre, index par Dominique Descotes, GF Flamarion, 1976（前田陽一・由木康訳『パスカル　パンセ I, II』中央公論新社，2001 年）.
Pinto, I. de (1762) *Essai sur le luxe,* Amsterdam, in Pinto (1771).
—— (1771), *Traité de la circulation et du crédit*, Amsterdam, Marc Michel Rey.
Pluquet, F. A. (1786) *Traité philosophique et politique sur le luxe*, 2vols. Paris.
Quesnay, F. (1958) *François Quesnay et la Physiocratie*, 2vols, Paris, INED.
—— (1757a) "Grains", in Quesnay (1958), t. 2.
—— (1757b) "Hommes", in Quesnay (1958), t. 2.
—— (1758a) "Questions intéressantes sur la population, l'agriculture et le commerce, etc.", in Quesnay (1958), t. 2.
—— (1758b) "Extrait des économies royales de M. de Sully" in Quesnay (1958), t. 2.
—— (1766a) "Réponse au mémoire de M. H. sur les avantages de l'industrie et du commerce, etc.", in Quesnay (1958), t. 2.
—— (1766b) "Analyse de la formule arithmétique du Tableau économique", in Quesnay (1958), t. 2.
—— (1766c) "Lettre de M. N. aux auteurs, etc. Dialogue entre M. H. et M. N. (sur le commerce)", in Quesnay (1958), t. 2.
—— (1767) "Despotisme de la Chine", in *François Quesnay et la Physiocratie*, 2vols, Paris, INED, 1958, t. 2.
Rousseau, J. J. (1750) *Discours sur les sciences et les arts*, in Œuvres Complètes, sous la direction de R. Trousson et F. S. Eigeldinger, Ⅳ, Paris, Éditions Champion, 2012（山路昭訳「学問芸術論」『ルソー・コレクション　文明』白水社，2012 年）.
—— (1754) *Discours sur l'origine et les fondements de l'inégalité parmi les hommes*, in Œuvres Complètes, V（原好男訳「人間不平等起源論」『ルソー・コレクション　起源』白水社，2012 年）.
Saint-Lambert. J. F. (1765) *Essai sur le luxe*, Yvredon（川野健二訳「奢侈」，桑原武夫訳編『百科全書』岩波書店，1971 年）.
Saint-Pierre, Charles-Irenée, Abbé de (1713) *Projet pour rendre la paix perpétuelle en Europe*, 2vols. Utrecht（本田裕志訳『サン－ピエール　永久平和論 1, 2』京都大学学術出版会，2013 年）.
—— (1718) *Discours sur la polysynodie*, Amsterdam.
—— (1733–1741) *Ouvrages de Politique*, 16vols. Rotterdam.

—— (1733) "Projet pour perfectionner le commerce de France", in *Ouvrages de Politique*, tome 5, pp. 193–316.

—— (1734a) "Commerce interieur", in *Ouvrages de Politique*, tome 7, pp. 28–32.

—— (1734b) "Sur le luxe", in *Ouvrages de Politique*, tome 7, pp. 32–44.

—— (1737a) "Les enfants au Collège font plus d'usage de désir de la gloire, & de la crainte de la honte", in *Ouvrages de Politique*, tome 11, pp. 109–110.

—— (1737b) "Le désir de la distinction est à la vérité une dépendance de l'amour propre, mais c'est un amour propre très estimable, & très aimable, lorsqu'il est dirigé vers la plus grande utilité publique", in *Ouvrages de Politique*, tome 12, pp. 26–31.

—— (1737c) "Sur Mr. Nicole, Le plus habile ecrivain de morale de nos jours", in *Ouvrages de Politique*, tome 12, pp. 86–89.

—— (1737d) "La vie la plus diversifiée est la plus agreable", in *Ouvrages de Politique*, tome 12, pp. 90–92.

—— (1737e) "A considérer la plupart de ceux qui se ruinent on trouve que le désir des plaisirs des sens, ou la crainte des douleurs coutent moins que le désir des plaisirs qui viennent des différentes glorioles, ou de la craint de paraître ou plus pauvre ou moins riche que l'on ne veut paraître", in *Ouvrages de Politique*, tome 12, pp. 275–276.

—— (1737f) "Sur la tolérance des deux systèmes sur la liberté", in *Ouvrages de Politique*, tome 12, pp. 287–293.

—— (1737g) "Sur la nature du plaisir, & de la douleur", in *Ouvrages de Politique*, tome 12, pp. 336–396.

—— (1741a) "Contre l'opinion de Mandeville", in *Ouvrages de Politique*, tome16, pp. 143–157.

—— (1741b) "Amour propre bien entendu", in *Ouvrages de Politique*, tome 16, pp. 195–206.

—— (1741c) "Sur les pensées de M. de la Rochefoucauld", in *Ouvrages de Politique*, tome 16, pp. 265–267.

—— (1741d) "Pacal ecrivain des plus eloquents", in *Ouvrages de Politique*, tome 16, pp. 267–275.

Say, J. -B. (1803) *Traité d'économie politique*, Paris, Calmann-Lévy, 1972（増井幸雄訳

『経済学』上下巻，岩波書店，1925 年，1929 年）．
Smith, A. (1756) “A letter to the authors of the Edinburgh Review”, in Adam Smith *Essays on Philosophical Subjects*, ed. by Campbell and Skinner, Oxford University Press, 1980（水田他訳『アダム・スミス哲学論文集』名古屋大学出版会，1993 年）．
—— (1759) *The Theory of Moral Sentiments*, edited by D. Stewart, Reprint of the edition 1811–1812, Otto Zeller, 1963（水田洋訳『道徳感情論』筑摩書房，1973 年）．
—— (1776) *An Inquiry into the Nature and Causes of the Wealth of Nations*, 2vols., ed. by Campbell and Skinner, Oxford University Press, 1976（大河内一男監訳『国富論』全 3 巻，中央公論社，1976 年）．
Tatler (1774) *The Tatler or, Lucubrations of Isaac Bickerstaff*, vol. 2, London.
Trenchard, J. and Gordon, T. (1755) *Cato's Letters: or, Essays on Liberty, Civil and Religious, And other Important Subjects*, edited by Ronald Hamowy, Liberty Fund, 1995.
Turgot, A. R. J. (1766) *Réflexions sur la formation et la distribution des richesses*, in *Œuvres de Turgot*, éd. par G. Schelle, Paris, Libraire Félix Alcan, 1913, t. 2（津田内匠訳『チュルゴ経済学著作集』岩波書店，1962 年）．
—— (1767) “Obsevations sur les mémoires récompensées par la Société d'Agriculture de Limoges...”, in *Œuvres de Turgot*, t. 2.
Vandermonde, A. T. (1994) *Leçon d'économie politique de Vandermonde*, in *L'École normal de l'an III: Leçon d'histoire, de géographie, d'économie politique*, éd., par D. Nordman, Paris, Dunod.
Vauban, Seigneur Sébastien le Prestre de (1707) *Projet d'une dixme royale*, éd. par E. Coornaert, Paris, Libraire Félix Alcan, 1933.
Voltaire (1734) *Lettres Philosophiques*, Amsterdam（中川信・高橋安光訳『哲学書簡・哲学辞典』中公クラッシクス，2005 年）．
—— (1736) *Le Mondain*, in Morize (1909).
—— (1737) *Défense du mondain ou l'apologie du luxe*, in Morize (1909).
—— (1738) *Observation sur MM. Jean Lass, Melon et Dutot sur le commerce, le luxe, les monnoies, et les impôts*, in *Œuvres de Voltaire*, nouv. éd., Paris, 1879, t. XXII.
—— (1751) *Le Siècle de Louis XIV*, Berlin（丸山熊雄訳『ルイ十四世の世紀』全 4

冊，1958–83 年）
—— (1764) *Dictionnaire philosophique*, in *Œuvres de Voltaire*, nouv. éd., Paris, 1879, t. XX（高橋安光訳『哲学辞典』法政大学出版局，1988 年）

二次文献

Aldrige, A. O. (1975) "Mandeville and Voltaire", in I. Primer ed. *Mandeville Studies New Explorations in the Art and Thought of Dr. Bernard Mandeville (1670–1733)*, The Hague, Martinus Nijhoff.
Baudrillard, J. (1970) *La Société de consommation, ses mythes, ses structures*, Editions Denoël（今村仁司・塚原史訳『消費社会の神話と構造』紀伊國屋書店，1995 年）.
Bénichou, P. (1948) *Morales du grand siècle*, Paris, Gallimard（朝倉・芳賀訳『偉大な世紀のモラル：フランス古典主義文学における英雄的世界像とその解体』法政大学出版局，1993 年）.
Berry, C. J. (1994) *The Idea of Luxury, A conceptual and historical investigation*, Cambridge University Press.
Bouzinac, J. (1920) *Jean François Melon, économiste*, Toulouse [New York, Burt Franklin, 1970].
Brewer, J. and Porter, R. ed. (1993) *Consumption and the World of Goods*, London and New York, Routledge.
Campbell, C. (1987) *The Romantic Ethic and the Spirit of Modern Consumption*, Blackwell Publishers.
Clark, Henry C. (1998) "Commerce, Sociability, and the Public Sphere: Morellet vs. Pluquet on luxury", *Eighteenth Century Life*, 22/2.
Cognet, L. (1961) *Le Jansénisme*, Paris, Presses Universitaires de France（朝倉剛・倉田清訳『ジャンセニスム』白水社，1966 年）.
Dedier, J. (1909) *Montesquieu et la tradition politique anglaise en France, les sources anglaise de l'Esprit de Lois*, Paris [Genève, Slatkin, 1971].
Dikinson, H. T. (1975) "The Politics of Bernard Mandeville", in I. Primer ed. *Mandeville Studies. New Explorations in the Art and Thought of Dr. Bernard Mandeville (1670–1733)*, Martinus Nijhoff, The Hague.
Dominique, Margairaz (1999) "La querelle du luxe au XVIIIe siècle", in Marselle

Jacques éd., *Le luxe en France du siècle des «Lumières» à nos jours*, Paris, Association pour le développement de l'histoire économique.

Dumont, Louis (1977) *Homo aequalis I, Genèse et épanouissement de l'idéologie économique*, Gallimard.

Faccarello, G. (1986) *Aux origines de l'économie politique libérale: Pierre de Boisguilbert*, Paris, édition anthropos.

Fairchilds, Cissie (1993) "The production and marketing of populuxe goods in eighteenth- century Paris", in Brewer, J. and Porter, R. ed. *Consumption and the World of Goods*, London and New York, Routledge.

Force, P. (2003) *Self-Interest before Adam Smith. A Genealogy of Economic Science*, Cambridge, Cambridge University Press.

Galliani, R. (1976) "Le Débat en France sur le luxe: Voltaire ou Rousseau ?" *Studies on Voltaire and the 18th Century*, CLXI, pp. 205–217.

Gay, Peter (1969) *The Enlightenment: An Interpretation Volume II: The Science of Freedom*, New York（中川他訳『自由の科学 ── ヨーロッパ啓蒙思想の社会史 ── 』I，ミネルヴァ書房，1982 年）.

Goldsmith, M. M. (1985) *Private Vices, Pubic Benefits Bernard Mandeville's Social and Political Thought*, Cambridge University Press.

Greenblatt, S. (2011) *The Swerve How the World Became Modern*, New York（河野純治訳『1417 年，その一冊がすべてを変えた』柏書房，2012 年）.

Groethuysen, B. (1927) *Origines de l'ésprit bourgeois en France. I: L'Église et la Bourgeoisie*, Paris（野沢協訳『ブルジョワ精神の起源』法政大学出版局，1986 年）.

Hayek, F. A. (1967) "Dr Bernard Mandeville", in *New Studies in Philosophy, Politics, Economics and the History of Ideas*, Routlege & Kegan Paul LTD（田中真晴・田中秀夫編訳『市場・知識・自由』第 4 章「医学博士バーナード・マンデヴィル」ミネルヴァ書房，1986 年）.

Hazard, P. (1935) *La crise de la conscience européenne* (1680–1715), Paris（野沢協訳『ヨーロッパ精神の危機　1680–1715』法政大学出版局，1973 年）.

Hecht, J. (1966) "La Vie de Pierre Le Pesant, seigneur de Boisguilbert", in Boisguilbert (1966), t. 1.

Heilbron. J. (1996) "French Moralists and the Anthropology of the Modern Era: On

the Genesis of the Notions of 'Interest' and 'Commercial Society'', in *The Rise of the Social Science and the Formation of Modernity*, edited by J. Heilbron, L. Magnusson and B. Wittrock, Dordrecht, Boston and London, Kluwer Academic Publishers.

Hirschman, A. O. (1977) *The Passions and the Interests. Political Arguments for Capitalism before Its Triumph*, Princeton, Princeton University Press（佐々木毅・旦祐介訳『情念の政治経済学』法政大学出版局，1985 年）.

Hont, I. (2005) *Jealousy of Trade*, Cambridge, Massachusetts, and London, The Belknap Press of Harvard University Press（田中秀夫監訳『貿易の嫉妬』昭和堂，2009 年）.

—— (2006) "The early Enlightenment debate on commerce and luxury", in M. Goldie and R. Wokler ed., *The Cambridge History of Enlightenment' Century Political Thought*, Cambridge University Press.

Horne, T. A. (1978) *The Social Thought of Bernard Mandeville: Virtue and Commerce in Early Eighteenth-Century England*, London and Basingstoke, The Macmillan Press（山口正春訳『バーナード・マンデヴィルの社会思想 —— 18 世紀初期の英国における徳と商業 —— 』八千代出版，1990 年）.

Hundert, E. G. (1994) *The Enlightenment's Fable, Bernard Mandeville and the Discovery of Society*, Cambridge University Press.

James, E. D. (1972) *Pierre Nicole, Jansenist and Humanist. A Study of his Thought*, The Hague, Martinus Nijhoff.

Jones C. and Spang R. (1999) "Sans-culottes sans café sans tabac: shifting realms of necessity and luxury in eighteenth-century France", in Berg M. and Clifford H. ed., *Consumers and luxury, Consumer culture in Europa 1650–1850*, Manchester and New York, Manchester University Press, pp. 37–62.

Kaiser, T. E. (1983) "The Abbé de Saint-Pierre, Public Opinion, and the Reconstitution of the French Monarchy", *Journal of Modern History*, 55, December.

Kaye, F. B. (1924) "Introduction", in Kaye ed. *The Fable of the Bees: or, Private Vices, Publick Benefits*, by Bernard Mandeville, 2vols, t. 1.

Keohane, N. O. (1980) *Philosophy and the State in France, the Renaissance to the Enlightenment*, Princeton, Princeton University Press.

Keynes, J. M. (1936) *The General Theory of Employment, Interest and Money*（塩野谷裕

一訳『ケインズ全集第7巻　雇用・利子および貨幣の一般理論』東洋経済新報社，1983年）.

Kwass, Michael (2003) “Consumption and the World of Ideas: Consumer Revolution and the Moral Economy of the Marquis de Mirabeau”, *Eighteenth-Century Studies*, 37. no. 2.

Lafond, Jean (1996a) “De la morale à l'économie politique, ou de La Rochefoucauld et des moralistes à Adam Smith par Malebranche et Mandeville”, in *Da la morale à l'économie politique*, Dialogue Franco-Américain sur les Moralistes Français, Actes du colloque de Columbia University (1994), Textes réunie et présentées par Pierre Force et David Morgan, Publications de l'Université de Pau.

—— (1996b) “Augustinisme et Épicurisme au XVIIe siècle”, in J. Lafond, *L'homme et son image, Morales et littérature de Montaigne à Mandeville*, Paris, Honoré Champion.

Latouche Serge (1989) “Le luxe guillotiné ou comment un concept disparaît du discours économique dans le tourment révolutionnaire”, *Revue de Mauss*, n°5.

—— (2005) *L'invention de l'économie*, Paris, Albin Michel.

Long, A. A. (1974) *Hellenistic Philosophy: Stoic, Epicureans, Sceptics*, London and New York（金山弥平訳『ヘレニズム哲学　ストア派，エピクロス派，懐疑派』京都大学学術出版会，2003年）

McDonald, Stephen L. (1954) “Boisguilbert, A Neglected Precursor of Aggregate Demand Theorists”, *Quarterly Journal of Economics*, août.

McKendrick, Brewer and Plumb (1982) *The Birth of a Consumer Society*, London, Europa Publications Limited.

Marcel, R. (1957) “Du jansénisme à la morale de l'intérêt”, *Mercure de France*, 330, pp. 238–255.

Meyssonnier, S. (1989) *La Balance et l'Horloge, la genèse de la pensée libérale en France au XVIIIe siècle*, Paris, Les Éditions de la Passion.

Miel, J. (1969) *Pascal and Theology, Baltimore and London*, the Johns Hopkins Press（道躰滋穂子訳『パスカルと神学 —— アウグスティヌス主義の流れのなかで —— 』晃洋書房，1999年）.

Moore, J. R. (1975) “Mandeville and Defoe”, in I. Primer ed. *Mandeville Studies New Explorations in the Art and Thought of Dr. Bernard Mandeville (1670–1733)*, The

Hague, Martinus Nijhoff.

Morize, Andre (1909) *L'apologie du luxe au 18e siecle et《Le Mondain》de Voltaire*, Paris [Genève, Slatkine, 1970].

Peck, L. L. (2005) *Consuming Splendor, Society and Culture in Seventeenth-Century England*, Cambridge University Press.

Perkins, M. L. (1959) *The Moral and Political Philosophy of the Abbé de Saint-Pierre*, Genève and Paris.

Perrot, J-C. (1984) "La main invisible et le Dieu caché", in *Une Histore intellectuelle de l'économie politique (XVIIe–XVIIIe siècle)*, Paris, 1992.

—— (1989) "Portrait des agents économiques dans l'œuvre de Boisguilbert", in J. Hecht éd., *Boisguilbert parmi nous*, Paris, INED.

Perrot, Ph. (1995) *Le Luxe, une richesse entre faste et confort XVIIIe et XIXe siècles*, Paris, Éditions du Seuil.

Petsoulas, Christina (2001) *Hayek's Liberalism and its Origins*, London and New York, Routledge.

Pocock, J. G. A. (1975) *The Machiavellian Moment, Florentine Political Thought and the Atlantic Republican Tradition*, Princeton University Press（田中秀夫・奥田敬・森岡邦泰訳『マキャヴェッリアン・モーメント　フィレンツェの政治思想と大西洋圏の共和主義の伝統』名古屋大学出版会，2008 年）.

Roberts, H. V. D. (1935) *Boisguilbert, Economist of the Reign of Louis XIV*, New York, Columbia University Press.

Robertson, J. (2005) *The Case for the Enlightenment Scotland and Naples 1680–1760*, Cambridge University Press.

Rosen, Frederick (2003) *Classical Utilitarianism from Hume to Mill*, London and New York, Routledge.

Rosenberg, N. (1963) "Mandeville and Laissez-Faire", *Journal of the History of Idea*, vol. 24, no. 2.

Rothkrug, L. (1965) *Opposition to Louis XIV, the Political and Social Origins of the French Enlightenment*, Princeton, Princeton University Press.

Schneider, L. (1987) *Paradox and Society, the Work of Bernard Mandeville*, editorial foreword by Jay Weinstein, New Brunswick (U.S.A.) and Oxford (U.K.).

Sellier, Philippe (1970) *Pascal et saint-Augustin*, Paris, Librairie Armand Colin [Éditions

Albin Michel, 1995].
Shovlin, J. (2006) *The Political Economy of Virtue: Luxury, Patriotism, and the Origins of the French Revolution*, Ithaca and London, Cornell University Press.
—— (2008) "Hume's *Political Discourses* and the French Luxury Debate", in C. Wennerlind and M. Schabas ed., *David Hume's Political Economy*, London and New York, Routledge.
Sombart, W. (1913) *Liebe, Luxus und kapztalisum*, Wagenbach (金森誠也訳『恋愛と贅沢と資本主義』論創社，1987 年).
Spector, Céline (2006) *Montesquieu et l'émergence de l'économie politique*, Paris, Honoré Champion Éditeur.
Spengler, J. J. (1965) *French Predecessors of Malthus*, New York, Octagon Books. Inc.
Spink, J. S. (1960) *French Free-Thought from Gassendi to Voltaire*, London and New York, Bloomsbury.
Stafford, J. M. ed. (1997) *Private Vices, Publick Benefits? The Contemporary Reception of Bernard Mandeville*, Ismeron, Solihull.
Starobinski, Jean (1964) *L'invention de la Liberté, 1700–1789*, Genève, Edition d'art Albert Skira (小西嘉幸訳『自由の創出』白水社，1990 年).
Taveneaux, R. (1965) *Jansénisme et Politique*, Paris, Armand Colin.
—— (1992) *Jansénisme et réforme catholique*, Nancy, Presses Universitaires de Nancy.
Terjanian, A. F. (2013) *Commerce and its Discontents in Eighteenth-Century French Political Thought*, Cambridge University Press.
Thirouin, L. (1999) "Introduction", in *Pierre Nicole, Essais de morale*. Choix d'essais introduits et annotés par Laurent Thirouin, Paris, Presses Universitaires de France.
Vardi, Liana (2012) *The Physiocrats and the World of the Enlightenment*, New York, Cambridge University Press.
Wade, I. O. (1967) *Voltaire and Madam du Chatelet, An Essay on the Intellectual Activity at Cirey*, New York, Octagon Books.
Wahnbaeck, Till (2004) *Luxury and Public Happiness, Political Economy in the Italian Enlightenment*, Oxford, Clarendon Press.
Williams, R. H. (1982) *Dream Worlds: Mass Consumption in Late Nineteenth-Century France*, University of California Press (吉田典子・田村真理訳『夢の消費社会 — パリ万博と大衆消費の興隆』工作舎，1996 年).

Wilson, Catherine (2008) *Epicureanism at the Origins of Modernity*, Oxford University Press.

Wootton, D. (1986) "Introduction", in Wootton, *Divine Right and Democracy: An Anthology of Political Writing in Stuart England*, Penguin Books.

Yolton, J. ed. (2000) *John Locke as translator, Three of the Essais of Pierre Nicole in French and English*, Oxford, Voltaire Foundation.

浅田彰（1984）「ローとモンテスキュー」樋口謹一編『モンテスキュー研究』白水社。

天川潤次郎（1963）「デフォーの奢侈論」『経済学論究』第 17 巻第 2 号。

——（1984）「18 世紀のイギリスにおける「消費社会」の成立について」『経済学論究』（関西学院大学）38(1)。

飯塚勝久（1984）『フランスジャンセニスムの精神史的研究』未来社。

磯見辰典（1957）「アベ・ド・サン・ピエールの平和論」『上智史学』2。

奥田敬（1987）「18 世紀ナポリ王国における『政治経済学』の形成（下）——アントニオ・ジェノヴェージ『商業汎論』とその周辺——」『三田学会雑誌』79 巻 6 号。

川出良枝（1996）『貴族の徳，商業の精神　モンテスキューと専制批判の系譜』東京大学出版会。

——（2000）「名誉と徳——フランス近代政治思想史の一断面——」『思想』913 号。

木崎喜代治（1979–1980）「フランスの貴族商業論のひとこま（上）（下）（補論）」『経済論叢』（京都大学）第 123 巻第 4・5 号，第 124 巻第 1・2 号，第 125 巻第 3 号。

定森亮（2005）「『法の精神』における商業社会と自由——「独立性」の概念を中心に——」『経済学史研究』47–1。

鈴木康治（2011）「D. デフォーの奢侈論——ジェントルマン論からの再考——」『経済学史研究』52(2)。

セリエ，フィリップ（2001）「17 世紀フランス文化における聖アウグスティヌス」（山上浩嗣・森川甫共訳）『関西学院大学社会学部紀要』no. 89, pp. 65–76。

高濱俊幸（1989）「マンデヴィルにおける政治——奢侈，分業，統治機構論を中心にして——」『東京都立大学法学会雑誌』30 巻 1 号。

――（2006）「18 世紀前半期イングランドにおける共和主義の二つの型 ―― 『カトーの手紙』と『愛国王の理念』をめぐって ―― 」，田中・山脇編『共和主義の思想空間 ―― シヴィック・ヒューマニズムの可能性』名古屋大学出版会。

田中敏弘（1996）『マンデヴィルの社会・経済思想 ―― イギリス一八世紀初期社会・経済思想』有斐閣。

津田内匠（1965）「Montesquieu の経済思想についての試論」『経済研究』16 巻 2 号。

――（1983）「J・F・ムロンの『システム論』（1）」『一橋大学社会科学古典資料センター年報』No. 13。

中金聡（2011）「エピクロスの帰還 ―― ガッサンディにおける哲学的著述の技法について ―― 」『政治研究』（国士舘大学政治研究所）pp. 71–105。

野原慎司（2013）『アダム・スミスの近代性の根源　市場はなぜ見出されたのか』京都大学学術出版会。

林直樹（2012）『デフォーとイングランド啓蒙』京都大学学術出版会。

本田裕志（2013）「訳者解説」『サン－ピエール　永久平和論』京都大学学術出版会。

メナール．J．（1989）「恩寵の神学と人間学」『思想』3：134–144.

森村敏己（1993）『名誉と快楽　エルヴェシウスの功利主義』法政大学出版局。

――（1997）「フェヌロンの奢侈批判：キリスト教道徳と貴族イデオロギー」『一橋大学研究年報　社会学研究』36 巻。

――（2004）「アンシャン・レジームにおける貴族と商業 ―― 商人貴族論争（1756–1759）をめぐって ―― 」*Study Series*（一橋大学社会科学古典資料センター）No. 52。

八木橋貢（1981）「ロックにおける自己保存について（II）」『北海道大学人文科学論集』18，89–107 頁。

安川哲夫（1989）「『スペクテーター』の教育的世界（1）―― 市民的徳の形成を中心として ―― 」『金沢大学教育学部紀要　教育科学編』38 巻。

八幡清文（1978）「マンドヴィルの道徳理論とスミス」『社会思想史研究』（社会思想史学会年報）2 号。

――（1981）「マンドヴィルの文明社会論」『一橋研究』第 6 巻第 3 号。

山口正春（1983）「バーナード・マンデヴィルとフランスの道徳的伝統」『政

経研究』(日本大学) 第 20 巻第 2 号。

吉田映子 (1966)「アベ・ド・サンピエールの永久平和計画」『一橋論叢』 第 55 巻第 2 号
米田昇平 (1995)「奢侈と消費 —— マンデヴィルとムロンを中心に —— 」『下関市立大学論集』 第 38 巻第 3 号。

—— (1996)「奢侈と節約 —— イザック・ド・ピントの奢侈批判を中心に —— 」『下関市立大学論集』 第 39 巻第 2・3 合併号。

—— (2005)『欲求と秩序 —— 18 世紀フランス経済学の展開 —— 』昭和堂 .

—— (2007)「書評　John Shovlin, *The Political Economy of Virtue: Luxury, Patriotism, and the Origins of the French Revolution*, 2006」『経済学史研究』 第49巻第2号。

—— (2010)「経済学の起源とアウグスティヌス主義 —— 17 世紀後半のフランス思想を中心に —— 」『経済学史研究』 51 巻 2 号。

ラトゥーシュ，セルジュ (2010)『経済成長なき社会発展は可能か ——〈脱成長〉と〈ポスト開発〉の経済学』(中野佳裕訳) 作品社。